高等职业教育"互联网+"新形态教材·电子商务专业

电子商务
——创新模式案例分析
（第2版）

居上游　王鹤翔　主　编

電子工業出版社
Publishing House of Electronics Industry
北京·BEIJING

内 容 简 介

本书通过一系列鲜活的典型案例,揭示了电子商务的最新商业运营模式,重点阐述了农村电商、跨境电商、移动电商与O2O模式、生鲜电商、社群电商与共享经济,以及"互联网+"与互联网思维等内容。本书选取的案例典型、新颖,结构清晰,内容形象化、具体化、生活化,力求让读者快速认识电子商务,了解电子商务行业的运营现状及发展趋势。每个模块后提供的阅读推荐、分享与思考等环节,互动性与趣味性相结合,可供读者课后进一步学习与探索。

本书主要针对高等职业院校编写,可作为高等职业院校电子商务专业的电子商务案例分析课程教材,以及电子商务基础等电商课程的辅助教材。此外,本书也可作为电子商务的社会培训教材,以及各类电子商务从业人员提升专业能力的学习参考用书。

未经许可,不得以任何方式复制或抄袭本书之部分或全部内容。
版权所有,侵权必究。

图书在版编目(CIP)数据

电子商务:创新模式案例分析/居上游,王鹤翔主编.—2版.—北京:电子工业出版社,2022.4
ISBN 978-7-121-43203-3

Ⅰ.①电… Ⅱ.①居… ②王… Ⅲ.①电子商务—案例—高等学校—教材 Ⅳ.①F713.36

中国版本图书馆 CIP 数据核字(2022)第 050748 号

责任编辑:贾瑞敏
印　　刷:天津画中画印刷有限公司
装　　订:天津画中画印刷有限公司
出版发行:电子工业出版社
　　　　　北京市海淀区万寿路 173 信箱　邮编　100036
开　　本:787×1 092　1/16　印张:15.25　字数:390.4 千字
版　　次:2017 年 7 月第 1 版
　　　　　2022 年 4 月第 2 版
印　　次:2022 年 4 月第 1 次印刷
定　　价:57.80 元

凡所购买电子工业出版社图书有缺损问题,请向购买书店调换。若书店售缺,请与本社发行部联系,联系及邮购电话:(010) 88254888,88258888。
质量投诉请发邮件至 zlts@phei.com.cn,盗版侵权举报请发邮件至 dbqq@phei.com.cn。
本书咨询联系方式:邮箱 fservice@vip.163.com;QQ 群 427695338;微信 DZFW18310186571。

电子商务作为战略性新兴产业，在转变经济发展方式下对推进产业转型和升级、促进流通现代化具有重要作用，已经成为国家提振内需、扩大消费和促进就业的主要途径之一。电子商务的快速发展同时也为我们提供了大量经营管理与发展的真实案例。经营者们坚持不懈地参与电子商务实践所创造的大量电子商务案例，对开展电子商务教育和研究，对企业实施和发展电子商务都很有借鉴意义。

电子商务的发展日新月异，市场层面上从纯线上到线上线下融合，营销技术上从流量电商为重到内容电商为王，商业模式上从轻资产模式转向轻重资产结合；产业层面上从消费电商到产业电商；商业金融资本层面上从平台到生态圈战略。编写团队基于商业模式演变及典型案例，在第1版教材实践教学的使用反馈和资料积累基础上进行修订，以模块化设计、任务驱动为主线，开发职业性与实践性、教育性合一的内容体系；以"师生互动、教学相长"为目标，依托在线课程平台，丰富教学形式。

本书内容新颖，案例均来自企业应用第一线，体现了创新性、实战性及典型性。编写体系打破传统的内容条块分割式，从电子商务行业发展和市场细分角度编排章节，突出了互动性、趣味性及探索性。主要体现以下创新和特色：

1. **主题思想性上"互联网+"理念与"大众创业、万众创新"精神相结合**。本书选取的案例涉及三农电商扶贫、网上丝绸之路、共享经济、网红直播、"互联网+公共服务"等社会热点，体现了"互联网+"及"大众创业、万众创新"对大学生创新创业能力的引领作用，突出了电子商务作为战略性新兴产业对社会经济的巨大贡献，对开展电子商务教育具有重大借鉴意义。

2. **内容的原创性与实战性相结合**。全书内容新颖，从电子商务运营模式的角度，选取了近几年电子商务最新的典型案例。书中的综合分析案例和专项分析案例大部分为原创，在同类书中首次出现，并在微信公众号、头条号等新媒体中多次推送，促进了电商行业的发展及新经济理念的普及。案例来自企业应用第一线、校企合作范例，每个案例分析包括基本概况、创新与特色、经验要点等模块，以体现实战性及校企合作成果。

3. **编写体系的创新性与探索性相结合**。随着电子商务的不断发展，B2B、B2C等概念已经不能很好地诠释电子商务新趋势。本书在编写体系上创新，打破了电子商务内容以市场参与主体分类的传统模式，从电子商务行业市场细分角度编排章节及选取案例，并在每个模块后提供阅读推荐、分享与思考等，互动性与趣味性相结合，以便供读者课后进一步学习、探索。

4．教学形式多样性与教学资源多元化相结合。 配套网络课程共享平台，提供了相关网络教学资源，可以打破时间、空间限制，随时通过手机翻转课堂。

本书由宁波城市职业技术学院居上游和天津海运职业技术学院王鹤翔担任主编，居上游统稿和修改全书。具体编写分工为：居上游编写模块一、三、四、五、七、八，王鹤翔编写模块二、六。

本书是宁波城市职业技术学院新形态教材。配套课件等教学资源及部分视频可登录超星学习通，免费扫码注册学习。

本书在编写过程中得到了电子工业出版社的大力支持，对编辑的辛勤工作表示由衷的感谢。此外，本书在编写过程中借鉴、引用了大量电子商务发展的典型案例和最新数据报告，在此对相关作者深表谢意。

由于编者知识水平有限，书中难免存在疏漏之处，恳请读者批评指正。

编　者

目 录

模块一 认识电子商务 … 1
- 任务一 认识电子商务的方式 … 2
- 任务二 电子商务的模式 … 3
- 任务三 从 O2O 模式到新零售 … 6
- 阅读推荐 … 10
- 分享与思考 … 11
- 课后练习 … 12
- 案例 1-1 C2C 平台到阿里系生活消费娱乐生态圈——淘宝网 … 12
- 案例 1-2 3C 垂直电商到 B2C 网购综合平台——京东商城 … 16
- 案例 1-3 消费升级路上的逆袭者——拼多多 … 20

模块二 电子商务发展趋势 … 23
- 任务一 解读电子商务年度数据 … 23
- 任务二 从市场层面看电子商务的发展 … 29
- 任务三 从技术与产业链整合角度展望电子商务未来 … 31
- 阅读推荐 … 34
- 分享与思考 … 36
- 课后练习 … 36
- 案例 2-1 让你的闲置游起来的闲鱼 … 37
- 案例 2-2 渠道下沉的唯品会 … 39
- 案例 2-3 旅游行业的电商创新——携程网 … 41

模块三 农村电子商务 … 45
- 任务一 解读淘宝村现象 … 45
- 任务二 "互联网+"时代背景下的农村电商发展 … 51
- 阅读推荐 … 58
- 分享与思考 … 60
- 课后练习 … 60
- 案例 3-1 归园田居的李子柒 … 60
- 案例 3-2 基于县域电子商务公共服务的遂昌模式 … 62

案例 3-3　从刷墙到三农 O2O 平台——村村乐的逆袭 ·············· 66

模块四　跨境电子商务 ·············· 71

　　任务一　认识跨境电子商务 ·············· 71
　　任务二　跨境电子商务兴起的原因 ·············· 76
　　任务三　跨境电子商务的分类及典型模式 ·············· 79
　　任务四　跨境电子商务的发展趋势 ·············· 82
　　阅读推荐 ·············· 85
　　分享与思考 ·············· 87
　　课后练习 ·············· 88
　　案例 4-1　"用更少的钱，过更好的生活"——考拉海购 ·············· 89
　　案例 4-2　国际版的淘宝——全球速卖通 ·············· 95
　　案例 4-3　新兴的跨境移动电子商务平台——Wish ·············· 101

模块五　移动电子商务与 O2O 模式 ·············· 106

　　任务一　认识移动电子商务 ·············· 106
　　任务二　移动电子商务的发展趋势 ·············· 108
　　任务三　移动电子商务的模式 ·············· 110
　　任务四　移动营销的方式 ·············· 113
　　阅读推荐 ·············· 121
　　分享与思考 ·············· 123
　　课后练习 ·············· 124
　　案例 5-1　行业巨头的 O2O 实践——星巴克咖啡 ·············· 124
　　案例 5-2　移动餐饮 O2O 之外卖平台——饿了么 ·············· 129
　　案例 5-3　移动在线医疗之医患交流平台——春雨医生 ·············· 136
　　案例 5-4　家装 O2O 行业的领导者——土巴兔 ·············· 142

模块六　生鲜电商 ·············· 146

　　任务一　生鲜电商的兴起 ·············· 146
　　任务二　生鲜电商的模式及运营 ·············· 149
　　任务三　生鲜电商的发展趋势 ·············· 155
　　阅读推荐 ·············· 157
　　分享与思考 ·············· 160
　　课后练习 ·············· 160
　　案例 6-1　新零售之盒马鲜生 ·············· 161
　　案例 6-2　中国式菜场之变局——叮咚买菜 ·············· 164
　　案例 6-3　社区团购模式的生鲜 O2O 平台——兴盛优选 ·············· 167

模块七　社群电商与共享经济 ··· 170

- 任务一　社群的兴起 ··· 170
- 任务二　社群的运营 ··· 173
- 任务三　解读网红经济现象 ··· 176
- 任务四　共享经济模式 ··· 180
- 阅读推荐 ··· 185
- 分享与思考 ·· 186
- 课后练习 ··· 187
- 案例 7-1　自媒体先锋——今日头条 ·· 187
- 案例 7-2　社群营销之大咖罗辑思维 ·· 193
- 案例 7-3　共享单车盛宴谁主沉浮 ··· 198
- 案例 7-4　内容与直播的结合——抖音 ··· 201
- 案例 7-5　千万名粉丝的微信公众号年糕妈妈 ·· 205

模块八　"互联网＋"及互联网思维 ··· 208

- 任务一　认识"互联网＋" ·· 208
- 任务二　互联网九大思维解读 ··· 214
- 阅读推荐 ··· 218
- 分享与思考 ·· 220
- 课后练习 ··· 220
- 案例 8-1　"互联网＋公共服务"的典范——吉林省"互联网＋公安"
  综合服务平台 ··· 221
- 案例 8-2　粉丝的力量——小米 ·· 227
- 案例 8-3　人格产生价值的"褚橙" ·· 231

参考文献 ··· 236

模块一
认识电子商务

本模块知识要点

1. 电子商务的概念。
2. 电子商务的商业模式类型。
3. 新零售与O2O模式。
4. 电子商务主要模式典型平台的发展案例。

近年来，我国电子商务行业发展迅猛，产业规模迅速扩大，电子商务信息、交易和技术等服务企业不断涌现。作为数字经济新业态的典型代表，网络零售继续保持较快增长，成为推动消费扩容的重要力量。

根据中国互联网络信息中心2022年第49次《中国互联网络发展状况统计报告》显示，截至2021年12月，全国网民10.32亿人，互联网普及率73%；全年全国网上零售额13.1万亿元，比上年增长14.1%，其中，实物商品网上零售额占社会消费品零售总额的比重为24.5%；网络购物用户规模达到8.42亿人，占网民整体的81.6%。网络零售作为打通生产和消费、线上和线下、城市和乡村、国内和国际的关键环节，在构建新发展格局中不断发挥积极作用。

电子商务经济发展呈现出一些突出特点：①相关服务业发展迅猛，功能完善的业态体系初步形成；②电子商务与传统产业协同发展，已成为促进国内新经济发展、带动创业就业的重要引擎——电子商务是"互联网+"行动的先导领域，网络零售进入"提质升级"的新阶段；③跨境电商发展迅速，由点到面逐步扩大，在国际贸易中的影响力和关键作用日渐突显；④农村电商成为热点，地方政府大力扶持，各种模式不断涌现，发展进入快车道；⑤制造业领域电子商务向供应链上下游快速拓展；⑥移动互联网发展迅猛，各企业加大移动端发展，移动端的随时随地、碎片化、高互动等特征助推网购市场向"线上+线下""社交+消费"等方向发展；⑦电子商务的发展带动"双创"成效凸显。

任务一　认识电子商务的方式

任务引入

在《智能商业》一书中，阿里巴巴的曾鸣提出了电商产业发展"三浪叠加"的3种不同模式：2008年零售业中大型的百货公司的1.0模式；国美、苏宁的2.0模式；淘宝电商的3.0模式。

在1.0模式的PC互联网稳定发展、2.0模式的移动互联网快速发展的同时，3.0模式的产业互联网浪潮已经拉开了序幕。

我们该如何理解电商及电商产业的发展呢？

认识电子商务、了解电子商务的发展，可以从电子商务的定义入手。所谓电子商务，是指利用计算机技术、网络技术和远程通信技术，实现整个商务（买卖）过程的电子化、数字化和网络化。人们不再是面对面地看着实实在在的货物，靠纸介质单据（包括现金）进行买卖交易，而是借助互联网，通过网上琳琅满目的产品信息、完善的物流配送系统和方便安全的资金结算系统进行交易（买卖）。电子商务的概念包含4层含义：①电子商务是一种采用先进信息技术的买卖方式；②电子商务造就了一个虚拟的市场交换场所；③电子商务是"现代信息技术"和"商务"的集合；④电子商务是一种理念，而非简单的一种采用电子设备就能完成的商务活动。

电子商务有狭义和广义之分：狭义电子商务（E-Commerce）是指实现整个贸易过程中各阶段贸易活动的电子化；广义电子商务（E-Business）是指利用互联网实现所有商务活动业务流程的电子化。前者主要是指基于互联网的电子交易，强调企业利用互联网与外部发生的交易与合作；后者的涵盖范围则更广，是指企业借助各种电子工具从事的商务活动。平时人们在很多场合讲的电子商务是指狭义的电子商务。

从狭义到广义，电子商务概念在发展中不断完善——最初的狭义电子商务概念是由电子商务的先驱IBM公司于1996年提出的Electronic Commerce（E-Commerce）概念；到1997年，IBM公司又提出Electronic Business（E-Business）这一广义电子商务概念。我国在引用这些概念的时候都统一翻译成了"电子商务"。通俗地说，类似于阿里巴巴旗下的天猫，以及京东等网购平台体现的交易特性，可以理解为狭义电子商务；而腾讯公司旗下的QQ、微信，以及豆瓣、知乎等平台的业务可以理解成商务活动的业务流程，并没有明显的交易特征，这就是广义电子商务。怎样理解广义电子商务和狭义电子商务其实并不重要，关键是要认识到电子商务是一个不断发展变化的商业新模式。电子商务作为一种新型商业模式，主要包括以下4个特征。

①电子商务通常具备3个主体，即厂家、商家和顾客。如果厂家实现了渠道扁平化，则可以没有中间渠道的商家，但需要增加类似的销售人员。

②电子商务其实是产品信息流、顾客购买信息流，以及整个买卖交易市场的数字化和电子化。

③ 电子商务的整个过程较之传统商务活动，其信息采集量加大，信息交换速度加快，众多环节的成本降低。

④ 电子商务交易的产品相当多元化。

任务二　电子商务的模式

任务引入

在互联网飞速发展的时代，电子商务给企业带来了更高的生产率，提供了更广阔的目标市场、新的商业价值和盈利模式。电子商务模式研究也对企业管理创新和战略转型有着重要的理论与实践意义。

企业在实施电子商务项目时，首先应该考虑的就是电子商务模式的选择，根据商务模式的特点再系统地设计项目的运营和管理模式，通过对各种模式的典型案例进行系统分析，系统地把握具体的电子商务模式内涵、特点及应用情况，有利于电子商务模式的推广和应用。

那么，什么是电子商务模式？

电子商务就是企业利用互联网创建、管理且扩展的商业关系。任何规模的企业在电子商务领域都有属于自己的机会。所谓电子商务模式，是指在网络环境中基于一定技术基础的商务运作方式和盈利模式。研究和分析电子商务模式的分类体系，既有助于挖掘新的电子商务模式，为电子商务模式创新提供有效途径，也有助于企业制定特定的电子商务策略和实施步骤。

电子商务模式可以从多个角度建立不同的分类框架，而电子商务案例则是指在电子商务应用中，某种电子商务模式在一定领域内的典型应用。我们可以通过对电子商务模式的理解和借鉴应用，结合大量实际调查研究与总结，进行基于创新的商务模式案例分析，为电子商务项目的策划与实施积累经验。

一、按照交易对象划分

电子商务的模式按电子商务的交易对象可划分为 B2C、B2B、C2C、C2B、F2C 和 O2O 模式等。

从传统电子商务经营模式上看，比较成熟的电商模式有 3 个，即 B2C、B2B 和 C2C，而且各个模式都有比较著名的平台。在移动互联网技术发展、互联网思维及新的营销理念不断拓展下，其他模式，如 C2B、F2C 等都是从传统三大电子商务模式演变发展而来的，且处于不断发展与创新中，而 O2O 模式将是今后一段时期最为重要的电子商务发展模式。

（一）B2C 模式

B2C（Business to Customer）模式就是通常说的网上零售，即直接面向顾客销售产品和服务。企业通过互联网为顾客提供一个新型的购物环境——网上商店，顾客通过网络在网上购物、在网上支付。

B2C 模式的基本组成：①为顾客提供在线购物场所的网站；②负责为顾客所购商品进行配送的配送系统；③负责顾客身份的确认及货款结算的银行及认证系统。B2C 模式的代表性网站有天猫（为人服务做平台）、京东（自主经营卖产品）和唯品会（帮人代销）等。

（二）B2B 模式

B2B（Business to Business）模式是一种企业与企业之间的营销关系，即使用互联网技术或各种商务网络平台完成产品、服务及信息的交换等商务交易，包括发布供求信息、订货及确认订货、支付过程及票据签发、传送和接收、确定配送方案并监控配送过程等。

B2B 模式平台有以下三要素：①买卖，是指 B2B 网站平台为商家提供质优价廉的产品，在吸引商家购买的同时促使更多的商家入驻；②合作，是指与物流公司建立合作关系，为商家的购买行为提供最终保障，这是 B2B 平台的硬性条件之一；③服务，是指为商家提供购买服务，从而实现再次交易。B2B 模式的代表性网站有阿里巴巴（国内也是全球最大的 B2B 电子商务网站）、中国制造网、慧聪网、中国钢铁、中国水泥等。

（三）C2C 模式

C2C（Customer to Customer）模式是个人与个人之间的电子商务，即顾客对顾客的模式，通过为买卖双方提供一个在线交易平台，使卖方可以主动提供产品上网拍卖，而买方可以自行选择产品竞价。C2C 模式的代表性网站有淘宝网、拍拍、咸鱼等。

（四）C2B 模式

C2B（Consumer to Business）模式是消费者与企业之间的电子商务。在 C2B 模式下，先有消费者需求而后才有企业生产，消费者根据自身需求定制产品和价格，或者主动参与产品设计、生产和定价，产品、价格等彰显消费者的个性化需求，生产企业进行定制化生产。C2B 模式以消费者为中心，极大地提升了消费者在整个交易流程中的自主权。C2B 模式的代表性网站有携程旅行、爱订客等。

C2B 模式的主要特征如下。

① 引爆社群成员的参与感。社群是 C2B 模式的基本组织形式，企业组建自己的消费者社群，消费者自主参与产品的体验、测试过程，从自身角度提出对产品的需求和自身所需体验。整个改进、包装及宣传过程，消费者是主角，并贯穿整个流程始终。

② 平等公正的消费者定价。产品由消费者统一定价，由于消费者参与了产品的整个改进、测试、体验过程，产品价格构成合理，因此定价与大多数消费者的期望相一致，而且公平公正。

③ 透明的渠道和供应链。C2B 模式是一个全方位开放透明的商业模式，消费者参与整个产品制造流程的测试和体验，对产品链的输出渠道和供应链清晰明了，不断放大了口碑营销效应，从而间接地增强了品牌的影响力。

（五）F2C 模式

F2C（Factory to Customer 或 Farm to Customer）模式是从工厂或农场到顾客的电子商务模式，即企业直接面向顾客，产品可以直接从生产线送到顾客手中，以确保质量和服务满意度。F2C 模式为顾客提供了最具性价比的产品，为顾客带来了价值的最大化。

F2C 模式的优势在于具备强有力的线下产业支撑、有效的全程品控和快速的市场反应。在网络购物过程中，顾客担心的问题往往就是不能保障产品质量。由于进货渠道、产品供应链参差不齐，生产厂家资质良莠不齐，顾客常被光鲜亮丽的产品图片迷惑，在收货之后才发现其质量一般，甚至是十足的伪劣品，而 F2C 模式有望改变这种现状。

（六）O2O 模式

O2O（Online to Offline）模式是线上与线下的融合，具体内容见本模块任务三。

二、按照交易维度划分

电子商务模式根据交易维度可划分为综合电子商务和垂直电子商务。

对于整个电子商务而言，人们通常认为它在商业核心上仍然是对传统商务的继承。例如，它与传统商务具有同样的分类，同样重视产品、物流仓储、周转效率，不同的主要是在营销渠道和服务方面。因此，可将传统商务的分类作为一个参照来理解综合电子商务和垂直电子商务，简称综合电商和垂直电商。

传统商务体系是非常错综复杂的，既有类似于华联、沃尔玛超市这种的综合类商场——这对应综合电商业态，也有类似于新光天地这样的奢侈品专卖店和奥特莱斯这样的打折专卖店，还有商业街上零散的各种小卖家和专门的鞋城、服装城等——这对应垂直电商业态。在所有的垂直电商业态中，几乎所有的商业模式都可以找到相应的线上和线下的对标，尤其是细分品类，任何角度都可以切入，如品类、价格、品牌、规模等。它们的发展有好有坏，都在不断地推陈出新。

下面我们重点说说垂直电商。

三、垂直电商

看到给狗狗预订新鲜狗粮的小鲜粮、无甲醛棉品的大朴网、新鲜现磨高品质大米的 365 谷、精品男人袜子和内裤按需订购的男人袜这些小商家，你会不会心动呢？这就是小而美的垂直电商。

随着电子商务产业的不断成熟，垂直化的服务开始受到重视。垂直领域的优势在于专注和专业，能够提供更加符合特定人群的消费产品，满足某一领域顾客的特定习惯，所以能够更容易地取得顾客信任，从而加深产品印象和促进口碑传播，形成品牌和积累起独特的品牌价值。这也是小资本创业的必经之路。

垂直电商（vertical E-Business）是指在某一行业或细分市场深化运营的电子商务模式。垂直电商网站旗下的产品都是同一类型的产品，这类网站多从事同种产品的 B2C 或 B2B 业务。这是根据产品的类目进行的垂直区分。随着垂直理念的拓展，衍生了不同的垂直区分，如根据产品品牌来垂直区分。拥有独立品牌专业的 B2C 网站或大型 B2C 平台上的品牌旗舰店，其业务都是针对同种品牌的不同产品的，但也归入垂直电商范畴。

随着电子商务的不断发展，新的商业模式层出不穷，垂直电商的理念也不断更新，不再拘泥于某一品类或品牌的细分。以前垂直电商更多的是从产品的物理属性进行垂直化，属于物质层面，而随着垂直电商理念的不断拓展，更多的是从产品的延伸属性进行垂直化，属于精神层面。前者是基于产品表层的普通定义，后者则包含了顾客内心的潜在认定。这种划分本身就体现了顾客的价值取向，所以在运营上会更加符合顾客的购买习惯。

在中国电子商务发展的十多年时间里，垂直电商曾是领头羊。例如，凡客、当当、卓越、麦考林等均各领风骚。随着移动互联网的发展，这些PC时代的代表纷纷倒闭、转型。垂直电商需要再次崛起，移动电商时代如何实现垂直电商模式的升级换代呢？需要通过以下4点进行突破。

（一）发挥供应链和商品管理的优势

综合电商提供的服务能够涵盖人们对产品的一般需求，而垂直电商要做出特色，就要把供应链做得更深、更专业。首先，要站在供应链的高度去设计自己的产品和服务，加强对企业上下游资源的管理和把控，从源头上控制产品和服务的质量；其次，要不断优化供应链上的每一个节点，提升运作效率，实现成本与效益的最佳配比。垂直电商要通过对供应链的重塑和完善来实现与综合电商的差异化运营。

（二）商品专业化、服务专业化

垂直电商一定不能与综合电商比拼流量和资源，而应该走专业化和差异化之路，关注顾客的转化率、留存率和黏性等。这才是垂直电商运营的核心所在。

电子商务归根结底是一个有着浓厚传统色彩的实体经济，其供应链很长，涉及采购、销售、仓储、配送及顾客服务等诸多环节，而且每一个环节及环节和环节之间都涉及很多细节性内容需要不断优化。因此，要强化精细化运营能力、精益求精，把任何事情都做到最细，才能在相同投入的情况下产生最大的经济效益，带来最好的顾客体验。

（三）运用场景化的电子商务平台，建立产品自身特有的属性

垂直电商必须运用场景化的电子商务平台，基于产品自身特有的属性，通过智能、无线、移动、大数据等技术手段，构建线上、线下一体化的消费场景化。无论如何，垂直电商必须考虑如何结合产品的特有属性和使用场景，快速且低成本地找到与打通目标顾客的连接点。

（四）放弃对规模的一味追逐，谨慎看待垂直电商的扩张

对于垂直电商来说，不管是针对垂直人群，还是垂直产品，归根结底面向的都是一个细分市场，需要满足顾客的细分需求。因此，垂直电商需要将细分领域做得足够专业和独特，而放弃对规模的一味追逐，更加关注增长的质量和效益。垂直电商首先要确保自己所从事的行业具有足够的市场容量和空间，能够支撑企业未来的发展。而对于发展的速度来说，则更讲究适度。比较稳妥的做法是：慢慢寻求在关联性强的产品品类或人群上的扩张机会。

任务三　从O2O模式到新零售

任务引入

2014年团购网站大混战，简称"千团大战"，在资本的催化下，各种O2O项目一夜之间铺天盖地，几乎覆盖了各行各业，无所不包。然而，资本的狂欢仅仅延续了一年左右，

2015年中"千团大战"消失了九成九。到2016年,O2O项目"尸横遍野",百不存一。

2016年以来,中国零售业出现了很大的动荡:纯电商流量红利消失,大型零售超市关店不断;整个传统零售业呈现增速放缓、利润下降的趋势;覆盖实体店、电商、移动端和社交媒体的新零售体系似乎成了解决零售业发展难题的最优解。

商业本无线上线下之分,应该是全渠道、全盘打通式地融合在一起的。无论是火爆一时的O2O,还是现在的新零售,都是商业变迁、消费升级必须经历的过程,区别之处在于服务顾客方式的不同和技术的升级。唯一不变的都是以顾客为中心进行不断的服务升级,以使顾客得到更好的体验和服务。

一、O2O模式的发展情况

O2O模式是伴随互联网发展而兴起的一种新的电子商务商业模式。它将线下商务的机会与互联网结合在一起,让互联网成为线下交易的前台;线下服务可以通过线上资源来招揽顾客,而顾客则可以利用互联网来筛选服务,并且在线成交、结算,从而快速达成交易。

为了清晰地理解国内O2O模式的发展历程,我们把信息和交易作为横轴的两端,到店和不到店作为纵轴的两端,4个象限分为A、B、C、D,如图1.1所示。O2O模式在国内的发展经历了A/B/C→D的演变过程。随着新零售概念的提出,O2O模式的发展还将会有更大的变化。

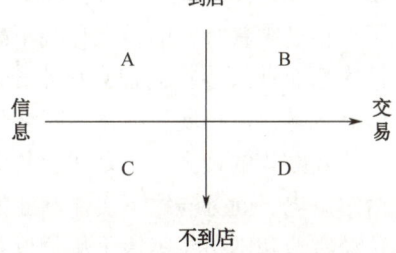

图1.1　O2O线上线下融合发展趋势

① A象限:信息到店,注重信息流的传递,资金流和服务流均在线下实现。携程与大众点评是最早的此类O2O模式代表。

② B象限:到店交易,在线上实现信息流和资金流,线下实现商流和服务流,如团购。

③ C象限:信息不到店,线上实现信息流和服务流,线下实现商流和资金流,如二手车/汽车后市场、房产、招聘等。其最典型的代表是58同城和赶集网。

④ D象限:不到店交易,以在线支付为核心,开启了各类典型电子商务的线上线下融合的业态,如送餐/生鲜、休闲食品、日用百货、社区配送等。

二、O2O模式的优势

O2O模式的优势主要体现在以下5个方面。

① 充分利用互联网的跨地域、无边界、海量信息、海量用户等优势,挖掘线下资源,促成线上顾客与线下产品和服务的交易。

② 可以对商家营销效果进行直观统计和追踪评估。线上订单与线下消费相结合,所有的消费行为均可以准确统计,从而能为顾客提供更多的优质产品和服务。

③ 将线上的价格优势同线下的服务优势集于一身,将线下商务活动同互联网及移动互联网结合在一起,让电脑和手机成为线下交易的平台和工具。

④ 可以发挥服务业的便捷、高效优势，而且价格便宜，购买方便，折扣等信息能及时被顾客获知。

⑤ 指明了电子商务的发展方向，即由规模化走向多元化。移动互联网和自媒体时代的到来，为 O2O 模式的发展提供了绝佳的机会。

三、新零售

（一）新零售的概念

2016 年 10 月的杭州云栖大会上，阿里巴巴提出了新零售、新制造、新金融、新技术和新能源的"五大新"——"大家都知道阿里巴巴是电子商务企业，其实阿里巴巴的 20 年业务里，最传统的一块业务被称为电子商务。'电子商务'这个词可能很快就被淘汰。其实我们从明年开始，阿里巴巴将不再提'电子商务'这一说法，因为电子商务只是一个摆渡的船，它只是把这条船从河岸的这一头拉到了那一头。未来的五大新，我们认为有 5 个新的发展将会深刻地影响中国、影响世界，甚至影响我们所有人。"

2016 年 11 月 11 日，国务院办公厅印发《关于推动实体零售创新转型的意见》（国办发〔2016〕78 号），明确了推动我国实体零售创新转型的指导思想和基本原则，明确提出了要促进零售行业的线上和线下融合，建立适应融合发展的标准规范、竞争规则，引导实体零售企业逐步提高信息化水平，将线下物流、服务、体验等优势与线上商流、资金流、信息流融合，拓展智能化、网络化的全渠道布局。

新零售的最大趋势是线上与线下相结合，而以往电子商务冲击传统产业的说法也将被否定。电子商务与线下实体商业的相互关系，应该由原先的独立、冲突，走向混合、融合；传统零售和网络新零售正从争抢资源、相互排挤的相克状态，向合作发展的共生状态转变。纯电子商务将会成为一个传统概念，纯电子商务时代即将结束，纯零售形式也将会被打破，新零售将引领未来。

新零售使线上和线下的边界越来越模糊，就整个零售业来说，竞争不再区别于线上和线下的模式，而开始回归零售的本质：谁能更高效地服务顾客。其实，商业的规律很简单，就零售而言，虽然消费在升级，但其本质和基本法则并没有变，升级的只是各种形式和手段。

新零售使线上线下全渠道的融合成为创造新增长的动力。很多互联网企业开始向线下布局，在科技领域，小米科技董事长兼 CEO 雷军表示会先开两三百家线下小米之家零售店，未来再争取开 1 000 家线下零售店；在电子商务领域，当当网已开设实体书店，而亚马逊则推出了线下便利店 amazon go，等等。与此同时，一些线下传统零售企业也在往线上延伸，如永辉超市联合京东部署 O2O、宜家家居在上海试水电子商务等。

（二）新零售的典型案例

零售巨头的一次次线下"试水"，预示着新零售时代的到来。几大巨头推出的新零售业态有以下几个典型案例。

1. 阿里的盒马鲜生

盒马鲜生是阿里巴巴集团旗下以数据和技术驱动的新零售平台。盒马鲜生希望为消费者打造社区化的一站式新零售体验中心，用科技和人情味带给人们"鲜美生活"。

盒马鲜生（见图1.2）的主要特点：①紧抓"80后""90后"的消费群体，准确定位他们的消费观念，设计新的消费价值观；②采用"所想即所得"的价值口号，利用强大的物流系统便利顾客，满足顾客不同场景下的需求，并利用线上强大的渠道，解决稀有商品的消费需求难题；③设置大量的主题分享、DIY制作、交流会等，增加顾客的黏性；④着重通过线下的体验消费来扩大线上消费。

图1.2　盒马鲜生

2．京东的京选空间

京选空间是京东依托永辉线下实体店开设的实体体验店，其主要目的是借助永辉超市的聚客能力，将京选空间作为线下的展示和体验平台，顾客的购买行为则需要通过线上平台进行。京选空间实体店主打3C、数码类产品，这与京东整体的竞争优势相符。店内大约有三四名工作人员做产品展示和顾客引导。

京选空间（见图1.3）的主要特点：①线下体验产品，扫码进入京东商城购买，线下不支持自提；②最大的意义在于展示产品，让顾客能直接感受产品。

图1.3　京选空间

3．亚马逊的线下便利店amazon go

amazon go是亚马逊推出的无人便利店。amazon go颠覆了传统便利店、超市的运营模式,使用计算机视觉、深度学习及传感器融合等技术,彻底跳过传统收银结账过程。

amazon go(见图1.4)的主要特点:①该便利店为全智能化售卖,全程没有收银员;②客户进店前打开 amazon go APP 扫码进入超市,选购完商品离开超市后 APP 上会自动显示要扣款的商品,用 APP 支付就可以了;③解决了传统超市要等候付钱的弊端;④具备线下快速提货和线上快速支付的优势。

图 1.4　amazon go

(三)新零售的发展趋势

从我国目前的零售环境与业态现状来分析,以下新零售发展进程中的 4 个趋势或许值得关注。

① 线上线下趋于统一化、专业化。其实,顾客最初选择电子商务消费的主要原因是零售店的体验不好,且价格昂贵。随着线上线下及物流的融合,未来零售店或许统一价格、质量、体验等,以提供专业的服务和产品给顾客。

② 零售业或许面临整合重组。随着社区消费趋势的发展,社区化将成为零售行业未来发展的重要方向。例如,沃尔玛已经在国外开始做小型实体零售门店服务,人口密集处的邻里社区型门店是它们瞄准的方向。类似的精细化运营的门店也会在国内出现,如顺丰到家、京东到家等都是面向社区零售业的尝试。

③ 体验式消费、个性化服务融入顾客的生活。随着顾客消费需求差异的日趋明显,一些个性化、创新性的消费模式将会更受欢迎。随着消费体验的优化,顾客购买力将提升,企业也能从中受益。

④ 企业经营更加智能化、科技化。随着线上线下的结合,需求及生产供给信息的相互融合,从生产到消费可以运用大数据、云计算、人工智能等来打造新的供应链,以控制产能、优化库存、提高效益。

READ 阅读推荐

"万物可播":直播成为中国电商增长新引擎

"双十一"期间,直播通过跨境出口平台"速卖通"走向全球,成为全球消费者欢迎的互动方式。

模块一　认识电子商务

中小学在线教育课、大额汽车消费抵用券、体检套餐和 HPV 疫苗、保险及理财产品……2020 年"双十一"期间，中国消费者几乎可以在直播间买到任何商品和服务。

"以前只是买一些日用品、食品、衣物，从来没想到教育类课程也能在直播间购买。"刚刚给孩子"抢"到明年春季英语课程的安徽合肥市民刘欣说。

有着两年多直播购物经验的刘欣发现，这种新消费形式包罗的内容越来越多，她甚至可以根据"预告"，提前订好寒假旅行住宿的酒店，并搭配专属"旅行拍摄"服务。

2020 年"双十一"，仅天猫平台就吸引了超过 8 亿名消费者、25 万个品牌、500 万户商家参与，是覆盖面最广、参与度最高的一届。其间，直播电商在渗透率、成交额等指标上的表现尤为抢眼，被认为是电子商务实现增长的新引擎。

据统计，2020 年"双十一"期间，淘宝直播每天开播场次同比增长超过 50%。除达人直播外，代播机构也发展至数百家，行业生态日趋丰富。中国直播电商规模近年来一直处于高速增长。2020 年 10 月，毕马威联合阿里研究院发布的《迈向万亿市场的直播电商》报告显示，2019 年直播电商整体市场规模达 4 338 亿元，同比增长 210%。在保持高增长的同时，直播主体也快速突破了达人、明星等特定群体，扩展到商家、农民、专业代播等，助播、选品、场控、脚本策划等一系列新职业出现在直播行业。

直播间里的卖品不再局限于快消、美妆、农产品等特定品类，旅游、理财、健身、外卖等越来越多的商品和服务正在通过直播走向消费者。商务部数据显示，2020 年上半年，全国电商直播超 1 000 万场，活跃主播数超 40 万人，观看人次超 500 亿，直播场景越来越丰富，产业带直播、老字号直播、非遗直播、文化旅游导览直播、教育公开课直播等纷纷涌现。

用户数量的攀升让任何商家都无法忽视直播市场。《中国互联网络发展状况统计报告》显示，截至 2020 年 6 月，中国直播电商用户规模达 3.09 亿人，是上半年增长最快的个人互联网应用。

"万物可播、人人可播的直播电商时代已经到来。"阿里巴巴集团副总裁、阿里研究院院长高红冰认为，人工智能、5G、VR 等技术与商业、资本、人才等要素的加速融合，共同推动了越来越"泛在化"的直播。在他看来，从电商到新零售，再到直播电商的崛起，中国一直在引领全球网络零售的创新。多位业内人士同时指出，直播电商行业内的众多参与者，如品牌商和商家、主播、平台、服务商、用户，以及监管机构需要一起努力，推动行业持续创新和升级。淘宝直播 MCN 运营负责人李明透露，从数据上看，淘宝直播增速连续 8 个季度保持在 100% 之上，没有出现任何"拐点"迹象；从行业趋势上看，电商直播也不断有新平台加入。

"直播电商领域有巨大的红利空间，没有人想撤场。"李明说。

Ending

分享与思考

2013 年 12 月 12 日，在央视财经频道主办的第十四届中国经济年度人物颁奖盛典上，获奖者董明珠和雷军二人代表传统与虚拟两种模式。

董明珠把矛头对准了小米的短板：工厂和供应链。

她问雷军：如果全世界的工厂都关掉了，你还有销售吗？

雷军作答：发展到今天，强调专业化分工，做工厂的人专心把工厂做好，做产品的人专心做产品。

董明珠：小米的网上销售模式也可以为格力所用，假如她和阿里巴巴合作，利用好传统和电商两个零售渠道，"那不是天下都是格力的了吗？"

雷军：小米的优势在于极其贴近用户、轻模式及全天候服务。5 年之内，如果我们的营业额击败格力的话，董总输我一块钱就行了。

董明珠：首先小米超过格力是不可能的；其次，要赌就不是一块钱，我跟你赌 10 亿元。

雷军与董明珠，无论谁输谁赢，这场赌局更大的作用是理清转型升级的思路。赌局只是纯粹的斗嘴，新经济应该是虚拟经济与实体经济的结合，只有虚和实完美结合了，才能成为新经济，否则必将倒下。

课后练习

1．名词解释：C2B、F2C、S2B2C、2C 与 2B。
2．如何理解垂直电商模式的新演变？
3．分析淘宝和京东的特色与创新。
4．如何理解董明珠和雷军这个赌局双方各自的观点？5 年后的赌局结果怎样？双方新的赌局内容又是什么？
5．分析阿里系新零售的具体举措。

案例 1-1　C2C 平台到阿里系生活消费娱乐生态圈——淘宝网

1．基本概况

在中国，淘宝网（见图 1.5）是深受欢迎的网购零售平台、商圈，由阿里巴巴集团在 2003 年 5 月创立。截至 2020 年，阿里巴巴中国零售市场（淘宝天猫）的成交金额达到 6.589 万亿元，较上年增长了 8 620 亿元。淘宝用户规模方面保持显著增长，2020 年月度活跃用户达到 8.46 亿人，较上年同比增长 1.25 亿人。在 C2C 市场，淘宝网约占 50.1% 的市场份额，仍然是国内最大的电子商务交易平台。

随着淘宝网规模的扩大和用户数量的增加，淘宝网也从单一的 C2C 网络集市变成了包括 C2C、团购、分销、拍卖等多种电子商务模式在内的综合性零售商圈。淘宝网未来的三大战略方向为：社区化、内容化和本地生活化。

2．发展历程

2003 年 5 月 10 日，淘宝网成立，由阿里巴巴集团投资创办。10 月，推出第三方支付工具支付宝，以担保交易模式使顾客对淘宝网的交易产生信任。2003 年全年成交总额 3 400 万元。

2004 年，推出淘宝旺旺，将即时聊天工具和网络购物连接起来。

2005 年，淘宝网超越 eBay（易趣），并且开始把竞争对手们远远抛在身后。5 月，淘宝网超越日本雅虎，成为亚洲最大的网络购物平台。2005 年成交额突破 80 亿元，超越沃尔玛。

图 1.5　淘宝网首页

2006 年，淘宝网成为亚洲最大的购物网站。

2007 年，淘宝网不再是一家简单的拍卖网站，而是亚洲最大的网络零售商圈。这一年，淘宝网全年成交额突破 400 亿元，成为中国第二大综合卖场。

2008 年，淘宝 B2C 新平台淘宝商城（天猫前身）上线。

2009 年，淘宝网已成为中国最大的综合卖场，全年交易额达到 2 083 亿元。

2010 年 1 月，淘宝网聚划算上线，然后又推出一淘网。

2011 年 6 月，阿里巴巴集团旗下淘宝公司分拆为 3 个独立的公司，即沿袭原 C2C 业务的淘宝网（taobao）、平台型 B2C 电子商务服务商淘宝商城（tmall）和一站式购物搜索引擎一淘网（etao）。

2012 年 1 月，淘宝商城正式宣布更名为天猫。2012 年 11 月 11 日，天猫借"光棍节"大赚一笔，宣称 13 小时卖出 100 亿元。自此，开启了每年一度的"双十一"网购节，深刻地影响着整个网上购物生态体系。

2015 年 12 月，阿里巴巴旗下天猫、淘宝、1688 等电子商务平台导入 CCC 认证信息数据库，实现了自动校验和标注，从而避免了无证及假冒认证产品。

2016 年 1 月，成交记录模块被正式隐藏，但原先销量、评价等信息不会消失，仍正常累积。

2018 年 6 月，淘宝网发布公告称，关闭手游第三方代充服务，后续开放时间待定。

2018 年 8 月，阿里巴巴进军 MR（混合现实）购物领域，在 2018 年"造物节"上推出产品淘宝买啊。

2020 年 6 月 5 日，网友纷纷要求淘宝支持改名，淘宝官微用两个字进行了回应：不改。

3. 产品与服务（运营模式）

① 淘宝网店铺。淘宝店铺是指所有的淘宝卖家在淘宝网上所使用的旺铺或店铺。淘宝旺铺是相对普通店铺诞生的，每个在淘宝网上新开的网店都是系统默认产生的店铺界面，就是常说的普通店铺；淘宝旺铺（个性化店铺）的服务是由淘宝网提供给淘宝卖家的，即允许卖家使用淘宝网提供的计算机和网络技术、实现个性化店铺页面展现功能的服务。

②阿里旺旺。阿里旺旺是淘宝网官方推出的一款沟通工具。这是一种即时通信软件，供网上注册的用户之间通信使用。淘宝网支持买卖双方以网站聊天室的形式交流沟通，淘宝网交易认可阿里旺旺交易聊天内容保存为电子证据。

③支付平台。为了解决C2C网站支付的难题，淘宝打造了支付宝服务技术平台。支付宝（中国）网络技术有限公司是国内领先的第三方支付平台，致力于提供简单、安全、快速的支付解决方案，始终以信任作为产品和服务的核心。

④生意参谋。生意参谋最早是应用在阿里巴巴B2B市场的数据工具。2013年，生意参谋正式走进淘宝系。在原有规划的基础上，生意参谋分别整合量子恒道、数据魔方，最终升级成为阿里巴巴商家端统一数据产品平台。

⑤淘鲜达。淘鲜达是淘宝旗下食品生鲜配送平台。淘鲜达专区购买蔬菜、水果、肉类等日常生鲜，线上生鲜订单1小时内送达。

⑥淘宝基金及余额宝。2013年6月，淘宝基金理财频道上线，泰达瑞利、国泰、鹏华、富国等多种基金成为首批上线的基金淘宝店；余额宝的横空出世，被普遍认为开创了国人互联网理财元年，确立了余额资金的财富化，同时也确立了市场化利率的大致尺度，推动了利率的市场化进程。

⑦淘票票。淘票票业务于2014年年底上线，目前已成为内地较主要的电影线上售票平台之一。阿里影业宣布，旗下的互联网售票业务平台"淘宝电影"正式将品牌更名为"淘票票"，并宣布与大麦网正式达成战略合作，致力打造成国内最大的泛娱乐产业营销平台。

4. 特色与创新

（1）突出免费优势

淘宝网从2003年7月成功推出之后，以免费牌迅速打开中国C2C市场，并在短短3年内取代eBay（易趣），成为中国C2C排名榜的头名。2005年10月19日，阿里巴巴宣布淘宝网将继续免费。

（2）打造信用体系

淘宝网注重诚信安全方面的建设，引入实名认证制，并区分个人用户和商家用户认证。两种认证需要提交的资料不一样：个人用户认证只需要提供身份证明，商家认证还需要提供营业执照。一旦发现用户注册资料中的主要内容是虚假的，淘宝网可以随时终止与该用户的服务协议。

淘宝网的信用评价系统的基本原则是：成功交易一笔买卖，双方对对方做一次信用评价，给予商铺"心""钻石""皇冠"3个信用等级。

支付宝的推出，既解决了买家对于先付钱而得不到所购买的产品或得到的是与卖家在网上声明不一致的劣质产品的担忧，也解决了卖家对于先发货而得不到钱的担忧。

（3）推荐物流战略

阿里集团联合各方共同组建的菜鸟网络科技有限公司，打造了一个开放的社会化物流大平台。其实质上就是淘宝大物流计划，阿里借助第三方物流来实现淘宝网配送服务体系。

淘宝没有像京东那样自建自营物流体系，采取的是推荐物流战略，将价值链相关方企业作为一种经营资源纳入到自身电子商务模式流程内，通过不同企业间的横向联合与协作方式完成整个价值链的实现。

（4）电子商务加油站——淘宝大学

淘宝大学是为网商打造的24小时电子商务加油站，无论是淘宝掌柜、电子商务从业者，还是电子商务企业主，都可以通过在线学习平台学到一线实战卖家分享的各类实用内容。

淘宝大学已逐步形成了覆盖各网商群体的完善培训课程，包括针对中小卖家的"点亮淘宝路"活动、针对电子商务中层的"网商特训营"、针对电子商务基层专业人才的"电子商务精英""企业内训师"项目，以及针对网商核心高层的"传统企业进驻电子商务总裁班"和"网商MBA"培训课程，从而切实有效地提升了学员的电子商务综合能力。

（5）个性化及低廉价格

"只有想不到的商品，没有买不到的商品"成为淘宝平台品种齐全的最恰当写照，相较于实体店铺更为复杂和广泛的进货渠道，极大地满足了顾客的个性化需求。同时，价格趋于透明化及价格竞争的白热化成就了"以低廉价格找到个性化商品的网络零售网站"的称号。

5. 经验要点

（1）淘宝网售假及信用机制问题

这起源于美国服装和鞋履协会（AAFA）呼吁美国贸易代表办公室重新将阿里巴巴及该公司旗下的淘宝等平台列入"恶名市场"名单。其实，不只是阿里、京东、eBay，甚至全球知名的亚马逊也曾曝出过售假丑闻。

淘宝网上销售假货是无法回避的问题，但也无须放大。首先，地下作坊式生产的假冒伪劣产品由实体渠道延伸到网络平台；其次，国内的全球品牌代工厂利用阿里平台等互联网渠道直接面向顾客销售自主产品。平台完全杜绝假货的可能性几乎为零，电子商务平台对商家的监管确实存在难度。

正如马云说的："假货不是淘宝造成的，但淘宝注定要背负这种委屈。淘宝只能认下它、解决它！"阿里为打假做出的努力应该得到承认，在打假这条路上才刚刚开始。

2016年3月15日，"3·15"晚会曝光，淘宝存在刷单现象。淘宝卖家对信用好评率已经视作生命一样重要，确实可以起到一定的监督作用，但也导致不良商家炒作信用度、炒作销量行为的产生。

淘宝网致力于打击信用炒作、销量炒作，这点是值得肯定的。但更需要把舆论引导到一个正确的方向上：一是淘宝买家应该观察分析评价的内容，而不是好评、差评本身；二是淘宝规则应该把卖家引导到积极提高产品质量和服务的正确道路上；三是社会共同打击刷单现象，曝光刷单这一灰色产业，以便让更多的人了解和抵制这一毒瘤。

（2）淘宝与天猫的内部资源争夺

阿里巴巴旗下淘宝、天猫、聚划算的关键词广告、佣金、营销费用和增值收入都来自阿里流量变现，流量、资源、政策都向天猫大品牌、大卖家倾斜。

如何加强各平台之间的资源整合和统一规划，阿里集团把旗下的淘宝、天猫、聚划算统一整合为"阿里巴巴中国零售平台"，即通过内部的架构调整与资源整合来避免内部淘宝和天猫之间产生更多裂痕，扫除阿里大战略规划布局的内部障碍。

（3）国民经济的发展上行趋势对淘宝模式构成威胁

宏观经济层面的发展和国民收入的提升，使国民开始更注重对产品品质、品牌的追求，淘宝网逐渐跟不上品质消费的主流大潮，而更多是一个产品价格底线的风向标。淘宝流量的红利时代与风口都已经接近落幕，市场的饱和度已见顶，正逐渐开始被谋求转型的品质卖家所抛弃。

从阿里近年来在农村电商方面的布局看，淘宝网上的价格优势、丰富的非标类产品品类及C2C的模式无疑与未来农村市场的需求匹配，农村才是淘宝网需要承担的重点市场。

（4）新型移动电子商务对淘宝网的威胁

一方面，随着移动端去中心化模式的崛起，顾客消费习惯的变化将导致电子商务模式的革新；另一方面，淘宝网C2C平台获取流量的难度与成本大增，形成了卖家开始与顾客直接沟通，进而降低获取新顾客成本的新型模式。因此，新型移动电子商务必然成为中小卖家在淘宝网渠道之外的扩充，意味着淘宝网平台上的商家与流量被分流。

对淘宝网来说，流量下滑是未来不可逆转的趋势。淘宝网面临的威胁，不仅在于在内部被边缘化，也来自外部新的电子商务模式的冲击、人口红利的丧失，以及国民经济的发展对淘宝网生态的多向挤压。淘宝网的隐忧不仅仅在于假货这么简单，更大的危机在于时代的发展会甩掉相对落后的平台模式。如果顾客、商家、资本市场，甚至阿里巴巴内部都在认知层面并不认同淘宝网会代表未来，那才是淘宝网的最大危机。

内忧外患下的淘宝网何去何从？阿里巴巴集团CEO张勇在杭州召开的2016年年度卖家大会上为淘宝网的未来明确了三大方向战略：社区化、内容化和本地生活化。

淘宝网充分赋予大数据个性化，以及提供粉丝、视频、社区等工具，搭台让卖家唱戏；利用优酷、微博、阿里妈妈、阿里影业等阿里生态圈的内容平台，紧密打造从内容生产到内容传播、内容消费的生态体系；根据顾客的需求，继续进行中心化供给和需求之间的匹配，进一步开拓自营内容和消费传播机制——如网红直播的火爆，挖掘移动互联网LBS（Location Bosed Services，基于位置的服务）的特点，让顾客、产品和服务的供给需求能够获得更好的匹配。

案例 1-2　3C垂直电商到B2C网购综合平台——京东商城

1. 基本概况

京东（JD.com）是中国最大的自营电商平台，如图1.6所示。目前，京东集团旗下设有京东商城、京东金融、拍拍网、京东智能、O2O及海外事业部。2014年5月，京东在美国纳斯达克证券交易所正式挂牌上市（股票代码：JD），是中国第一个成功赴美上市的大型综合型电子商务平台，与阿里巴巴、腾讯、百度等中国互联网巨头共同跻身全球前十大互联网公司排行榜。

京东商城从最初在线销售计算机、手机及其他数码产品等3C类的垂直B2C网站，发展为销售3C数码产品、家电、汽车配件、服装与鞋类、奢侈品、家居与家庭用品、化妆品与其他个人护理用品、食品与营养品、书籍与其他媒体产品、母婴用品与玩具、体育与健身器材及虚拟产品等，共13大类3 150万种产品。截至2019年年底，京东商城年度活跃用户数达到3.62亿人，全年线上自营与第三方平台核心交易总额近3.66万亿元。

2. 发展历程

1998年6月18日，刘强东在中关村创业，成立京东公司。

模块一　认识电子商务

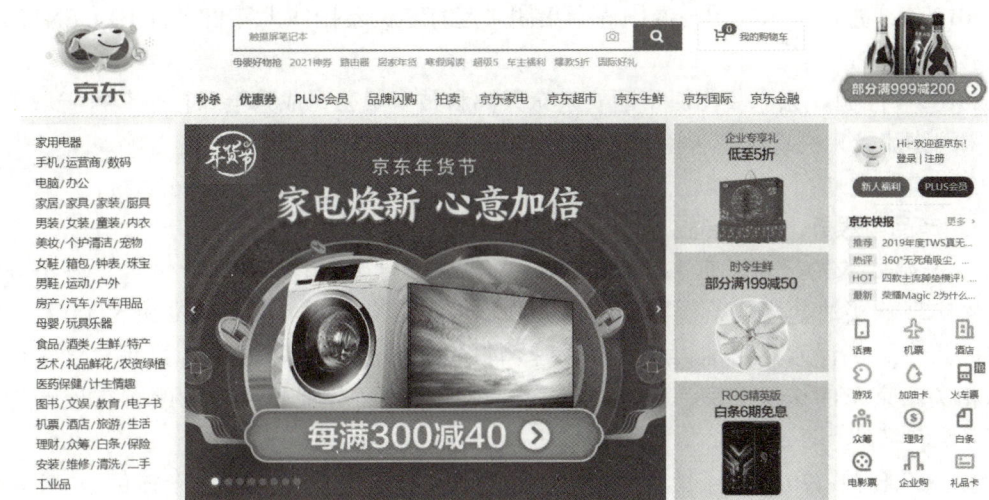

图1.6　京东首页

2001年6月，京东成为光磁产品领域最具影响力的代理商，销售量及影响力在行业内首屈一指。

2004年1月，京东多媒体网正式开通，启用新域名。

2007年6月，成功改版后，京东多媒体网正式更名为京东商城。

2008年6月，京东公司成立10周年之际完成了3C产品的全线搭建，成为名副其实的3C网购平台。

2010年11月，京东商城图书产品上架销售，实现了从3C网络零售商向综合型网络零售商的转型。12月，京东商城团购频道正式上线，京东商城注册用户均可直接参与团购。

2011年2月，京东商城iPhone、Android客户端相继上线，启动移动互联网战略。

2012年2月，京东商城酒店预订业务、电子书刊业务、迷你挑相继上线。

2013年3月，京东去商城化，全面改名为京东，更换LOGO；启用JD.COM域名，并将360buy的域名更换为JD。

2013年7月，京东针对POP平台上的卖家提供小额信用贷款、流水贷款、联保贷款、票据兑现、应收账款融资、境内外保险代理业务等金融服务。

2014年3月，腾讯同意以2.15亿美元收购京东3.5亿多股普通股股份，占上市前在外流通京东普通股的15%。同时，京东、腾讯还签署了电子商务总体战略合作协议，腾讯将旗下拍拍C2C、QQ网购等附属关联公司注册资本、资产、业务转移给京东。

2014年5月22日上午9点，京东集团在美国纳斯达克挂牌上市。

2014年11月，京东集团宣布大家电"京东帮服务店"在河北省赵县正式开业。此举主要是帮助京东渠道下沉。借此，京东大家电可在四至六线城市进行物流提速。

2017年4月，京东集团宣布将正式组建京东物流子集团。京东物流子集团将拥有更加独立的经营权和决策权，并致力于与商家和社会化物流企业协同发展，以科技创新打造智慧供应链的价值网络，并最终成为中国商业较重要的基础设施之一。

2017年12月，京东发布"拍拍二手"品牌。

2018年9月,京东集团与泰国尚泰集团一起打造的泰国线上零售平台JD CENTRAL正式上线运营。

2018年11月,京东集团旗下西安京东天鸿科技有限公司成为全球首个获得省域范围从事末端物流无人机物流配送经营许可的企业。

2020年6月18日,京东正式在香港联交所上市交易,股份代号为9618。

3. 产品与服务(运营模式)

① 一站式购物平台。京东实施"一站式购物平台"战略布局,让顾客足不出户就能轻松实现购买油盐酱醋茶等日常生活购物需求。京东首次上线的产品逾5 000种,涉及休闲特产、纯净水、粮油、调味品、啤酒饮料等多个品类,这些品类都与日常生活息息相关。京东的送货到家,加上支持货到付款等服务,能真正帮助顾客实现购物的"多""快""好""省"。

② 京东金融。2015年4月28日,京东金融宣布网银钱包更名为京东钱包,"网银+"更名为京东支付。京东金融还提出围绕京东支付体系,为顾客提供全方位的金融解决方案。京东金融主要有两大拳头产品,分别为京东众筹和京东白条。

③ 京东云。依托京东电子商务优势而开发的京东电子商务云平台,正在基于其产业链优势构建一个庞大的电子商务云生态系统,将应用推进云计算落地演绎得淋漓尽致。2013年,京东集团已经形成了以"京东宙斯""京东云鼎""京东云擎""京东云汇"四大解决方案为核心的技术体系,完整的电子商务云服务链条已经形成。

四大解决方案分别向合作ISV(Independent Software Vendors,独立软件开发商)和个人开发者提供了京东系统开放接口、服务交易市场、电子商务应用云托管平台、应用开发云平台、社区生态环境等电子商务云服务,初步形成了一个完整闭环的电子商务云服务链条。

④ JIMI机器人。JIMI(JD Instant Messaging Intelligence)是京东自主研发的人工智能系统,通过自然语言处理、深度神经网络、机器学习、用户画像、自然语言处理等技术,能够完成全天候、无限量的用户服务,涵盖售前咨询、售后服务等电子商务的各个环节。

4. 特色与创新

(1)强大的供应链管理体系

供应链体系对于零售行业来说至关重要,不断提高存货和现金的周转率是其核心。京东把产品分3个层次,即自营(标准化的产品)、POP平台(非标准化的品类)、O2O,以优质的购物平台提供优质产品、优质服务,抓住优质客户,通过技术体系和物流体系搭建3个层次的零售体系;提高库存周转率,确保向产业链上的供货商、终端顾客提供更多的价值空间。

2017年推出的Y-SMART SC智慧供应链战略,核心就是围绕数据挖掘、人工智能、流程再造和技术驱动4个原动力,形成覆盖产品、价格、计划、库存、协同五大领域的"四好一智慧"供应链解决方案。其中,"好产品"是通过打造大数据选品平台,解决卖什么的问题;"好价格"是通过打造动态定价平台,解决卖多少钱的问题;"好计划"是通过构建京东零售的商业预测能力,制订匹配市场的零售计划,解决怎么卖产品的问题;"好库存"是用计划来指导自动化的库存管理,解决产品放到哪里的问题;"智慧协同"是通过打造供应商协同平台,将技术能力开放给合作伙伴,让数据产生更有价值的流动。

(2)高效的物流配送体系

凭借"多快好省"的理念,京东为顾客提供全品类产品和急速物流服务:建设了全国电子商务行业最大的仓储设施,首创211限时达、京东次日达、京东极速达、京东京准达、京东夜间配、京东自提柜等一系列创新的配送服务。这些创新的服务模式使国内消费者享受到了比欧美发达国家更加舒适的网购体验。

(3)风投融资

京东在开拓电子商务市场的过程中离不开资本的助推。从"今日资本"给的第一桶金开始,京东就开始了野蛮式的成长。

从2007年8月的"今日资本"1 000万美元到2013年初7亿美元,在IPO上市前京东总计融资22.62亿美元,如表1.1所示。京东融资的投向更多的是不断拓展其新业务,包括物流、信息系统投资、品类扩张、平台建设等,为京东长远发展布局。在2014年成功IPO两年后,京东在2016年又开始了新一轮的股权融资。

表1.1 京东4轮股权融资

融资时间	融资额	投资方
2007年8月	1 000万美元	今日资本
2009年1月	2 100万美元	今日资本、雄牛资本、梁伯韬私人公司
2011年5月	15.31亿美元	俄罗斯DST、老虎基金等6家基金和社会知名人士
2013年2月	7亿美元	加拿大安大略老师退休基金、沙特王子控股集团及公司原主要股东跟投
2014年	2.14亿美元	腾讯投资

5. 经验要点

(1)超强的融资能力与资金链断裂疑云

电子商务向来以"烧钱"著称,京东自2007年以来经过4轮股权融资,2014年上市前融资总额折合人民币计138亿元。京东一直处于亏损状态,2012年以来市场屡屡曝出京东资金链即将断裂的传闻。投资一家数次陷入资金链危机而仍未获利的公司无疑是一场豪赌。京东成功IPO,大赢家之一是它的投资人。

在纷繁复杂的投资市场中,常常充斥着不同的声音。资本寒冬时,因投资人和创始人之间的矛盾而导致的公司更换管理层,甚至倒闭的案例屡见不鲜。京东亏损的状态总归是一把悬挂在头顶的达摩克利斯之剑。

(2)确保产品质量及良好的购物体验

京东力图将与购物体验相关的环节全部纳入掌中。自营产品的质量、价格及配送都做到可圈可点,成为京东向天猫等其他电商叫板的王牌。但要在规模上赶上并超过阿里巴巴,单凭一己之力,京东尚无法实现这个目标,必须依赖第三方POP平台的贡献,而第三方POP平台卖家的大量涌入,要保障顾客享受与京东自营同样的购物体验是极大的挑战。京东目前的第三方几万个卖家与淘宝的800万个卖家相比,在信誉体系建设和管理经验上还无法相提并论。

（3）自营物流进度与成本的挑战

京东想在物流配送服务方面更加出色，就必须加大自建物流网点建设，否则物流配送体系越到网点密集的末端，利润越难以支撑网点的运营成本。京东用了7年，形成了处理1 000亿元GMV（Gross Merchandise Volume，商品交易总额）的物流体系。如果通过自营物流实现POP平台卖家的物流配送，则京东即使每年能增加处理500亿元GMV的物流能力，也必然跟不上自己的扩张步伐，多年来依靠自营物流树立起来的口碑必将遭到蚕食，京东将会失去自我。

（4）开拓新的领域，实现多元化发展

京东不断地在开拓新的领域，推出新业务：从全品类实物产品，到游戏、金融这样的虚拟业务。京东已经打破了B2C的单纯模式，形成集B2C、O2O、移动支付及移动社交的混合模式。

在多元化发展道路上，京东更多的是在"跑马圈地"，用户运营能力尚待检验。例如，京东最有优势的品类是3C，但在这个领域并没有形成绝对优势，在大家电品种上一直未能超越苏宁。另外，与腾讯合作后，移动端为京东吸引了更多的顾客，但成效还需要进一步检验。

案例 1-3 消费升级路上的逆袭者——拼多多

案例展示

1. 基本概况

拼多多成立于2015年9月，是国内主流的移动电子商务平台。它以社交模式迅速裂变，成为中国三大头部电商之一。拼多多专注于C2M拼团购物的第三方社交，顾客通过发起与朋友、家人、邻居等的拼团，可以以更低的价格拼团购买优质产品。

2. 发展历程

2015年4月，拼多多正式上线。

2016年7月，拼多多用户量突破1亿人，获得B轮1.1亿美元融资，IDG资本、腾讯、高榕资本领投。

2016年9月，拼多多与拼好货宣布合并。

2016年10月，拼多多周年庆单日交易额超过1亿元。

2017年10月，拼多多近1个月长期占据iOS总榜及购物类第一名。

2018年7月，拼多多正式登陆美国资本市场，发行价19美元，市值达到240亿美元。

2018年12月，根据央视经济网的报道，拼多多在年度活跃用户方面达到了3.855亿人，超过京东的3.052亿人成为中国第二大电商平台。

2019年9月，中国商业联合会、中华全国商业信息中心发布2018年度中国零售百强名单，拼多多排名第三。

2019年12月，拼多多入选"2019中国品牌强国盛典榜样100品牌"。

3. 产品与服务

（1）优惠体系

拼多多的优惠体系主要包括低价补贴、现金签到、省钱月卡等功能模块，多种优惠模式彼此补充，满足不同用户群体对优惠的需求。

① 低价补贴。拼多多的低价补贴模块有限时秒杀、断码清仓、九块九特卖和百亿品牌补贴。顾客在相应的活动页选中产品后下单，即可以优惠价格购入产品，无须额外完成任务。在拼多多平台中，通过活动页内无搜索功能的设计，增加顾客浏览页面的时间和浏览产品的数量；通过价格让利，吸引更多顾客花费更多的时间浏览平台产品，增加产品曝光率。

② 现金签到。现金签到是拼多多的签到模块，内部包含很多子模块，如定时领红包、抢红包、逛街领红包、限时夺宝、神券折上折、免费发红包，以及连签奖励和签到时随机获得的招财猫等。通过签到得现金、连签有奖励等方法激励顾客每天打开拼多多 APP，以提升顾客留存率、增强顾客黏性。

③ 省钱月卡。拼多多的省钱月卡也是培养忠实顾客的一种策略。顾客选择连续包月，首月可以用 5.9 元获得 194 元的优惠，包括 20 元无门槛券、20 元满减券、104 元 9 折券，还能获得免费试用、商品免单及折扣产品 3 种特权。顾客在拼多多的消费金额、消费次数越多，购买省钱月卡就越值。每个月使用两张 5 元无门槛券即能收回购买月卡的成本，所有的拼多多顾客都能通过购买月卡获得优惠。

（2）购物决策

拼多多通过拼团、限时优惠模式，结合全场包邮、个性推荐策略刺激顾客消费，极大地压缩了顾客在拼多多上购物的决策时间，降低了顾客网上购物的门槛。

① 拼团模式。拼多多能够快速成长为第三大综合电商平台，"拼团"模式功不可没。平台借助拼团模式，利用社交裂变快速获得大量顾客，并通过低价产品、全场包邮、新人优惠、支付流程简单等优势降低顾客的购物决策门槛，让更多的顾客完成在平台的第一笔交易，提升新顾客的留存率。

② 限时优惠。顾客登录拼多多时，有一定的概率收到平台赠送的优惠券。优惠券仅在很短的期限内有效，倒计时精确到秒的优惠券和优惠券领取页的推荐产品能通过给顾客带来紧迫感来加大冲动消费的概率，提升顾客留存率和复购率。

③ 个性推荐。拼多多的搜索功能不像其他电商平台一样放在应用首页，而是要进入搜索功能后才可进行搜索。这样布局是因为拼多多更希望顾客在平台内"逛"而不是"搜索"。精准的信息流推荐产品能让没有明确购物意向的顾客继续留在平台内"逛"，从而提升留存时长、增加产品的曝光率，最终选购符合心意且低价质优的产品，提升平台的 GMV。

④ 特色模块。拼多多有限时秒杀、9 块 9 特卖、品牌馆、每日好店等特色模块。这些特色模块能够满足拼多多各细分顾客群体的购物需求，提供更有针对性的产品和服务。

（3）社交分享

拼多多的社交分享充分利用了微信的社交关系链，通过社交裂变的方式，以极低的成本快速获取顾客。同时，各种有趣的活动也增加了顾客的活跃和黏性。

（4）游戏化体验

拼多多将低价优惠、社交裂变特点融入种树、养猪、消星星（多多果园、金猪赚大钱、多多爱消除）这 3 款游戏中，通过相对复杂、拥有独立等级体系的游戏增加平台的趣味性。多多果园和金猪赚大钱属于养成类游戏，多多爱消除属于闯关类游戏，不同类型的游戏为喜好不同的顾客提供了更多的选择空间，从而可以增加产品的黏性，获得更多忠实的顾客。

4. 创新与特色

（1）捕捉不同的市场

拼多多在其地域市场中具有战略定位，目标是三、四线城市和中国农村地区的市场，以避免与京东、淘宝的直接竞争。拼多多的核心是团购，主要用于迎合那些不在主要城市的人，并寻找那些专注于讨价还价的低收入和低教育水平的家庭。截至2018年2月，拼多多在三、四线城市的市场渗透率分别为21.38%和35.34%，分别超过淘宝1.07%和3.84%。

（2）微信整合营销

拼多多整合并利用中国最大的社交媒体微信，利用微信小程序实现快速裂变。当顾客将产品分享到微信账户并将足够多的人分组以购买某种产品时，他们可以获得更便宜的购买价格。顾客分享得越多，可以获得的折扣越高，如果聚集了足够多的人来购买，那么甚至可以免费获得产品。

5. 经验要点

（1）社交裂变＋购物优惠激励

拼多多借助微信社交关系链快速裂变，许多顾客通过点击家人、朋友分享到微信中的砍价或拼团邀请链接，授权微信登录，完成了拼多多的注册。拼多多的超低价商品、没有购物车、不用比价等特点压缩了顾客的决策时间，降低了顾客在手机上进行购物的门槛，刺激了消费。顾客无须太多思考，看上产品后可以快速下单，形成了拼多多顾客消费频次高、订单价低的购物习惯。拼多多上还有多多果园、金猪存钱罐等游戏，能够吸引顾客在拼多多上花费更多的时间，从而促进顾客活跃度，提升顾客留存率、复购率。

凭借社交裂变＋购物优惠激励模式，拼多多快速发展成为第三大综合电商平台。

（2）C2M模式压缩供应链

拼多多通过C2M模式对传统供应链进行压缩，为顾客提供公平且最具性价比的选择。去中心化的流量分发机制大幅降低了传统电商的流量成本，并让利于供需两端。

拼多多与精准扶贫紧密结合，为推动农产品大规模上市提供了有效途径，实现了大规模、多对多匹配，迅速消化了大量的当季农产品，将农产品直接从田间送到了顾客手中。

基于平台大数据，拼多多根据顾客喜好与需求帮助工厂实现定制化生产，降低采购、生产、物流成本，让"低价高质"产品成为平台主流。拼多多"拼购"低库存、高订单、短爆发的模式，不仅能迅速消化工厂产能，还能帮助生产商通过"现象级"爆款迅速赢得顾客信任，树立品牌形象。拼多多不仅通过提供免费流量，大幅降低生产商的营销成本，还持续向有志于打造自主品牌的生产商倾斜资源，助力其转型升级。

模块二
电子商务发展趋势

本模块知识要点

1. 用数据解读电子商务的发展。
2. 从市场层面看电子商务的发展。
3. 从技术和产业链整合角度理解电子商务的发展。

任务一　解读电子商务年度数据

任务引入

随着中国消费者生活水平的日益提高，互联网普及程度的不断扩大，国家鼓励和引导开展电子商务业务，多因素推动着电商体系的健康发展。

电子商务经营者可以通过解读电商行业的年度最新数据，分析大量直观图表，把握市场热点和政策法规，准确把握行业发展态势和市场商机，准确预测市场前景，正确制定企业竞争战略和投资运营策略。

放眼当下，恰逢互联网购物的大好时期。在国家实施信息网络战略、几大移动运营商快速发展、各大电商网络平台百花齐放的大背景下，年轻消费群体的购买力突飞猛进，网上零售市场份额不断攀升，网购渗透率正在逐年增加。

据国家统计局数据显示，2021年，全年网上零售额13.1万亿元，同比增长14.1%，其中实物商品网上零售额10.8万亿元，同比增长10.7%，占社会消费品零售总额的24.5%。根据商务部电子商务和信息化司的数据，2020年网络购物用户规模达到7.82亿人，占网民整体数量的79.1%，如图2.1所示；2020年中国电子商务市场交易规模37.21万亿元，如图2.2所示，同比增长4.5%，电子商务规模持续扩大，创新融合不断加速，引领作用日益凸显。

　　从 2020 年我国电子商务行业主要细分市场结构来看，B2B 行业的交易规模依然占据着大部分的市场份额，占比达 48.67%。其次是零售电商行业，市场规模占比为 26.44%，如图 2.3 所示。

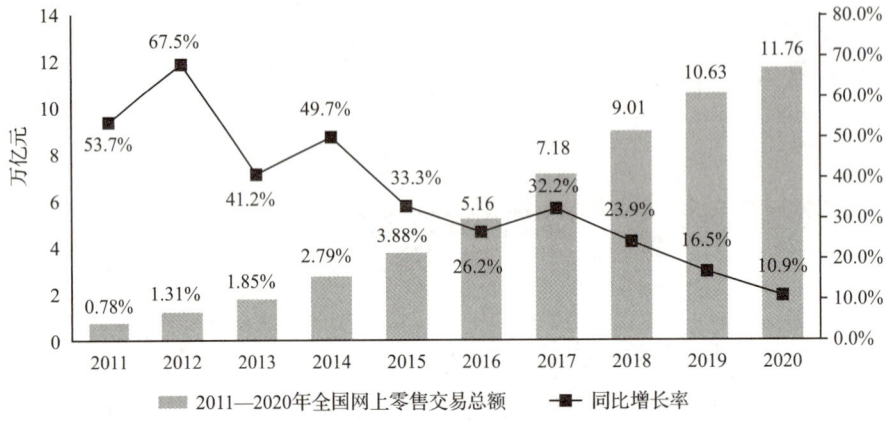

图 2.1　2011—2020 年中国网上零售交易规模

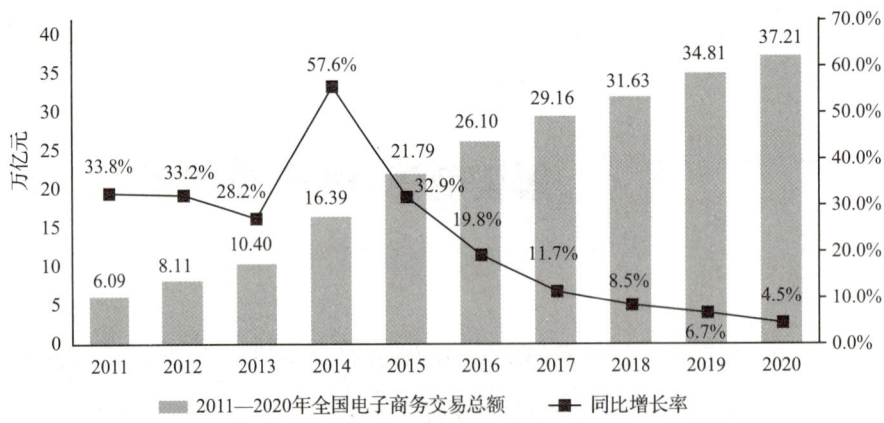

图 2.2　2011—2020 年中国电子商务市场交易额及其增长情况

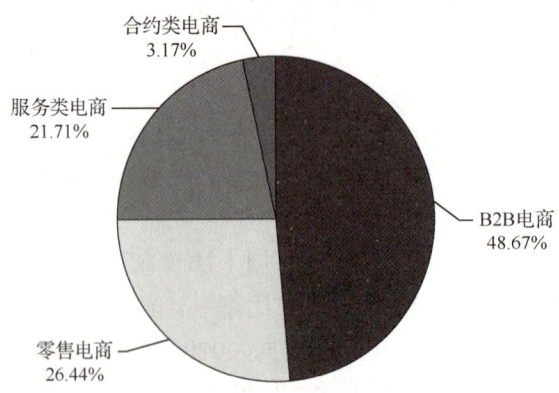

图 2.3　2020 年中国电子商务行业主要细分市场结构

模块二　电子商务发展趋势

下面从 B2B 电商行业、网络购物行业、电商行业年度热点三方面来具体分析。

一、B2B 电商行业

（一）市场规模与集中度

2019 年第二季度，中国中小企业 B2B 电商平台营收规模为 371 亿元，同比增长 15.9%，如图 2.4 所示。随着产业互联网的发展，企业的供给端革命拉开了序幕，企业对效率的提升、服务的升级等方方面面的需求预示着 B2B 行业进入黄金发展期。一方面，这是国家经济转型升级、实现高质量发展的战略需要，可以助力企业生产的降本增效；另一方面，技术工具、云服务、物联网、仓储物流等设施服务的持续完善奠定了 B2B 行业的发展基础。因此 B2B 企业就可顺势开拓数字经济领域，形成数字经济浪潮，以抢占数字经济时代的竞争制高点。

市场中阿里巴巴一家独大，加上其他几家主流 B2B 企业，市场份额占比超过 70%，市场集中度较高。

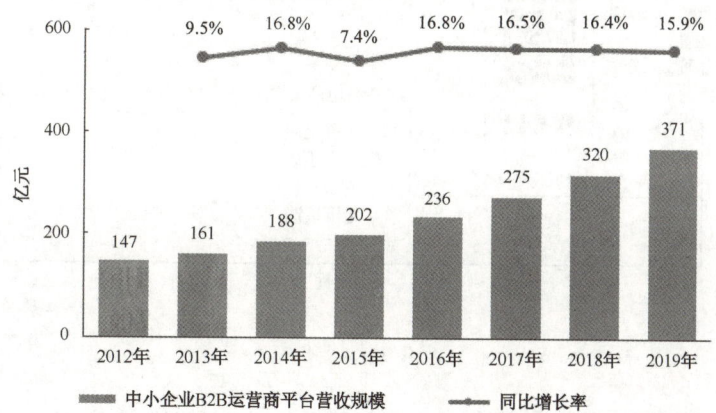

图 2.4　2012—2019 年中国中小企业 B2B 电商平台营收规模

（二）市场份额

2018 年，中国 B2B 电商平台市场份额中，前三名分别为：阿里巴巴 28.4%、慧聪集团 17.6%、科通芯城 9.2%；接下来的分别为：上海钢联 6.5%、国联股份 6.1%、焦点科技 1.4%、生意宝 0.7%，其他 30.1%。7 家核心 B2B 平台总占比为 69.9%，主流 B2B 平台市场份额虽有不同程度的波动，但整体较为稳定，如图 2.5 所示。

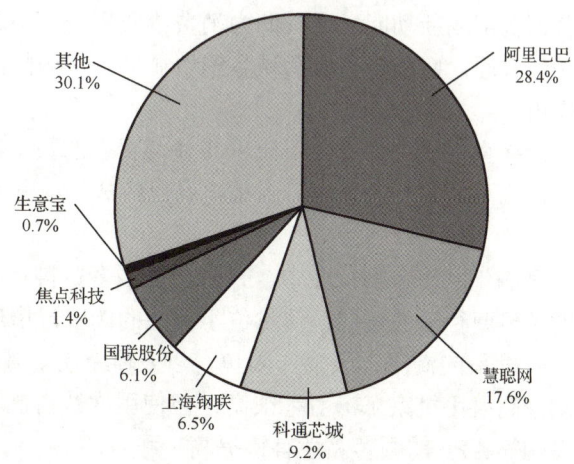

图 2.5　2018 年中国 B2B 电商平台营收市场份额

随着 B2B 电商平台市场竞争加剧，平台间的竞争已从单一客户转变成了供应链之间的竞争，尤其是在细分领域，B2B 平台已从单纯信息平台发展成提供综合行业服务的产业链融合模式。

二、网络购物行业

2020 年网络购物向内容类平台转移，跨境、直播电商行业创业公司发展迅速，如图 2.6 所示。

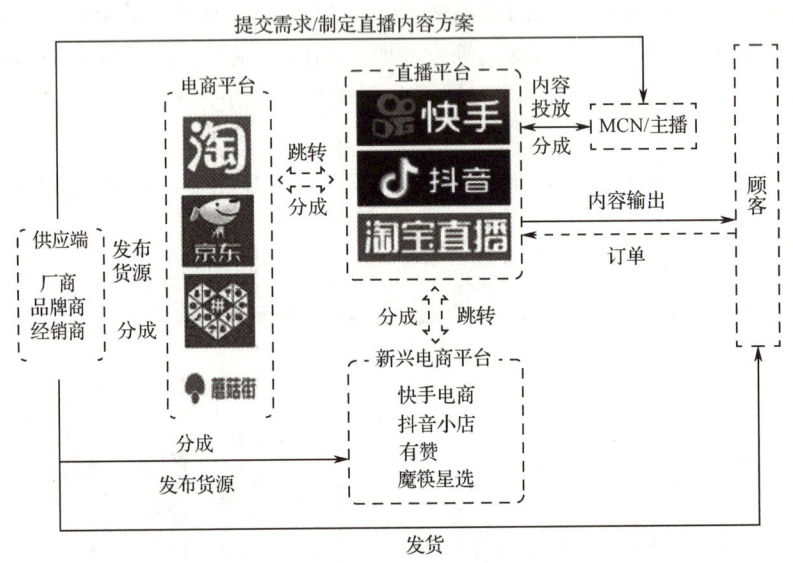

图 2.6　2020 年中国直播电商行业产业链图谱

（一）市场交易规模

2021 年，我国网络购物金额达 13.1 万亿元，较 2020 年增长 14.1%。截至 2021 年 12 月，我国网络购物用户规模达 8.42 亿人，较 2020 年 12 月增长 5 968 万人，占网民整体的 81.6%。随着以国内大循环为主体、国内国际双循环的发展格局加快形成，网络零售不断培育消费市场新动能，通过助力消费"质""量"双升级，推动消费"双循环"。在国内消费循环方面，网络零售激活城乡消费循环；在国际国内双循环方面，跨境电商发挥稳外贸的作用。

网络直播成为"线上引流＋实体消费"的数字经济新模式而蓬勃发展。随着疫情期间线上消费习惯的加速养成，直播电商已经成为一种受到顾客普遍喜爱的新兴购物方式。

（二）企业分析

目前，网络购物行业中，京东、拼多多、抖音等几家中等规模企业的增速最高，有力拉动了电商行业的发展；体量位于首位的淘宝，增速则相对较缓慢。

阿里系的淘宝、天猫、闲鱼，以及唯品会、小米商城等购物 APP 的覆盖率和使用次数均较高；手机京东覆盖率很高，但使用次数占比相对较低；卷皮、聚美优品、贝贝、苏宁易购等 APP 的顾客黏性有待提高。

三、电商行业年度热点

2020 年，我国电商行业的热点事件主要体现在以下几个方面。

（一）新零售打通物流、选品、会员等方面，传统零售品牌优势渐显

2016 年起，零售业线上线下一体化加速。天猫"双十一"共 100 万家门店参加，包括苏宁、优衣库、GAP、索菲亚、百安居等。线上线下的融合体现在物流、选品、会员等方面，从而使线上线下购物优势实现了互补，其具体方式包括：线上下单，线下提货；基于地理位置优势、人群特征数字化选品；AR（增强现实技术）购物；线上线下会员打通，等等。在不同类型的品牌中，传统品牌优势渐显，占比约为淘品牌的两倍，数量明显占优。此外，传统品牌在访问、关注、产品、物流等各环节的综合表现均明显高于淘品牌。

（二）电商流量成本走高，"直播＋网红＋电商"成为行业风口

2020 年，电商顾客增长速度放缓，顾客红利逐渐下降，但电商平台与商户增长仍然非常快，从而造成流量获取成本越来越高。网红凭借其"意见领袖"的号召力，能够为电商平台带来巨大的免费且精准的流量，因而迅速成为行业风口。2016 年 3 月，淘宝推出直播功能，顾客在不退出直播的情况下即可购买；6 月，苏宁易购启动红人网购直播间；6 月 18 日，京东与斗鱼合作的"龙虾激战之夜"网红直播，拉动了"6·18"期间京东生鲜自营产品的销售，订单量达到了 2015 年同期的 6 倍。2017 年至 2019 年，直播电商市场一直保持较高水平的增长，每年同比增速均超过 200%。我国直播电商发展的历程如图 2.7 所示。

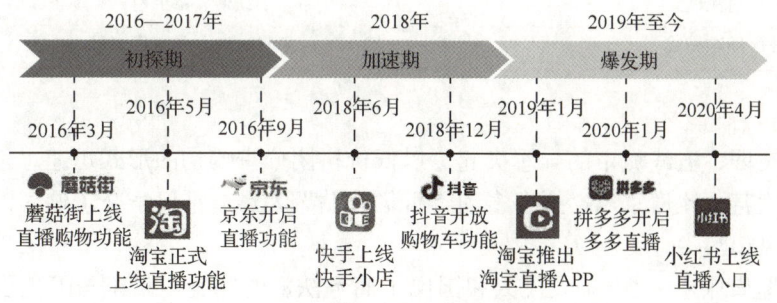

图 2.7　我国直播电商发展历程

（三）消费升级，跨境电商、生鲜电商受用户欢迎

iiMedia Research（艾媒咨询）数据显示，2019 年中国海淘用户规模达到 1.54 亿人，2020 年则达到 1.58 亿人。在跨境海淘领域，产品信息不对称程度比境内市场高，消费者对导购电商存在一定刚需。随着海淘用户规模的持续增长，跨境导购市场潜力将逐步释放。其中，天猫国际、京东全球购、唯品国际等综合电商平台与考拉海购、小红书、洋码头等垂直电商均有不俗的表现。

随着居民生活质量的不断提升，消费者对食品品质、安全、便捷性方面提出了更高的要求，这为生鲜电商的发展孕育了空间。在平均每年保持 80% 以上增长率的基础上，2020 年中国生鲜电商市场规模达到近 3 500 亿元。百度、阿里巴巴、腾讯、京东等企业开始通过投资、自建等方式在生鲜领域进行业务布局，市场竞争日趋激烈，企业模式越发多

元化，涌现出 B2C、O2O、F2C 等多种电商模式。

（四）社交电商发展迅速

以前，人们想在线购买产品，就必须通过电子商务网站选购。现在，大家可以直接从自己喜欢的社交媒体网站上在线购物，如小红书、微博、微信、抖音等。

社交电商是电商社会化的一次模式转型，将关注、分享、沟通、讨论、互动等社交化元素应用于电商交易过程中。它的本质是各电商平台对流量的追逐，改变了以平台为主导对流量集中采买导购的方式，开始转向以顾客为核心的去中心化分布的导流方式。

根据相关数据报告称，社交电商行业发展势头劲，2020 年从业人员超过 4 800 万人，整个市场成交额规模在 2020 年超过 2 万亿元。

目前主流的社交电商商业模式包括会员分销模式、拼团模式、网红直播模式、内容引流模式和社区团购模式，其中拼多多作为拼团模式的电商平台代表，迅速占据大量市场份额，成为仅次于阿里和京东的中国第三大电商平台。2020 年中国社交电商主流商业模式及代表企业如表 2.1 所示。

表 2.1 2020 年中国社交电商主流商业模式及代表企业

商业模式	代表企业
会员分销模式	云集、贝店、蒙牛、娃哈哈等
拼团模式	拼多多、苏宁拼购、京东拼购等
网红直播模式	淘宝直播、抖音、快手、蘑菇街等
内容引流模式	小红书、宝宝树等
社区团购模式	每日一淘、美家优享等

（五）电商补贴大战加剧

拼多多在四、五线城市的异军突起，以低价拼团分享购物的形式迅速"杀进"电商第一阵营，规模甚至比肩京东。拼多多的"百亿补贴"大热，不仅争夺了顾客，更是将电商补贴推上了风口浪尖。

从行业监管来看，《中华人民共和国电子商务法》的实施，京东与阿里巴巴选一的官司仍在持续，电商行业未来的执行难度在加大。

如果难度持续加大，那么各平台吸引顾客更具可行性的方案就是补贴了。电商的补贴纷至沓来的背后，是同行之间电商顾客的争夺。

（六）新零售快速崛起

中国电商发展的基础环境正不断完善，如物流配送覆盖更广的地域、购物支付的便利性等，逐渐完善的基础设施也有助于电商平台对更多地区和人群加强渗透。未来随着一、二线城市的消费逐渐饱和，下沉市场将成为电商平台新的发展重点。

电商行业在 2016 年逐渐进入新零售时代，线上企业积极发展线下，线下的商超纷纷推出线上服务，线上线下和物流的结合，让新零售快速崛起。例如，2020 年 1 月 22 日至 2 月 6 日，"盒马鲜生"日新增顾客规模从 3.6 万人增长至 5.4 万人。

随着电子商务技术的成熟和人们对移动支付的习惯，必然需要更加便捷的新零售店提供更加精准和现代化的服务。

任务二　从市场层面看电子商务的发展

任务引入

据 Mob 研究院相关报告的数据显示：疫情下的生鲜电商供不应求，其中京东到家日活突破 100 万单，盒马鲜生、叮咚买菜双双突破 40 万单，且新顾客持续增长。

与此同时，受疫情"统一配送"政策影响，大量顾客逐渐形成了"送菜上门"的购物习惯，该习惯与社区团购模式（呆萝卜、食享会等）非常匹配。疫情期间，生鲜电商持续平稳增长；疫情过后，社区电商定会迎来一波"井喷"式增长期。

疫情背景下的电商市场会迎来哪些变化呢？

2020 年 9 月 9 日，在福建省厦门市举行的 2020 全球电子商务大会上发布了《中国电子商务发展报告 2019—2020》。

过去 20 年，中国电商的变化已经十分惊人，而新冠肺炎疫情的突发，不仅加速了电商的发展，更是改变了原有的电商格局。中国一线城市电商消费总量已经超越发达国家，形成了自己独特的模式；二线城市的消费理念开始逐渐走向成熟；中西部地区的新兴消费阶层也在不断崛起。从消费供给角度看，消费供给侧结构性改革取得一定成效，但国有品牌发展不平衡问题突出：电器类与通信类品牌快速崛起，在手机通信设备、家用电器等销售前十名的品牌中，国产品牌占据多数，保持绝对的市场占有率和销售增速，而其他，如母婴产品、化妆品等则多被国外品牌垄断。对于城市新中产阶层的消费升级，国产品牌还有很大的市场潜力待挖掘。通过梳理，可以得出电商行业 2020 年度八大关键词。

1. 关键词：寒冬

2020 年伊始，各行各业都经历了疫情带来的"寒冬"。不过，对于电商平台而言，虽然整个社会零售业受到一定影响，但整体来说只是增速暂且放缓。2020 年一季度我国实现实物商品零售额 1.85 万亿元，同比增长 5.9%，增速同比下降 15.1 个百分点，但仍保持正增长，其中，服饰、箱包等主要品类销售受疫情影响较大。为了自救，很大一部分企业转战线上，导致电商竞争状态加剧，很多行业经历了洗牌，也有很多行业找到了新出路。

2. 关键词：消费券

为了促进复工复产，2020 年 3 月以来全国多地陆续开始发放消费券，仅 3 个月就有 30 多个城市参与消费券发放。对多个地区来说，这次消费券分发是历史上规模最大、商家参与最多的促销行动。消费券的分发也确实带来了不错的效果。曾有数据统计，在杭州，每 1 元补贴可拉动 3.5 元至 5.8 元新增消费。而在线上，拼多多、京东、阿里巴巴、苏宁等平台也通过消费券实现了线上线下联动，线上拉动消费增长，成绩显著。

3. 关键词：国美回归

2020 年 3 月，国美以官方旗舰店的形式入驻京东；4 月，拼多多与国美零售达成战略合作，认购国美零售发行的 2 亿美元的境外可转债，如果最终全部行使转换权，则拼多多将最多获配12.8亿股国美新股份；6月，京东集团以1亿美元认购国美零售发行的境外可转债，折合人民币约7.15亿元。经历了7年的失意，国美想要实现线上线下融合的决心尤为迫切，三者联手实际也是优势共享，对各方来说都存在一定的想象空间。

4. 关键词：地摊经济

为了复苏经济，全国各地开放了地摊经济，这也为阿里巴巴这类批发式平台带来了一个极好的发展时机。阿里巴巴（1688）随即启动了"地摊经济"扶持计划，为商家提供工厂源头直供、下游进货热点、赊账进货、售后保险等服务。一时间，阿里巴巴成了众多商家的主要进货渠道，而阿里巴巴（1688）的APP也一度成为苹果商店和安卓商店的热搜榜排名第一的应用软件。

5. 关键词：全民直播

2020年，直播电商经历了疯狂、梦幻，再到惨烈的发展。从总裁老板到县长村长，从明星网红到草根素人，几乎成了"全民直播"。直播电商成为一个新兴业态，"直播销售员"成了新工种，直播的商业价值不断提升，市场经济也更大程度地被盘活——直播电商"名正言顺"地成了各行各业正向发展的主力推手。

6. 关键词：物流精细化

2020年的物流行业也发生了不小的动荡。2020年1至10月，中国社会物流总额229.3万亿元，在新冠肺炎疫情严重阻碍国内外经济发展的背景下仍保持2.5%的同比增速。例如，中通赴港上市，并与京东中断合作；自阿里巴巴参股韵达快递后，目前"四通一达"都与阿里巴巴有亲密合作关系；京东收购跨越速运，拼多多则与极兔物流越走越近。可以看出，物流行业依然是这一年融资市场的重点关注领域。在涉及186.66亿元总融资金额的58起融资事件中，有24起发生在物流技术领域，在涉及金额达30亿元，数量和涉及金额占比分别为41.4%、16.1%。同时，在当前的投资热潮下，中国物流技术正朝着精细化的方向发展。

7. 关键词："6·18""双十一"

2020年的"6·18"，创了5年来关注度新高，被称作复工后的首场"回血"之战，因此除商家之外，各大平台也都非常重视。

各大电商平台的销售数据是：从6月1日0点到6月18日下午2点，京东平台累计下单金额达到2392亿元；天猫数据显示，平台累计下单金额达6982亿元，"6·18"凌晨第一个小时，天猫销售额同比增长100%；"6·18"当天，苏宁易购销售额已经超过2019年"6·18"全天，全渠道销售规模增长129%；拼多多平台订单量较去年同期增长119%。截至6月18日晚19:40，拼多多平台在"6·18"期间订单数突破10.8亿笔，19日0点前订单数超过11亿笔，商品交易总额同比增长超过300%。

2020年的"双十一"也比较特别。相较以往，不仅拉长了时间线，从10月20日就开始预售，而且更加注重直播和短视频营销，还出现汽车、房子等让人意外的大件商品。同时，2020年"双十一"也不再是纯线上的狂欢，很多线下超市、便利店、餐饮外卖、酒店旅游、医疗等都被联动起来。

"双十一"大促销期间，全网销售额高达8403亿元。其中，主要的四大平台里天猫占59.3%，京东占25.3%，拼多多占5.1%，苏宁易购占4.8%。根据统计，"双十一"期间销售额排名靠前的几大品类主要有家用电器、手机数码、男女服装、个护美妆、家居建材。

8. 关键词：社区团购

在 2020 年年末，社区团购成了"现象级大风口"。阿里巴巴、美团、拼多多、滴滴、京东、快手等等众多互联网巨头凭借资本的力量纷纷进军社区团购，利用巨额补贴和低价疯狂抢夺市场。

各大巨头扩张的脚步已经迈出，社区团购依然是未来巨头们想要占据的领域。但要公平公正地竞争，不要利用垄断优势，借助资金优势巨额补贴，低价抢夺市场。

任务三　从技术与产业链整合角度展望电子商务未来

任务引入

2020 年 12 月 24 日，国家市场监督总局依法对阿里巴巴集团控股有限公司实施"二选一"等涉嫌垄断行为立案调查。人民日报发表评论称，这是我国在互联网领域加强反垄断监管的一项重要举措，有利于规范行业秩序，促进平台经济长远健康发展。

随后，中国人民银行、中国银保监会、中国证监会、国家外汇管理局约谈蚂蚁集团，督促指导蚂蚁集团按照市场化、法治化原则，落实金融监管、公平竞争和保护消费者合法权益等要求，规范金融业务经营与发展。

反垄断背景下的互联网行业该何去何从？

2020 年，电商行业风云变幻，处于风口浪尖上的电商企业要随时准备好迎接下一个挑战。在这一年，O2O 企业变得低调，巨头企业之间的战略同盟愈加牢固，智能化被视为移动互联后的下一个时代。当然，还有新零售的风潮也随之席卷而至。

目前，电子商务正处在变革时代，移动化、本地化、数字化、社交化四大趋势正改变着大众的消费行为。很多传统企业仅仅把电商平台作为清库存、走销量的渠道，而有些电商为了扩大规模不惜亏本大打"价格战"，榨干了下游供应商。这种只有一个"出口"，没有闭环的发展模式注定不可持续，甚至称不上是全产业链整合。

电商企业如何探寻未来的发展空间？唯有在大势未来时从技术和产业链整合角度提前布局，其具体表现在以下几个方面。

一、战略同盟

"大鱼吃小鱼"的丛林法则在电商行业一直存在，一方面体现在中小企业的生存环境上，另一方面也体现在规模企业的抱团趋势上。继 2015 年阿里巴巴、苏宁"星球碰撞"之后，2016 年两家的合作有了新进展，不仅在销售渠道、物流资源等方面加速打通，同时合资成立了新公司"猫宁电商"，进一步探寻网络零售的合力优势。

与阿里巴巴和苏宁对抗的，是京东和沃尔玛组成的战略同盟。2015 年，京东在拉拢合作伙伴的进展上可谓步子极大。2016 年 4 月，京东以京东到家、京东集团的业务资源外加 2 亿美元收购达达，成立新公司；6 月，以换股形式从沃尔玛手中拿下 1 号店；10 月，沃尔玛战略投资新达达 5 000 万美元。至此，京东、沃尔玛的同盟关系确立。

不难看出，规模企业间的合作无不是为了在激烈的市场竞争中拥有更大的话语权。就阿里巴巴和苏宁阵营而言，一方具有充足的流量资源，一方有着优质的物流体系，两相结合，利人利己；而对于京东和沃尔玛来说，前者亟待扩充品类，后者则希望在国内电商市场开拓渠道，双方各取所需。合作成为行业新格局的催化剂，在巨头抱团的推进中，电商行业的竞争版图逐渐成形。

二、电商 SaaS 快速崛起

电商服务的产生由来已久，但迄今为止以软件服务为主的电商 SaaS 行业仍在快速地发展，并不时涌现出新的商家。其原因有二：一是电商平台仍在持续地多样化发展——老的平台催生新的服务模式、新的电商平台加入并壮大；二是在激烈的竞争环境下，商家服务不断精细化，在多平台运营甚至多渠道数据打通的情况下，商家经营不断复杂化。

从商家经营的角度看，竞争的加剧、移动端顾客对消费便捷性要求提高、平台多样化、单个平台规则复杂化等因素的出现，对商家的经营提出了更高的要求。首先，线上购物占比不断提升，线上销售已经转变为货找人的模式，有货源、无货源的商家都在快速地迭代优化产品的新供给和结构，提升顾客对服务的满意程度，以期最大限度地满足目标顾客的需求，这种情况下需要对动态变化的大量的库存进行管理、对订单和供应链做出快捷反应；其次，对于在多渠道甚至线上线下渠道布局的商家来说，经营的复杂程度又增加了一个量级。在平台多样化和商家经营精细化、复杂化的情况下，电商服务商的产生和发展是必然的；电商 SaaS 服务行业在电商渗透率提升的情况下，预计仍会快速增长。

三、生态闭环

2020 年电商竞争进入下半场，供应链赋能成为电商零售竞争的硬实力。由于商家和顾客在供应链的两端，因此顾客的需求在传达的过程中及商家产品触达顾客的过程中可能因为中间环节而变得失真和无效率。随着新零售、O2O 的兴起，线上和线下零售的界线越来越模糊，传统零售商/制造商迫切需要供应链升级和数字化，实现全渠道扩展并提高效率。头部电商在 C2M 早有布局，并将 C2M 策略纳入中期计划。完整的电商生态闭环及在支付、物流、云计算基础设施上的布局有助于在生产规划、数据服务、金融、仓储物流等环节赋能商家。

四、内容化是平台的主要方向

最近几年，电商领域最"火"的词一定是"内容营销"了。提到内容化，首先要说到网红电商。2016 年网红开始"火"，那时有颜值的或能东北二人转式搞笑的都能"红"；2017 年要有一定特色才艺展示的才能"红"；2018 年要有真正持续产出内容的才能"红"。

特别是走过 2018 年到了现在，网红要想变现，有持续产出的内容是基本的能力。

电商的内容化，就是要把产品或品牌的调性、风格做得专业、有趣、有灵魂，其表现形式可以是文字、图片、短视频、直播、VR/AR 等。大品牌商家应该想办法通过内容让顾客更多维度地喜欢和追随；中小商家也应该重视内容，至少让某一类顾客喜欢——可以很搞笑、很好玩、很小众、很有才，这些都是内容。

五、多渠道经营成为主流

最早做电商的草根电商，一般被称为"做淘宝"。可见在早期，淘宝就几乎等同于电商行业。现在，淘宝、天猫依然是最大的电商平台，但电商平台已不止阿里系一支了，还有很多其他的电商平台。多电商平台经营也不是新鲜事，主流的上规模的电商团队都不只经营一个平台。

多渠道不单指不同的电商平台，而是除用电商平台获取顾客外，抖音、今日头条、微博、微信等也是商家需要经营的渠道。例如，卖车品的应该挖掘一下汽车之家、易车网、爱卡汽车等汽车相关网站，因为有车的人很多都在这里；卖母婴用品的应该挖掘一下宝宝树、育儿网等母婴网站，很多妈妈都会在这些地方问各种育儿知识，等等。

淘宝、天猫的店铺只是一个成交的载体，而商家自己要有获取顾客、经营顾客的能力。也许其他某一个渠道的打通，带来的收益会远超在电商平台上的苦心经营。抖音带动很多卖货能力很强的店铺的案例不胜枚举，未来这个趋势还将被放大。

六、规则趋于完善

在电商蓬勃发展的同时，政策把关的力度在加强。《电子商务法》自 2019 年 1 月 1 日起施行。对顾客而言，国家出台法律，电商有法可依，当然是好事；对于整个电商行业而言，行业一定会迎来震荡，震荡过后一定是更加规范有序，而规范的过程，就是优胜劣汰的过程。

法律带来的是相对平等的机会。中小商家与大品牌、大商家，在资源、资金、人才、管理、品牌上都存在一定差距，因而中小商家与大品牌竞争，一定会用各种手段来缩短差距。所谓的各种手段就包含了各种违规操作。法律的出台，使得违规操作的成本呈几何倍数地增加，从而迫使各种违规操作越来越少。最后比拼的是真正的商业综合能力。比拼的结果，便是优胜。各个电商平台底层的中小商家，赚着很少的毛利，夹缝中生存，涉及的税金、管理成本、人员成本都会增加。

政策监管的收紧预示着商业模式逐渐走出草莽时期，迈向成熟化发展阶段。在网络交易市场迅猛发展的大势中，电子商务投诉维权、网络商品质量维权等问题长期以来都是社会关注的热点，放水养鱼式的发展方式终究不是正轨。调整企业的发展节奏，适应市场环境，在规则下有序扩张将是电商企业寻求新机遇的方向。

七、新零售走向数据化、流量化

新零售是指以顾客体验为中心的数据驱动的泛零售形态，是基于大数据的人货场重构。在阿里巴巴的商业操作系统里，数据变成了新能源——能驱动业务、推进升级的新能源。

在2020年ONE商业大会上,阿里巴巴集团CEO张勇宣布正式推出阿里商业操作系统,旨在帮助企业完成品牌、商品、销售、营销、渠道、制造、服务、金融、物流供应链、组织、信息技术十一大商业要素的在线化和数字化。

在电商发展的早期阶段,只要把网上没有的产品上传到网上,就能获取流量,所以多上新、多开店也是曾经非常有效的获取流量的方法。如今,从物以类聚到人以群分,从经营产品到经营顾客,商场作为新零售的线下阵地,需要研究顾客动线并数据化。

网店作为新零售的线上阵地,以前是直通车引流到单品页让产品卖爆,现在是打广告吸引顾客进入直播间,想办法留住粉丝并持续经营粉丝。接下来,有人的地方都将流量化,不管是线上还是线下。顾客排队吃饭,排队的都是人,有人的地方就有流量,如何吸引这些人转化为流量并在后期经营这些人,会成为各行各业挖掘机会的重点。

READ 阅读推荐

互联网反垄断的蝴蝶效应:"巨头买下整个赛道"一去不复返

2020年12月14日,国家市场监督管理总局对阿里巴巴投资有限公司收购银泰商业(集团)有限公司股权、阅文收购新丽传媒控股有限公司股权、深圳市丰巢网络技术有限公司收购中邮智递科技有限公司股权三起未依法申报行为,依据《中华人民共和国反垄断法》第48条、第49条做出了行政处罚决定,各处以50万元人民币罚款的行政处罚。三家公司已经全部向媒体表达了按照监管要求,积极整改的态度。

经过数十年发展,以BAT为代表的企业在中国互联网市场崛起,巨头企业的边界越来越模糊,投资所覆盖的版图越来越大,血雨腥风的互联网竞争已经有些走向垄断的迹象。随着BAT十年的野蛮生长时代即将结束,互联网巨头们也走到了流量红利末期和强监管交汇的十字路口。

大并购浪潮的终结

从"千团大战"跑出来,与大众点评合并、37亿元收购摩拜,让王兴的"eat better, live better"不只停留在蓝图上。一般来说,如果一家企业市场份额达到75%,该企业就具有独占市场的特征。如今逼近外卖市场70%市场份额的美团,不止一次陷入垄断风波。美团被曝杀熟外卖会员,与2020年10月份国家明令禁止的"大数据杀熟"背道而驰,美团"吃相难看"被新华社点名批评。

如果说王兴是从无数次苦战和危机中跑出来的,那程维也不例外。2015年情人节当天,滴滴与快的宣布实现战略合并,让这场厮杀变成了"闪婚"。据当年易观的统计数据,滴滴和快的的市场份额分别占比56.5%和43.3%,两者加起来高达99.8%。这在当时,也引起了反垄断的质疑。根据《中华人民共和国反垄断法》的规定,经营者的市场份额达到1/2以上,即可推定具有市场支配地位。显然,滴滴与快的合并后具有市场支配地位是没有疑问的。但是,法律并不禁止企业具有垄断地位,禁止的是垄断行为,所以关键是看合并后经营的过程中是否滥用市场支配地位。从如今的市场上看,滴滴一直在红线边缘试探,不止一次被曝出存在司机端和乘客端抽成过高的现象。

相比于滴滴和快的的早期合并,2015年58同城收购赶集网则是企业发展到后期战略转型的典型代表。自58同城2013年上市后，几乎每年58同城都会找赶集网进行收购谈判。而对于大公司来说，整合并非易事。

一位参与过土豆、优酷合并的人士曾公开表示，整合消化伴随着巨大内耗，类似土豆、优酷的合并，涉及创始团队的再分配、双方员工的协调遣散等，用了3年也没有完全消化。

在并购浪潮中，还有蘑菇街合并美丽说、携程并购"去哪儿"、陌陌收购探探、阿里巴巴收购网易考拉等。在当时，并购既是企业走出无休止竞争的出路，也是它们自我修复的过程。只是过去这些商业上的考虑，如今也要考虑是否触犯《中华人民共和国反垄断法》。斗鱼和虎牙的合并案已经被调查，此后应该很难再现大并购潮。

"to BAT"创业难再现

过去中国互联网形成了一个畸形的生态链，BAT站在金字塔顶端，底部是大量30亿美元以下的公司，中间是断层的。在这种生态链下出现了一种奇特的创业模式，即to BAT创业——创业是为了卖给BAT。

被誉为下一个"拼多多"的淘集集，是众多to BAT创业失败的案例中最典型的。2019年12月9日，淘集集宣布并购重组失败，张正平没有等来最终的救命稻草。数据显示，淘集集实际已欠债超过19亿元，现有资产不足6 000万元。这意味着，从成立到失败，淘集集生存了436天，平均每天烧掉506万元现金。

新能源汽车市场to BAT创业现象也十分明显。据腾讯《新造车穿越生死线》一文报道，"造车四小龙"中四家都拿了互联网巨头的资金，但接受百度苛刻竞业禁止条件的威马汽车，无疑是发展相对缓慢的企业。百度对其战略投资的诉求是发展Apollo（阿波罗）计划，不利于威马与其他互联网企业的合作。

据华兴资本统计，2019年上半年，中国TMT并购市场发生并购交易相比2018年同期减少38%，总交易金额相比同期减少60%。to BAT的创业将落下帷幕，这类的创业者应该难再如愿。

"巨头买下整个赛道"一去不复返

独立上市的艰难，并购浪潮来袭，新小巨头崛起，种种因素叠加下，战略投资成为最重要的接盘者。据《收割者：腾讯、阿里的20亿生态圈》所述，通过近年5 000亿~6 000亿元规模的投资并购，腾讯与阿里巴巴分别构筑了10万亿元市值的生态圈。相比之下，上海市地方政府控制的上市公司总市值为2.8万亿元；深圳300余家上市公司总市值11万亿元；A股总市值10万亿美元。换句话说，腾讯与阿里巴巴的资本能量，甚至已能与一座一线城市比肩。

从2020年11月份开始，反垄断的形式逐渐明朗，巨头控股的战略似乎行不通了。因价格和对监管的担忧，腾讯、阿里巴巴暂停洽购爱奇艺股权，资本市场期待的长视频赛道的整合被迫按下暂停键。

作为新崛起的3只独角兽，TMD（今日头条、美团、滴滴）激战社区团购。作为过去互联网根本看不上的卖菜生意，2020年年底却成了大风口，巨头们都想继续玩"补贴—垄断—收割"的老套路。社区团购是关系民生的重要的菜篮子工程，寡头垄断会导致恶劣的价格战。为此，《人民日报》发表评论点名此现象，"别只惦记着几捆白菜、几斤水果的流量，互联网巨头们应该在科技创新上有更多追求"。

一只蝴蝶扇动翅膀，可能会引发一场暴风雨，互联网反垄断背后的蝴蝶效应也随之呼之欲出。

50万元的反垄断罚款对于互联网巨头来说虽然就像"挠痒痒"，但法律范围内的"顶格处罚"，也足以给互联网巨头们敲响警钟。无论是"平台二选一"还是"大数据杀熟"，都背离了互联网自身开放、降低信息不对称的初衷，最终影响了科技创新。这也让诺贝尔奖得主斯蒂格利茨产生了"逃离互联网"的想法。

由于反垄断法规成熟，美国科技市场上几乎每隔5年就会出现一批影响世界的互联网公司。而反观国内，目前基本上仍处于第一代互联网精英"统治"的时代，在各个领域留给后来者的生存空间很少。

互联网垄断的旧时代结束，意味着百花齐放的新时代开始，慎终如始，则无败事。

Ending

分享与思考

2015年，O2O赢得了无数鲜花和掌声，茶余饭后的话题都是某某公司又获得了融资，估值迅速上升，对生活方式和消费习惯会带来何种颠覆性的变革。但是，2016年的O2O却被"严重打脸"，遭到各界的嘘声和质疑。大众开始反思，O2O是不是伪命题，有没有未来。而在众多O2O服务中，生鲜电商尤为典型，从投资风口到集中爆发危机仅用了两年时间，如今成了投资人眼中的"大坑"。

随着直播、VR、智能终端等技术的走红，电商消费将越来越休闲化、娱乐化和体验化。目前，VR、直播等技术并不完全成熟，但作为流行趋势和技术变革，如大数据、云计算等，必将有更多电商企业涉足。例如，智能冰箱让生鲜产品直接触及大众厨房、美食APP菜谱导流食材的购买，以及启用网红直播引发舆论热议等。可以说，线下电商的营销方式已经越来越多，合理利用将对品牌和知名度的扩大起到极大的推动作用。

生鲜电商前景依然广阔，但经过资本寒冬的洗礼，生鲜电商已经由资本热捧走向理性的过渡期。O2O泡沫破裂和行业监管的收紧叫醒了一大批"梦中"创业投机者，一些定位清晰的垂直电商已崭露头角，巨头的介入也加速产业的融合和发展。同时，伴随着VR、智能终端、视频直播等新技术的广泛应用，生鲜电商在技术变革方面也会有新的思考。但究其本质，保证供应链的高效运转才是生鲜电商的核心。妥善利用资本的力量，对供应链上每个环节准确控制，建立生鲜产品快速流转机制，生鲜电商才有未来。

课后练习

1. 名词解释：O2O、新零售。
2. 试举例说明，电商消费的休闲化、娱乐化和体验化。
3. 分别从电商细分市场、互联网技术与营销方法、资本与产业链等角度阐述电商的发展趋势。
4. 什么是互联网领域的"平台二选一"和"大数据杀熟"？其危害性在哪里？如何应对？

案例 2-1 让你的闲置游起来的闲鱼

1. 基本概况

闲鱼是阿里巴巴旗下闲置品交易平台,只要使用淘宝或支付宝账户登录,无须注册店铺。在闲鱼平台,个人卖家能获得更大程度的曝光量、更高效的流通路径和更具优势的物流价格三大优势,让闲置的宝贝以最快的速度奔赴位于天南海北的新主人手中,物尽其用。

闲鱼平台后端已无缝接入淘宝信用支付系统、芝麻信用系统、菜鸟裹裹物流系统,从而最大限度保障了交易安全。

2. 发展历程

2012年,阿里巴巴以淘宝为依托,推出了二手交易平台"淘宝二手"。

2014年6月,"淘宝二手"更名为"闲鱼",产品在视觉、交互、逻辑上均发生了不少改变。

2014年7月,"闲鱼"脱离淘宝平台成为一个独立的手机应用软件,用户可通过平台直接买卖闲置物品。

2015年5月,闲鱼支持开通芝麻信用评分体系。

2016年5月,阿里巴巴集团宣布"闲鱼"和"拍卖"业务"合并同类项",两者将共同探索包括闲鱼拍卖、闲鱼二手交易、闲鱼二手车在内的多种分享经济业务形态。

2016年6月,闲鱼先后与菜鸟裹裹、淘宝、中检集团奢侈品鉴定中心达成合作。

2017年12月,闲鱼联合中国循环经济协会、有得卖、爱回收、回收宝、有闲有品、乐人乐器、大搜车、芝麻信用、蚂蚁森林等50家机构启动无闲置社会行动。

2018年5月,闲鱼与淘宝租赁进行内部整合。

2018年7月,闲鱼推出租赁业务场景,接入包括衣二三、估吗等在内的租赁品牌商,提供租房、租衣、租数码家电等在内的全品类租赁服务。

2019年4月,闲鱼公布的数据显示,2018年闲鱼销售额已突破1000亿元。

3. 运营模式

(1) 定位于多元化、开放的闲置经济平台

淘宝、天猫、阿里妈妈事业群总裁蒋凡认为:"闲鱼上的千亿元GMV不是千亿元的生意,而是千亿元价值的宝贝不再被丢弃和浪费,是千亿元社会资源的节约。"闲鱼的发展策略也因此定义为多元化、开放的闲置经济平台。闲鱼的交易额对应的不是纯零售和商业价值,反映的是社会化资源得到合理运用。

(2) 定位于真实、平等、有温度的社区

闲鱼与淘宝、天猫最大的不同是闲鱼定位于社区,真实、平等、有温度是闲鱼社区的内核。闲鱼总经理谌伟业认为"闲鱼对玩家的筛选标准未必是KOL(关键意见领袖),更强调有趣、有才、有爱"。在闲鱼不只有交易,有着共同爱好、趣味相投的人们正集结起来,在闲鱼展现着自己最真实的乐趣;与粉丝密切互动、一起"玩",背后代表着从闲鱼上成长起来的生活方式和态度。

(3) 以顾客为核心的社交运营

闲鱼在流量分发逻辑上与一般的电商交易平台不同。它根据顾客的兴趣、爱好、浏览

习惯进行推荐,更看重顾客在平台上的互动、登录次数及回应、反馈的速度等指标。

4. 创新与特色

(1) 让你的闲置游起来

互联网二手物品交易一直都有市场。58同城通过线上发布信息,线下交易;豆瓣小组有零碎没有规则的交易形式;"有闲"是熟人二手物品交易平台;京东等综合平台上的二手交易一直很红火。

淘宝推出二手交易APP,迎合了很多买家变"闲"为"现"的想法,也响应了社会对低碳生活的号召。

(2) 充分利用阿里系资源

背靠淘宝的闲鱼APP主页面还是"老三样"——频道分类、发布按钮和发现频道。团队大张旗鼓地在APP Store的产品页面上写着"没有这个金刚钻,就不揽这个瓷器活"。这句话的背后是淘宝主站的流量资源和支付宝担保交易平台。

淘宝主站的流量优势有:淘宝站内产品一键转卖功能;互联网操作的便携性使得顾客决策流程大大缩短,造成网购冲动性消费的一大来源;淘宝二手的"截胡"为这类用户提供了平台,这类交易占到了淘宝二手的主流。

闲鱼利用移动设备的便携性,通过扫商品码、拍照、语音等功能把剩余的线下闲置物品收拢过来,并充分利用淘宝账号体系和支付宝信用体系的优势。例如,在二手3C产品领域,闲鱼与回收宝合作,成立了线下回收小站,如图2.8所示。回收宝的"天工验机"是全球第一条完全自主的AI全自动化手机检测线。

图2.8 闲鱼与回收宝合作的回收小站

5. 总结与思考

二手交易的实质是卖家和买家围绕着产品的残余价值进行交易:卖家通过二手交易处置"多余"物品;买家通过二手交易获得最具有性价比的产品。当有闲置物品的卖家和有需求的买家体量足够大时,二手市场就会呈现爆发式发展。

电商购物节和电商直播等营销手段在最大程度上刺激了顾客下单。冲动消费过后,就是大量物品被闲置。中国二手市场的规模无法与人口总量相匹配,主要原因在于国内二手市场还不成熟。二手市场乱象丛生,卖家不知道去哪里卖最省心,买家不知道去哪里买最靠谱,信息不对称带来的信任危机阻碍了二手市场的高速发展。

闲鱼作为二手交易平台中的佼佼者,在发展过程中也存在很多问题。

(1) 延迟的审核机制

在闲鱼平台,卖家注册门槛极低,不用交押金、无须烦琐的店铺注册,只需要一个手机号、淘宝或支付宝账号就可以注册并登录。极低的卖家准入门槛极大地增加了卖方市场的用户量,并且与之配套的审核机制不足,直接导致了交易具有极大的风险。

（2）售后处罚机制

闲鱼官方在整个交易过程中并不直接参与，只是提供平台和资金担保。闲鱼平台只在买卖双方出现纠纷后才会介入，交由闲鱼小法庭作为第三方进行仲裁投票决定。这为闲鱼的售后处理埋下了严重的隐患，加之处罚力度不足，让不少商家打着二手闲置的名义规避售后问题，并且买家调包或恶意破坏产品从而申请退款补偿的行为也时有发生。

买家的权益不能得到很好的保障，维权双方的时间成本、经济成本太高，是不得不面临的现实问题。

案例 2-2　渠道下沉的唯品会

1. 基本概况

唯品会是国内知名的品牌折扣 B2C 网站，率先开创了"名牌折扣＋限时抢购＋正品保险"的商业模式，主要进行时尚名牌商品的销售、以较低的折扣价向顾客出售正品名牌商品，是生产商、商贸企业或个人利用互联网的优势来实现与顾客之间的信息沟通、产品定制、产品传递等功能的网络营销模式。

2. 发展历程

唯品会由沈亚和洪晓波于 2008 年在广州创立，隶属于广州唯品会信息科技有限公司，是中国较大的名牌折扣网站之一。

2012 年 3 月，唯品会登录纽约证券交易所。

2013 年 1 月，唯品会正式定位为一家专门做特卖的网站，明确诠释了唯品会的经营模式和内容。

2014 年 2 月，唯品会投资 1.125 亿美元，战略入股乐蜂网占有其 75% 的股份；投资 5 580 万美元，购入乐蜂网母公司东方风行集团 23% 的股份。

2014 年 2 月，开通港澳台跨境平台，发展跨境业务。

2014 年 12 月，唯品会注册会员突破 1 亿人。

2017 年 6 月，唯品会正式宣布将定位语从"一家专门做特卖的网站"升级为"全球精选正品特卖"。

2017 年 12 月，腾讯和京东向唯品会投资 8.63 亿美元。

2018 年 5 月，唯品会宣布唯品国际与京东全球购已在供应链和采买方面达成合作。

2018 年 8 月，唯品会推出唯品仓 APP。

2019 年 7 月，唯品会宣布，通过香港全资子公司 Vipshop International Holdings Limited，以 29 亿元人民币现金收购杉杉商业集团有限公司 100% 股份，进军线下奥莱购物中心。

3. 运营模式

唯品会率先在国内开创了"名牌折扣＋限时抢购＋正品保险"的商业模式，加上其零库存的物流管理及与电子商务的无缝对接模式，希望将自己打造成线上的奥特莱斯。

（1）产品策略

唯品会目前汇集了上千家一线、二线品牌产品，品牌品类众多是其吸引顾客的一个优势，其销售的所有产品都有正品保险，顾客可以放心购买。

（2）价格策略

唯品会网站的定位是名牌折扣网站，通过与知名国际、国内品牌代理商或厂家合作，代售其产品，省去了中间商费用；在长期的合作中，建立了信任关系，使得价格可以更低，在质量和价格方面都有所保证，而且选用错开季节采购的模式，让产品更为优惠；其限时限量的模式，不用担心产品积压，并且可以根据订单制定订货量，从而降低了经营成本，有更大的让利空间。可以通过唯品会以比零售价格更低的折扣价买到正品名牌，价格优势吸引了大批忠实顾客。

（3）渠道策略

唯品会目前采用传统渠道和线上渠道两种渠道进行拓展，总部设在广州，目前在上海、成都、北京3个城市建立了分公司；在深圳设立了办事处，进行业务扩展、市场拓展及客户服务。唯品会在移动端有安卓客户端、iPhone客户端，并且与社交平台，如微博等建立了合作。

（4）促销策略

唯品会的促销策略是限时限量抢购、名品加折扣，这是其真正吸引顾客之处。唯品会依靠口碑传播，结合互联网社交网络服务，除用资讯、博客、留言板作为用户互动平台以外，还以积分换取礼品或抵金券的奖励方式鼓励会员邀请好友注册，也收到了良好的营销效果。为顾客赠送节日性的小礼品与贺卡，同样带动了产品销售。唯品会还开通了365爱心基金频道，通过公益活动宣传其品牌，提高了知名度。

4. 创新与特色

（1）顺应天时的特卖模式

在近年国内服装产业库存危机的背景下，唯品会以品牌特卖的角色出现在B2C舞台上。唯品会以一种最不折损品牌溢价的方式快速清理库存，尽可能地减少曝光度。这种特卖模式聚集了平台人气，满足了二、三线城市顾客对于品牌的追求。目前，唯品会有超过60%的活跃顾客来自二、三线城市。

（2）强支撑的运营系统

首先是基于产品的选品系统和买手体系；其次是网站定位及强悍的视觉营销能力；再次是后台快速的库存周转体系。

唯品会拥有强大的买手团队，团队成员都是深耕于服装、鞋包领域的选品高手。过硬的选品体系是唯品会快速赢得人气并且获得较高重复购买率的重要原因。

既然是大牌特卖，页面视觉要突出的就是品牌品质、限时限量和疯抢，唯品会把这几个核心要素表现得淋漓尽致；网站色彩及文案迎合女性顾客群体喜好，每天100个品牌强势展现；短时间抢购一空后马上标注"已售完"标签，营造其稀缺性；突出的预热板块吸引流量黏性。这些细节设计都给了顾客绝佳的浏览体验。

唯品会拥有超强的动态仓储运营能力，快速上下架特卖模式下唯品会仓库产品基本每5至7天能更换一轮。

（3）强势吸引上游品牌

目前唯品会要求的基本是中高端的线下知名品牌或线上一线品牌，已经与6 000余家品牌商建立了合作，其中800余家是独家合作。这让唯品会构建了行业壁垒，越来越多的品牌独家授权成为唯品会的核心竞争力。

快速回款账期、保持品牌调性这两点受到了品牌商的认可，单日出货量达几百万件。唯品会凭借强悍的渠道消化能力，已经成为一线品牌布局全网立体营销渠道的重要选择。

区别于其他平台的特卖频道，品牌与唯品会合作只负责供货，商品拍摄、上下架、售后等全部由唯品会负责，因而有不少缺少电商运营能力的有大量库存的品牌商选择与唯品会合作。

（4）成功黏住下游顾客

唯品会页面的饥渴营销做得很成功，产品一旦卖光就标注"已售完"，带动了不少冲动消费。独特的特卖模式和运营体系给了唯品会坚实的成功基础和竞争壁垒，再加上稳固的顾客黏性和商家黏性，在品牌商心中，唯品会逐渐跃升为与天猫、京东并列的一级电商渠道。唯品会凭借上述能力在线上特卖模式下先走一步，并且站稳了脚跟。

5. 总结与思考

（1）竞争格局未定，门槛不高

唯品会所处的品牌折扣行业在中国正处于快速发展的阶段，竞争格局未定。唯品会这几年虽然发展迅猛，在时尚品牌网络打折促销上积累了一定的产品组织经验、顾客数据，但是其规模优势尚未构成足够强大的竞争门槛。除唯品会以外，国内还有俏物悄语、聚尚、走秀等不少品牌折扣网站，京东等有强大物流体系的老牌B2C电商也会对唯品会产生一定影响。如果同质竞争加剧、打折渠道更多，则唯品会获利将更难。

（2）产业生态链的稳定性

打折零售在国内正处于发展阶段，闪购又是一种全新的商业模式，所以变数也比较多。唯品会用低价和正品吸引顾客，做的是帮品牌商清理库存的生意。唯品会与供应商目前有一些很好的合作关系，如只需要交部分押金即可拿货、卖不完的货可以退给供应商等。这种与供应商的合作模式是唯品会资金周转的保证，如果这种产业生态链不稳固，则对唯品会将是很大的打击。

（3）闪购模式的高运营杠杆

唯品会爆炸式增长与闪购模式较高的运营杠杆密切相关。为了保持高增长，唯品会在采购、仓储物流、市场营销等各方面的投入都在加大，如果无法及时吸引顾客，消化库存产品，或者供应商的供货情况恶化，则唯品会的现金将趋紧，对唯品会的运营会有比较严重的影响。高运营杠杆对运营提出了较高的要求，需要唯品会很好地维持与上游供应商的合作关系，并不断开辟下游的顾客资源。

案例 2-3 旅游行业的电商创新——携程网

1. 基本概况

携程旅行网（以下简称携程）创立于1999年，是一家总部位于上海的在线旅游一站式服务平台。目前，公司员工超过30 000人，已在北京、广州、深圳、香港、成都、杭州、南京、厦门、重庆、青岛、武汉、三亚、南通等95个境内城市，新加坡、首尔等22个境外城市设立分支机构，在中国南通、苏格兰爱丁堡设立服务联络中心。

作为中国领先的综合性旅行服务公司,携程成功整合了高科技产业与传统旅行业,与全球200多个国家和地区的30多万家酒店合作,覆盖国内国际各大航空公司,与近20家海外旅游局和16家国内旅游局等上下游资源方进行深入合作,还与超过300家金融机构和企事业单位达成合作。携程向3亿多名会员提供集无线应用、酒店预订、机票预订、旅游度假、商旅管理及旅游资讯在内的全方位旅行服务,被誉为互联网和传统旅游无缝结合的典范。

2. 发展历程

1999年10月,携程旅行网开通,酒店预订量创国内酒店分销业榜首。

2002年10月,机票预订网络覆盖国内35个城市。

2003年10月,推出全新360°度假超市,首推休闲度假旅游概念。

2004年10月,建成国内首个国际机票在线预订平台。

2005年9月,进军商旅管理市场。

2007年11月,携程英文网站全新上线。

2008年12月,携程推出国内首个航意险保单销售网络平台。

2011年4月,携程进军中小企业商旅市场。

2012年2月,携程发布中国首个顶级旅游品牌"鸿鹄逸游"。

2013年4月,携程全球门票预订平台上线。

2014年9月,携程发布中文邮轮预订平台。

2015年5月,携程战略投资艺龙旅行网。

2015年10月,携程与去哪儿合并,合并后携程将拥有45%的去哪儿股份。

2018年2月,携程宣布,正式上线共享租车业务。

2019年2月,百度宣布与携程达成深度合作。百度云将针对旅游行业特性,利用人工智能能力为携程量身定制面向场景、业务的解决方案。

2019年10月,携程在20周年盛典暨第二届全球合作伙伴峰会上宣布,英文名称正式更名为Trip.com Group。

2020年3月5日,携程启动旅游复兴V计划,投入10亿元复苏基金用于刺激旅游消费。

3. 运营模式

(1) 规模经营

服务规模化和资源规模化是携程的核心优势之一。携程拥有世界上最大的旅游业服务联络中心,其拥有1.2万个座席,呼叫中心员工超过1万名。携程在全球200多个国家和地区与30多万家酒店建立了长期稳定的合作关系,其机票预订网络已覆盖国际国内绝大多数航线。规模化的运营不仅可以为会员提供更多优质的旅行选择,还保障了服务的标准化,确保了服务质量,并降低了运营成本。

(2) 技术领先

携程一直将技术创新视为企业的活力源泉,在提升研发能力方面不遗余力。携程建立了一整套的现代化服务系统,包括海外酒店预订新平台、客户管理系统、房量管理系统、呼叫排队系统、订单处理系统、机票预订系统、服务质量监控系统等。2013年,携程发布了"大拇指+水泥"策略,构建指尖上的旅行社,提供移动人群无缝旅行服务体验。依靠这些先进的服务和管理系统，携程为会员提供了更加便捷和高效的服务。

（3）体系规范

先进的管理和控制体系是携程的又一核心优势。携程将服务过程分割成多个环节，以细化的指标控制不同环节，并建立起一套精益服务体系。同时，携程还将制造业的质量管理方法——六西格玛（6Ω）体系成功运用于旅行业。目前，携程各项服务指标均已接近国际领先水平，服务质量和客户满意度也随之大幅提升。

4. 创新与特色

（1）机票预订服务创新

携程设计和开发的机票预订系统和"异地出票"模式，解决了异地操作和配送管理的问题。结合电子机票的全面推行，更让互联网和电话预订成为最便捷的预订方式。

（2）度假旅游产品创新

① 携程自由行是以"张扬个性，亲近自然，放松身心"为目标，会员完全自主选择和安排旅游活动，且没有全程导游陪同的一种旅游方式。携程已是国内自由行产品的最大服务提供商。

② 依托技术优势和先进的系统，在国内旅行业率先推出"海外游标准"，对旅行过程中的航班、用车、酒店、行程、餐食、娱乐、购物和导游八方面做了极其详细的限定，对旅游行业规范化提升做了大胆尝试。

③ 对现有团队游进行品质提升，推出了"透明团"产品。其中，包括购物店信息事先披露，推荐自费项目提早公布，酒店住宿信息全公开，景点行程、游玩时间详细说明等相关内容，进一步体现了旅游电子商务的优势。

（3）酒店现付模式创新

携程在业内首创酒店预订前台现付模式。作为新型传播营销消费模式，通过前台现付然后返还佣金，是携程对中国旅游电子商务的一个颠覆性创新。这种模式成为国内在线酒店预订服务的主要模式。

（4）信息提供创新

旅游电子商务服务在很大程度上是一种虚拟产品，信息是否对称对其交易的成功具有决定性作用。携程开设了酒店点评和目的地探索等功能，首创房态实时控制和推荐系统（eBooking系统），将旅游信息的整合提升到了一个新的高度。

（5）营销模式创新

携程在营销模式上也引领着整个行业的发展。免费会员卡发放与异业合作营销日渐成熟；首创与航空公司合作；与银行分行合作推广联名卡，开行业先河。

5. 总结与思考

携程的主业目前有三大块：酒店预订；机票预订；旅游项目。其盈利模式为：与各地酒店、各航空公司、各旅游目的地签订合约，利用自身网络信息平台吸引客源，交易完成后再进行业务分成——酒店订房的分成比例大约为10%、预订机票为3%。但也应该看到，携程的经营在很多方面还存在着问题和风险。

（1）与上游供应商的合作关系

公司与酒店、航空公司等供应商之间的合作关系维护至关重要。以机票预订为例，同一航空公司不仅与多家中介有委托代理关系，同时本身也在利用自己的网站开展网上预订业务，并且随着电子机票的成熟，航空公司将进一步摆脱在配送环节上的掣肘。因此，在双方的博弈中类似携程的中介机构实无优势可言。

（2）品牌的知名度

携程从事的是旅游中介服务，品牌就是其生命。携程在很大程度上依赖于具有一定规模的忠诚客户群体，只有不断提高服务质量，进行有效的市场营销及广告宣传，才能打造公司的金字招牌。

携程想要在该行业继续保持领先地位，需要进行以下几方面努力。

第一，加强品牌建设，进一步提高品牌的知名度和美誉度，以吸引更多的顾客并将其培育成公司的忠诚客户。同时，在更广的范围内发展合作伙伴，尤其是旅游产品的供应商。

第二，在适当的时机实行并购，以进一步扩展业务，并购的对象应是与公司在产品或技术上同现有资源能形成互补的实体。

第三，随着我国旅游市场潜力的释放，旅行用品如旅行炊具、帐篷、睡袋、旅行包、旅行药品等的需求将呈上升趋势，公司可以因此开展旅游必需品的网上零售业务。

模块三
农村电子商务

本模块知识要点

1. 认识淘宝村现象。
2. "互联网＋县域"电商经济生态圈。
3. 县域电子商务发展及战略误区。
4. 农村电商的发展模式及典型案例。

任务一　解读淘宝村现象

任务引入

2020年9月26日，以"小康与小美——以数字乡村促美丽乡村"为主题的第八届中国淘宝村高峰论坛在河北省肃宁县举办，国内外专家学者、全国淘宝村镇代表及电商领域的领军人物共聚此次盛会。会议内容聚焦数字县域，探讨全面小康、县域经济数字化、数字乡村、直播新业态等话题，共谋淘宝村和数字乡村发展大计。阿里研究院、淘宝村发展联盟、阿里新乡村研究中心联合发布《1%的改变——2020年中国淘宝村研究报告》。根据报告，在新冠肺炎疫情背景下，淘宝村逆势增长，充分体现出数字经济在应对市场不确定性时的重要性。淘宝村覆盖28个省（自治区、直辖市），数量达到5 425个，总量约占全国行政村总数的1%；淘宝镇覆盖27个省（自治区、直辖市），数量达到1 756个，总量约占全国乡镇总数的5.8%。淘宝村和淘宝镇网店年交易额超过1万亿元；活跃网店296万个，创造了828万个就业机会，成为就地创业就业、就地城镇化的重要载体。

一、淘宝村的定义

首先，淘宝村是阿里研究院定义的一个独特称谓，是指大量网商聚集在农村，以淘宝为主要交易平台，形成规模效应和协同效应的电子商务生态现象。淘宝村认定标准有3条：一是经营场所在农村，以行政村为单元；二是全村电子商务年交易额要达到1 000万元以上；三是本村活跃网店数量达到100家以上，或者活跃网店数量达到当地家庭户数的10%以上。在发展模式上，全国各地的淘宝村可以分为以下两大类。

① 从无到有，一开始没有自己的农村土特产或其他无形的服务类产品，通过创新意识或理念慢慢发展起来，如江苏睢宁沙集镇、江西分宜双林镇。

② 基于本地的特色产业，如山东博兴的湾头村、河北白沟。

淘宝村之所以能迅速发展，归根于低门槛、低风险的经营模式，返乡人员的连锁效应和农民天生对幸福生活的追求。首先，淘宝店门槛低、经营规模小、消费群体广的特征非常巧妙地迎合了收入普遍偏低的农民群体的需求；其次，在外务工的农民子弟选择返乡淘宝创业并收获颇丰，起到了良好的示范效应，激发了其他村民的参与热情；最后，农村淘宝模式能让农民足不出户赚钱养家，使得农民群体的幸福指数直线上升。从这个意义而言，淘宝村比小岗村更上一层楼。电子商务的营销模式真正从底层解决了束缚农产品、手工产品的桎梏，意味着第一产业一次更深层次的"解放"。

早期形成的淘宝村，基本都是基于从互联网上发现对国内市场某种产品的需求，结合农村低成本制造和运营优势成长起来的。随着淘宝村不断走向成熟，产品逐渐升级，加上阿里零售平台的外向化功能不断强化，越来越多的淘宝村开始克服同质化，呈现升级转型的发展趋势。

二、淘宝镇、淘宝村集群、B2B类电子商务村现象

当一个镇、乡或街道拥有的淘宝村大于或等于3个时，即成为淘宝镇。这是在淘宝村的基础上发展起来的一种更高层次的农村电商生态现象，有着更显著的规模效应、创业氛围和产业辐射，同时也有利于农村电商的政府治理。而淘宝村集群是指由10个或以上淘宝村连片发展构成的集群，网商、服务商、政府、协会等密切联系、相互作用，电子商务交易额达到或超过1亿元。如果相邻的淘宝村数量达到或超过30个，则称为大型淘宝村集群。2020年，全国十大淘宝村集群是浙江义乌、山东曹县、浙江永康、江苏睢宁、浙江慈溪、浙江萧山、浙江乐清、广东潮安、浙江温岭、浙江海宁。截至2020年9月，我国共有淘宝村5 425个、淘宝村集群118个、淘宝镇1 756个。

淘宝村之所以呈现集群化发展，主要有以下3个原因。

① 熟人社会属性。淘宝村较强的财富效应，结合相邻村镇之间相对紧密的人际网络，共同推动了淘宝村向周边复制。

② 相似的产业基础。在一些传统产业基础雄厚的乡镇，传统产业加速与互联网融合，身处其中的农民顺其自然地加入了这股历史洪流之中，从而推动了更多淘宝村的涌现。

③ 合理的政府引导。在淘宝村形成、扩散的过程中，一些地方政府因势利导，主动引导电子商务产业在本地的聚集和扩张，客观上助推了淘宝村集群的产生。

淘宝村不仅是淘宝的淘宝村，其交易类型也在从单一的网络零售向复合模式转变。数据显示，在2015年，B2B类的电子商务村已经开始规模化出现。

从产生机制来看，B2B类电子商务村与淘宝村的成因基本相似，主要包括农村互联网普及率提升、熟人社会的社会属性、第三方平台带来的较低创业门槛、带头人的催化作用等。除此之外，B2B类电子商务村与本地产业集群的关联更加紧密。例如，在浙江诸暨，当地是全球最大的袜子生产基地，2014年共生产了袜子258亿双，产量占全国的70%、世界的30%。袜子是适合网络分销的产品，因而当地的农民网商采取了"批发+零售"的兼营模式，一方面通过B2B方式向外地的淘宝卖家、线下零售商供货；另一方面自己也通过网店直接销售给顾客。

　　B2B类电子商务村的产生具有重要意义，它不仅丰富了淘宝村的交易模式，大大提升了未来淘宝村交易规模的想象空间，而且对于那些以非消费品为主的产业集群区域来说，另一种"淘宝村"同样可以诞生和壮大。

三、淘宝村的升级发展

（一）淘宝村是阿里系农村战略的核心内容之一

　　当互联网巨头渠道下沉，"生活要想好，赶紧上淘宝""要销路，找百度""老乡见老乡，购物去当当""发家致富靠劳动，勤俭持家靠京东"等接地气的标语刷满乡村墙头时，在2014年7月3日一早，100余位县市委书记、县市长来到位于杭州西溪的阿里巴巴园区。在进入会场之前，阿里巴巴向他们每人发了两本书，分别是《电子商务知识干部读本》和《电子商务100问》。两本书共60余万字，但内容却十分简单——电子商务基本知识和淘宝专业术语。如此多的县市长聚集到一起，有些人还因为会场人太多而站在门口，这种场景并不常见。

　　实际上，县市长们的趋之若鹜都源自淘宝地方馆带来的诱惑。2012年，随着《舌尖上的中国》热播，淘宝网食品类目重新组建了特色中国项目，希望用土特产撬动消费者对农产品的蓬勃需求。与此同时，淘宝网专门成立了新农业发展部，推出生态农业频道；天猫组织优质的运营服务商资源，为其食品类目下近4 000个卖家提供更专业的支持和服务；聚划算平台则通过团购方式，为生鲜农产品大批量的网络销售提供机会。

　　在随后很短的时间内，淘宝形成了以抢鲜购为代表的"预售+订单农业"的销售模式。尽管涉农环节困难很多，但来自市场商机的诱惑让人无法拒绝。

　　淘宝村是阿里巴巴集团农村战略的重要组成部分。阿里巴巴农村战略已经形成"双核+N"的架构："双核"指的是农村淘宝和淘宝村；"N"指的是阿里巴巴平台上多元化的涉农业务，如特色中国、淘宝农业、淘宝大学、喵鲜生、淘宝农资、满天星、产业带等。阿里巴巴希望通过贯彻执行农村战略，实现"服务农民，创新农业，让农村变美好"的目标。

（二）淘宝村经历了草根野蛮生长到市场和政府共推阶段

　　随着淘宝村在农村电商工作中的重要性不断上升，各地政府对淘宝村的扶持政策在不断加强。淘宝村已经从完全的草根野蛮生长阶段，逐步进入了市场与政府协同推进阶段，市场驱动产业变革的效应初显。

　　淘宝村是依靠农民自发的草根创造力成长起来的新经济形态，在意识到淘宝村的巨大社会和经济价值之后，许多地方政府也希望能够主动创建淘宝村，实现本地淘宝村零的突破,或者推动本地已有淘宝村的更快复制。在扶持淘宝村良性发展方面,不少地方政府已经有了一定的成功经验。调研和实践发现,在淘宝村的成长过程中市场起主导作用,而政府的因时、因势利导,创造出一个优良的电子商务发展环境和氛围也至关重要。

十多年来,淘宝村的发展历经了萌芽期、扩散期、爆发期3个发展阶段,如图3.1所示。

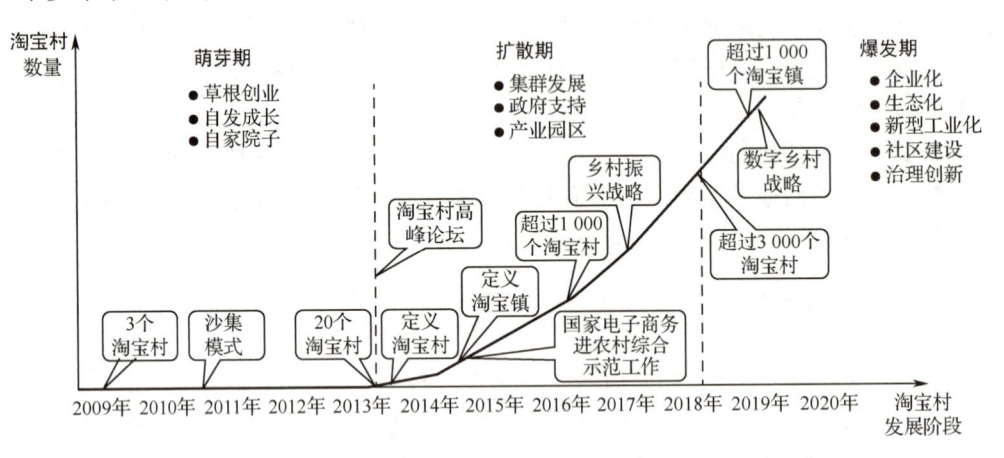

图3.1 淘宝村的发展历程

① 萌芽期(2009—2013年)。城市的边缘人群接触到电子商务,成为草根创业者,在自家院子里创业、自发成长。

② 扩散期(2014—2018年)。淘宝村的财富效应迅速向周边村镇扩散,形成淘宝村集群,政府开始有序引导和支持发展,产业空间的规模化建设与配套设施全面扩张。

③ 爆发期(2019至今)。农村网商的企业家化和电商服务业支撑起的生态大爆发,伴随着人居环境的全面优化和乡村治理体系的现代化转型。

(三)淘宝村升级发展呈现多方面的新特征

① 产品升级,如图3.2所示。

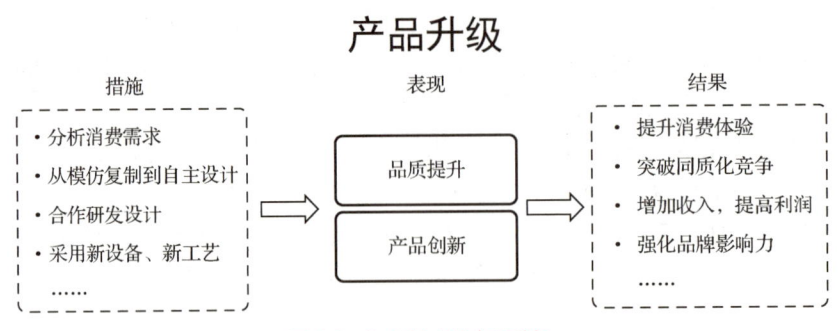

图3.2 淘宝村店铺产品升级

② 网商企业化。以企业身份注册网店,入驻天猫、京东,注重品牌、团队和客户服务。

③ 电子商务服务体系化。从单一的交易、运营服务到培训、IT信息化配套服务,再到法律、财务、融资、知识产权服务。

④ 发展模式多元化。从初期以网络零售为主,到涌现出网络零售、网络批发、跨境电商、

乡村旅游等多元化模式。

四、淘宝村发展的社会经济意义

（一）孵化大批草根创业

一个淘宝村就是一个草根创业孵化器。截至 2020 年 9 月，全国淘宝村活跃网店超过 296 万个，电子商务已经成为草根创业的重要方向。

（二）淘宝村创造了规模化就业

网商低成本创业，快速成长，创造直接就业机会，进一步带动了上下游产业发展，创造了间接就业机会。阿里研究院数据分析结果显示：淘宝村平均每新增 1 个活跃网店，可创造约 2.8 个直接就业机会。按此估算，截至 2020 年 9 月底，全国淘宝村活跃网店直接创造的就业机会超过 828 万个。

例如，2018 年睢宁县共有网商 3.37 万人，网店 4.62 万家，网络零售额实现 286 亿元，同比增长 32.8%，电商带动就业人口近 20 万人，如图 3.3 所示。

（三）电子商务创富消贫

淘宝村在消除贫困方面的价值越发显著，一大批网商通过电子商务创业增加收入、摆脱贫困。2020 年，119 个淘宝村位于国家级贫困县（见图 3.4），比 2019 年增加 56 个，国家级贫困县的淘宝村年交易额超过 48 亿元。

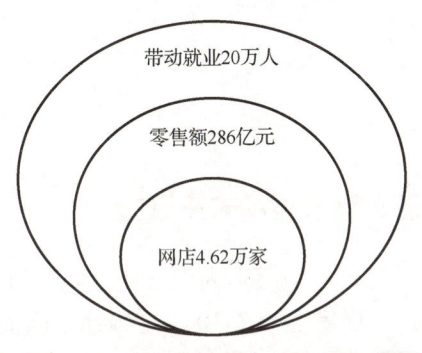

图 3.3　2018 年睢宁县淘宝村就业带动情况

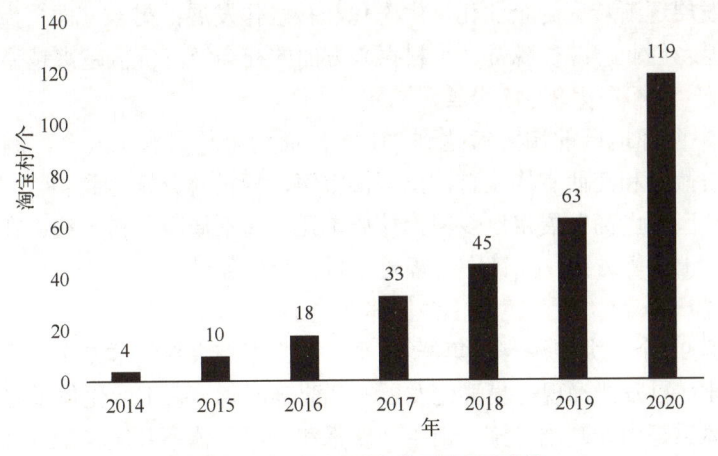

图 3.4　淘宝村在国家级贫困县发展情况

（四）淘宝村成为县域经济新引擎（见图 3.5）

（五）最美淘宝村引领乡村振兴实践

淘宝村经过 10 年发展，已经逐步实现了产业兴旺、生活富裕，开始向生态宜居、乡风文明和治理有效迈进，一批初步实现全面振兴的"最美淘宝村"开始涌现。通过网络销售带动当地产业发展、经济改善之后，许多地方的淘宝村都呈现出美丽乡村发展的愿望和行动。例如，江苏省宿迁市沭阳县新河镇主动探索农旅结合的新模式，将花木和电商两大特色融入旅游发展，形成了喜人的效果。

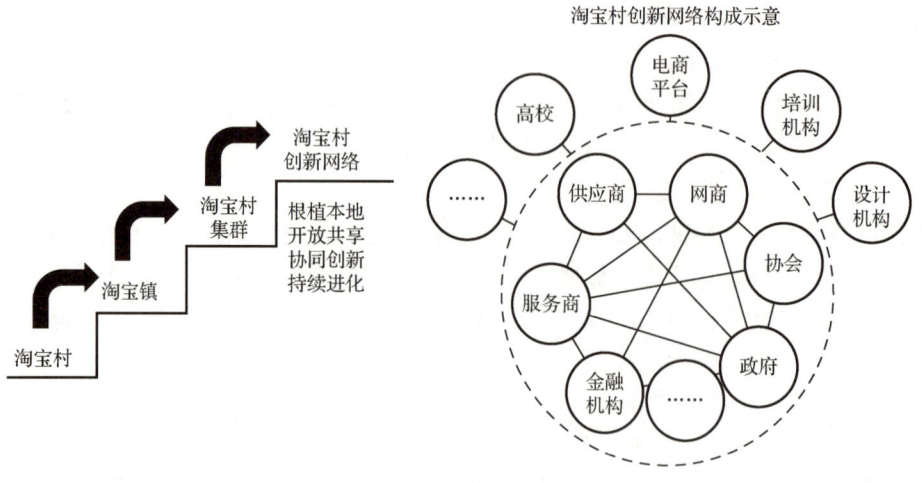

图 3.5　淘宝村创新网络

五、淘宝村的未来展望

（一）淘宝村将由边缘迈向主流

展望下一个 10 年，预计全国淘宝村将超过 2 万个，将带动超过 2 000 万人就业，让更多的年轻人返乡创业。淘宝村将从整个社会的边缘逐渐迈向主流：一方面，淘宝村从草根创业、集群发展逐渐转变为企业化、生态化、社区化发展；另一方面，淘宝村在增加农民收入、带动返乡创业、减贫脱贫、乡村振兴方面的社会经济价值越来越显著。

（二）中西部电商将以镇为核心单元发展

2019 年，中西部地区的淘宝镇达到 210 个，而淘宝村只有 156 个，淘宝镇数量反超淘宝村数量。安徽省和江西省均是首次出现淘宝镇，规模就分别达到 48 个和 46 个。这说明，在中西部地区，电商发展将以乡镇为核心单元，而不局限于村一级；在基础设施、物流快递、人才、土地等方面，乡镇中心辐射各村，带动各村。

（三）以淘宝村集群为基点的新工业化体系将出现

淘宝村集群 95 个、大型淘宝村集群 33 个、超大型淘宝村集群 7 个，我们看到淘宝村未来的发展规律：自发式涌现—集群化发展—产业链形成—新工业化体系出现。

新工业化体系是由新基础设施、新生产要素和新服务体系共同推动的。新基础设施包括宽带、云计算、互联网、物联网等，全面支持乡村发展，更高效地获得和处理信息，服务生产和生活；新生产要素是指数据作为全新的要素在乡村的生产生活中发挥作用；新服务体系是指基于互联网的交易、金融、物流、信用等服务，全面支撑乡村的生产生活。

（四）淘宝村将从商业创新向社会创新扩展

淘宝村已经走过了从草根创业到集群发展的阶段，促进了产业兴旺和人才振兴，帮助村民实现了生活富裕。淘宝村的发展将超越商业层面的创新，在社会创新方面有所突破；

淘宝村的发展将进一步促进乡村治理创新、人居环境提升、新型社区建设，其结果就是更全面的乡村振兴：生态宜居，乡风文明，治理有效。

任务二 "互联网+"时代背景下的农村电商发展

任务引入

2019年5月，在为期两天的"县长研修班"上，来自山东、安徽、海南、重庆、湖南、黑龙江等省、直辖市的10个县20余位县域官员齐聚杭州，与阿里巴巴各业务板块负责人对"三农"发展进行了深入交流。阿里巴巴与各地政府共建现代化农业生态圈，正在"滚雪球式"地扩大。

截至2019年上半年，阿里巴巴县域培训班已经覆盖全国28个省，培训超过1.6万名县域干部，超过170位贫困县官员把互联网兴农助农经验带回了当地。培训会前县域官员参观盒马鲜生的新零售模式。在现场，国家级贫困县重庆市奉节县政府办主任、扶贫办主任向城钢，山西省阳曲县县委书记裴耀军，介绍了当地依托阿里巴巴在农产品上行方面取得的成果。名不见经传的奉节脐橙、阳曲小米，通过与阿里巴巴共建产业标准，实现了订单农业，走在了电商脱贫前列。奉节脐橙在阿里巴巴平台的销售增长达20倍，活跃经营商家数量增长了4倍。

这只是阿里巴巴兴农扶贫推动农业现代化的缩影。在全国范围内，已有近百名地方官员参与到淘宝直播中，当上了"网红"，为农产品代言，凭借"接地气"的风格和对当地风土人情的了解，这些干部在直播中迅速"圈粉"。

一、"互联网+时代"背景下的农村电商定位

（一）需求市场的对接

首先是农业信息的互联网化将有助于需求市场的对接。互联网时代的新农民不仅可以利用互联网获取先进的技术信息，还可以通过大数据掌握最新的农产品价格走势，从而决定农业生产重点以把握趋势。

（二）数字技术提升农业生产效率

农村电商市场的打开，必然形成产业链的连锁反应，网络化、智能化、精细化的现代"种养+"生态农业新模式就会涌现。利用信息技术对地块的土壤、肥力、气候等进行大数据分析，并提供种植、施肥相关的解决方案，能够提升农业生产效率。同时，可以提高农业生产经营的科技化、组织化和精细化水平，推进农业生产流通销售方式变革和农业发展方式转变。

（三）农业品牌化

农村电商将成为农业现代化的重要推手，有效减少中间环节，从而使农民获得更多利益。农民更需要树立农产品的品牌意识，利用互联网资源构建农副产品质量安全追溯公共

服务平台；推进制度标准建设，建立产地准出与市场准入衔接机制，实现农副产品从农田到餐桌全过程可追溯，保障舌尖上的安全。互联网的快速、便捷、数据沉淀、可追溯等特性，被用于农业生产、农产品营销、流通等农业生态链的各个环节中，为农业品牌的整合塑造带来了新的机遇和动力。

（四）新农人、新农业

农业互联网化，可以吸引越来越多的年轻人积极投身农业品牌打造；具有互联网思维的新农人群体日趋壮大，将可以创造出多种模式的新农业，如图3.6所示。

图3.6　农村电商创新

二、农产品电子商务的营销模式

互联网对农业的渗透将是多方面的，农业理念、生产技术、管理水平等都将发生天翻地覆的改变，但核心还是将生产出来的农产品卖出去，因为只有这样才能提高农业的产出量和农民的收入，也才能真正获得农民的支持。农产品电子商务既是农村和农民发家致富的新机会，也是新农村建设的重要推动力。

（一）多样化的营销模式

在国内市场，不管是电子商务平台还是传统的线下超市，甚至物流企业都踊跃地加入到了农产品电子商务的争夺战中。不管是何种形式的农产品电子商务，核心都是产品的稳定供应、物流配送的低损耗和快速便捷，以及后续可持续发展的增值服务和品类拓展。如果把电子商务环境比作一个生态的话，则有大型综合电子商务平台的存在，就有"小而美"的社区电子商务存活的空间和机遇。

① 供应链驱动型，其典型代表是淘宝网特色中国地方馆。淘宝网倾力打造地域特色优质商品导购平台，致力于搭建以地方名优特食品、工艺品、旅游产品等为支撑的官方授权、政府保障、原产地安全可靠的电商营销服务平台，打造网上地方特色品牌、扶植老字号、推广地理标志产品，帮助入馆农户和农业企业的店铺促销、引流和提升，拓宽地方农产品销售渠道，拓展农业经济增长空间，推动农民收入持续增加。

② 营销驱动型，其典型代表是本来生活网。农产品背后的故事性强，容易制造传播

热点，从褚橙、柳桃到潘苹果，从四大美莓到阳澄湖状元蟹，背后都有本来生活网的影子。它的核心是以营销带动流量和销量，其挑战是需要不断推陈出新。

③ 产品驱动型，其典型代表是沱沱公社。它依靠自建的有机农场坚守高品质产品，并在全国大力发展联合农场，以产品驱动消费且稳扎稳打，力求通过严控品质获得忠实顾客，其挑战的是瞬息万变的市场节奏。

④ 渠道驱动型，其典型代表是天天果园。它依靠自身对水果市场的专业理解，单一聚焦水果品类，着力开拓天猫、1号店、微信、电视购物、广播电台等各类销售渠道，其挑战的是跨区域配送的服务能力。

⑤ 服务驱动型，其典型代表是遂昌网店协会。政府倾力支持企业独立运营，它们为本地的中小卖家（农户）提供培训、开店、营销、仓储、配送等标准化服务，凭借自身的专业服务赢得市场价值。

（二）农产品电子商务的运营

农产品电子商务化和农产品进城受到地方政府的高度重视。互联网正在向农业领域深度渗透，越来越多的人特别是返乡创业青年，选择将本地的农业特色产品利用电子商务途径销售出去。

农产品电商运营，首先要有让人放心的产品；其次把农田、鱼塘、果园里的农产品形成标准化产品；再次是建设物流体系，保证运输和配送；最后是做好销售服务。运营过程中，应遵循以下三原则。

① 发展农村电商，必须借助县级以上政府的公信力。当地政府强有力的组织和支持，能够为农产品质量做初级的信用背书，为第三方企业提供公司注册、税收、资金等实质性的支持。关键是很多耕地小而分散的农村，对于资源性的整合尤其需要借助政府的力量。

② 农产品要卖得更高更远，必须实现专业的品牌化。农产品进行品牌化运作为农产品实现溢价增收开创了先决条件。例如，联想集团战略投资高端水果品牌"佳沃"便是恰逢其时的选择，柳传志坦言联想做农业并不着急赚钱，因为打造品牌是一个长期战略，更大的价值在未来市场。

③ 农产品品质体现，必须借助地域特色找出差异化。农产品市场的劣币驱逐良币的现象严重，耳熟能详的多半是"地域品牌"，而非产品品牌。地域品牌的最大问题是谁都可以用，就像现在很难辨识谁是正宗的阳澄湖大闸蟹一样，使顾客对市场失去了正确的判断，这对行业是毁灭性的打击。每个地域都有其唯一性，经纬度、温度湿度、光照时长、土壤结构等的不同，会生长出不同的具有明显地域特色的农产品，因而需要在此基础上挖掘产品的特色卖点，进行专业的品牌化包装。

农产品电商运营中，对运营模式的选择极其重要。

① 农户与大平台结合。不同的农户聚集在同一平台上，自己控制自己的产品品质，通过评价优胜劣汰，电子商务只是其中的一个销售渠道。平台上的产品一般会面对激烈的比价问题，在比价中胜出的产品比较能满足的是中低端消费的需要，而农户不一定能够自己完成所有环节，由此会催生出一些服务于他们的电子商务运营公司。对这些公司来说，他们很容易产生自己做平台的想法，由此带来的最大挑战是如何获取足够的流量去吸引商家入驻。

② 农户与物流公司结合。虽然强调供应链和物流配送体系，但不是所有的物流公司都适合这样做，只有致力于农村电商的物流公司才可以。例如，顺丰快递选择做农产品电子商务有着其他平台所不具备的优势——拥有国内最庞大的快递队伍，而且顺丰的快递服务在国内所有的快递公司中也是最受顾客认可的。

③ 致力于区域内深耕的小而美的垂直电商。销售与O2O结合，深耕本地，做好O2O，即线上与线下结合；专注做中高端人群，这个人群的数量不多，但客单价和获利空间都比较好。在众多竞争者中，拼的就是如何把运营做得更细致、更专业、更创新，能把品质和服务做好，就可以在老顾客中拥有良好口碑。

三、构建"互联网+县域"电商经济生态圈

首届中国县域经济发展论坛于2016年1月7日在北京召开。论坛以"新思路、新机遇、新突破"为主题，探讨县域经济发展理念、发展模式、发展方式的转变，分享县域经济发展的最新观点与成果。论坛发布2016年中国县域经济十大"互联网+"实践县，分别为义乌市、江油市、晋江市、桐乡市、平阳县、天台县、侯马市、海宁市、贺兰县、张家港市。总体而言，农村电商发展普遍面临较大困难，部分县市特色电子商务发展有所突破，如义乌模式，但大部分县市"互联网+农业"实践落后于形式，政府对"互联网+农业"实践重视度有待提升。

（一）发展县域电子商务经济，与电子商务行业相关专业人才是主体

① 创建县域创业空间，走出去，请进来，大打"大众创业，万众创新"牌，要吸引更多的人投身县域电子商务，尤其是要吸引返乡大学生利用电子商务进行创新创业，地方政府必须提供有吸引力的软硬件环境，如建立县域"梦想空间"。

② 做好电子商务系统培训和专项培训，制定培训规划、方案，整合现有培训资源，构建由政府相关部门、社会团体、高等（职业）院校及电子商务龙头企业为主体的电子商务人才培训体系。

③ 加快村级服务站人才建设，招募本村具有网购经验、电子商务知识，愿意投入农村建设事业的年轻人，通过电子商务技能培训，为本村农产品、生产农产品的企业提供农产品品牌建设、全网营销服务，以实现"一村一品"的农产品上行。

（二）发展县域电子商务经济，地域公共品牌建设是核心

县域电子商务竞争的差异化，更需要品牌提升来引领。应科学打造县域公共品牌，打造一个类似"好客山东""七彩云南""五常大米"一样的有影响力的品牌形象。

培养大量以公共品牌为依托的市场品牌主体，把公共品牌和市场品牌有机融合在一起，实现相互促进。具体的电子商务品牌有3类：一是渠道品牌，产品生产后，经物流到达各种渠道，如经销商、批发商、零售商等，再到达终端顾客手中，如山西供销农芯乐等电子商务平台就是典型的渠道品牌；二是产品品牌，一般而言，那些贴有"有机绿色公无害"标签或带有地理标志的农产品往往较受市场欢迎；三是店铺品牌，主要由店铺打分、宝贝与描述相符程度、卖家服务态度、发货速度、店铺装修及文案等组成。

（三）发展县域电子商务经济，政府支持是保障

① 县域电子商务经济圈的建设离不开政府的大力支持和引导，构建基础设施，完善公共服务。应结合智慧城市建设，搞好网络基础设施建设，实现免费 Wi-Fi 覆盖；结合农产品电子商务的特点，完善快递物流体系，打通电子商务的"最后一公里"；可以采取补贴物流公司的方式，实现多样式、多类型、多变通、多渠道的灵活物流快递服务，目的是降低物流运输成本、提高产品市场竞争力，实现企业增收，带动县域经济发展。

② 电子商务奖励政策的制定要体现出协同性。从单一奖补措施逐渐向有深度的新经济培育方向转型，特别是在联合第三方平台、社会资本、电子商务从业主体共同建立电子商务创新、创业扶持基金及相应融资机制方面有所突破。从整个县域新经济培育的角度出发，应把电子商务各要素、各相关行业、各链条、各环节一并考虑，系统性出台政策。

③ 推动县域经济的产业集聚。规划并推进县域电子商务产业园区建设，创建电子商务孵化中心、仓储物流中心、网货开发中心、电子商务园区，实现对电子商务要素的有效聚集和高效承载。

四、县域电子商务经济发展的若干趋势

（一）趋势一：舆论热点聚焦电子商务扶贫

电子商务扶贫升温，不仅是因为脱贫攻坚已成为各级政府的硬任务和媒体宣传的主旋律，还因为在互联网时代，数字鸿沟对贫富差距的影响不亚于城乡差别、区位差距和资源差异。中国社会科学院信息化研究中心主任汪向东提出，电子商务扶贫就是在扶贫工作中，帮扶主体以电子商务为载体和手段，通过提高电子商务对扶贫的带动力和精准度，改善扶贫绩效，助力实现脱贫目标的理念和行动。

2016 年 11 月，国务院扶贫办印发了《关于促进电子商务精准扶贫的指导意见》，提出三重全覆盖的总体目标：一是对有条件的贫困县实现电子商务进农村综合示范全覆盖；二是对有条件发展电子商务的贫困村实现电子商务扶贫全覆盖；三是第三方电子商务平台对有条件的贫困县实现电子商务扶贫全覆盖。同月，国务院印发了《"十三五"脱贫攻坚规划》，也将电子商务扶贫作为产业扶贫的重要内容和工程。

相信今后会涌现出更多甘肃陇南、安徽砀山这样的案例，利用互联网将青山绿水变成金山银山，在贫困县形成较为完善的电子商务扶贫行政推进、公共服务、配套政策、网货供应、物流配送、质量标准、产品溯源、人才培养等体系，这其中孕育着大机会，更需要大智慧。

（二）趋势二：产品上行走向全网营销

在县域电子商务经济的发展中，着力加快推进本地产品触网上行、发展壮大电子商务队伍以带动地方经济发展，已成为各电子商务示范县推进电子商务进农村项目的一个基本共识。

县域产品上行的全网营销将会进一步加大力度，以建立和巩固地域品牌认知。各大网上交易平台和营销渠道分别代表着不同的顾客群与交易规则，只有适不适用、善不善用的问题。无论是全国 1 000 多个淘宝村，还是砀山等地出现的微商村，最终还是要围绕顾客

是谁来解决卖什么产品、谁来投资、由谁来卖、在哪些渠道卖、如何营销这些市场化的问题。各县最初在网上销售的，既有国家政策重点支持的农产品及农村制品，也有类似安徽桐城塑料包装这种地方优势产业的产品，甚至有像陕西武功这样卖新疆特产等外地适销的产品。要突出农村天然的传播和推广模式，先从单点突破，建立优势，再全面开花、优化配套。

（三）趋势三：社交直播成为主战场

围绕乡缘、亲缘、血缘关系，构建县域自身的各种社群，将成为推动县域电子商务的中坚力量。"谁不说俺家乡好"，为家乡代言，将成为更多农民工、大学生创新、创业的一个有效突破口。

移动互联网的发展，更是在技术层面上解决了县域社群发展的时空跨越难题。在以熟人社会为主的乡村，社交电商有望成为电子商务从业主体扎堆的主战场。砀山等县的实践也证明，坚实的产业基础、规模人口的优势，配合政府的背书支持，不仅能培养出铺天盖地的"蚂蚁雄兵"，而且会催生顶天立地的"网红大咖"，为本地农产品网销打开局面。社交直播爆发快、热点切换频繁，而农产品具有毛利偏低、复购较高等特点，所以应该充分发挥电子商务公共服务平台和行业组织的作用，加强价格自律、新品开发、内容创新和渠道拓展。

（四）趋势四：新兴载体首推特色小镇

特色小镇的概念源于浙江。它非镇非区，既不是行政区划上的"镇"，也不是产业园区、风景区的"区"，而是按照创新、协调、绿色、开放、共享的发展理念，聚焦特色产业，融合文化、旅游、社区功能的创新创业发展平台。2016年7月，住房城乡建设部、国家发展改革委员会、财政部印发了《关于开展特色小镇培育工作的通知》，10月份评出第一批127个中国特色小镇。同时，国家发展改革委员会印发了《关于加快美丽特色小（城）镇建设的指导意见》，使以"小（城）镇"为载体的经济发展模式得到了空前重视。

以县域为单元发展农村电商的思路深入人心，如何有效地下沉到乡（镇）将是一个重要方向。国内拥有电子商务产业园区数量最多的颐高集团2015年已经开始特色小镇的项目布局；安徽巢湖的半汤"三瓜公社"、砀山的唐寨"美梨小镇"和良梨"创梦空间"，深度结合电子商务放大自身特色优势，在互联网特色小镇的发展方面进行着有意义的探索。

（五）趋势五：农旅融合探索体验营销

移动互联网的人口红利基本结束后，线上的流量越来越贵，精耕顾客成为互联网下半场的重点，农旅融合将是很好的商业模式。做好农旅融合要注重参与性和融入性，这比传统的观光更加注重游客的亲身感受，通过互动和体验，让乡村旅游过程成为一段美好的回忆，这已成为县域打造品牌、圈定顾客的有效手段。电子商务将原来较低频次的旅游消费变成了体验营销的入口，带来了较高频次的网上产品消费，甚至引导顾客通过自媒体分享自己的感受，从而全面扩展农业的功能和领域，延长农业价值链，实现生态效益和经济效益双丰收。

（六）趋势六：千县千面

县域电子商务的发展，一定不能是一、二线城市电子商务经验的简单移植，要想弯道超车、后来居上，就必须抓住技术和模式的发展趋势。现有的所谓模式的背后，都有别的区域难以复制的元素。在国家政策大红利的推动下，在新技术和商业逻辑的快速迭代下，基于当地的资源、人文、产业及决策者的独特禀赋，县域电子商务模式将更加多元化，千县千面可期。

（七）趋势七：智慧城乡和县域电子商务生态圈大行其道

不是将产品卖到全国才叫电子商务，本地生活以移动互联的方式正在普及。县域的餐饮、娱乐、出行、医疗等领域的互联网化，可能会比我们想象的速度还要快。同时，涉及城乡的"居民办事不出户""农民办事不出村"都将变成现实。

就如农村淘宝提出的致力于农村电商生态体系建设，县域政府将会意识到，仅靠表面的一两项活动不足以推进本地电子商务的可持续发展。从品牌打造、农产品质量监管体系及溯源技术应用、县乡村三级物流体系建设，到电子商务综合服务业发展，才是县域拥抱互联网时代的应有做法。

（八）趋势八：跨界合作倒逼重度垂直

县域电子商务发展已经积累了较多的成功经验，初期遇到的很多困难和问题逐渐有了较成熟的解决方案，从行政化推动向市场化激活的步伐也在加快。县域电子商务领域的跨界合作案例逐步增多，倒逼更多的县域服务商放弃低效业务，强化垂直优势。这也是走向成熟的标志。在县域范围内，由集成服务商牵头与园区服务商、网店外包服务商、物流服务商、培训服务商、金融服务商等第三方服务商及品牌供货商分工合作；县域范围外，与平台服务商、数据服务商、技术服务商、创投服务商等加强联动和合作。通过合作，促使县域电子商务各项业务走向重度垂直，提高行业集中度和投资收益率。

五、县域电子商务发展要避免的误区

（一）为电子商务而电子商务，缺少战略定位

大部分县域电子商务发展当前存在的问题是："为电子商务而电子商务"，包括农村淘宝的引进，更多是因为省领导的重视，有政治压力；由于周边兄弟县市的引入，自己不做似乎缺少"政绩"。在这个思维的引导下盲目攀比，从"千人大会"到"万人大会"再到销售额的追赶；更有甚者，电子商务刚起步，就着手推进占地几百亩的电子商务产业园的建设。有几个县域决策者真正思考过为何要做"县域电子商务"？电子商务作为"互联网+"的重要内容之一，是激活县域经济的重要手段，应该有更宏观的视野、更长远的规划、更生态化的布局。

（二）为引进而引进，缺少本地人才培养工程的建设

因为各地都在动，所有县域政府也都希望在最短时间内做出成绩，自然希望引进一两家服务商，快速把电子商务氛围搞起来，把农产品上行做起来。政府集中力量，推出本地人才培养计划，很快能解决这些人才制约因素。但一味依赖外来服务商，或许短期内会有突破，但如果本地人才跟不上，那么最终还是昙花一现。

（三）为上行而上行，缺少品种优化、品质提升、品牌打造

县域农产品大多数是小生产，规模不大，成本却高。更重要的是，品种品类可能适应当地长期以来的消费习惯，一旦对接大市场，还是会有诸多的不适应，在品类、品种和品质上与真正的原产地产品存在较大差距。一味追求"卖货"实际上是很盲目的。能不能卖？如何卖出一个好价格？这些深层次问题才是需要思考的。否则，依靠一两次活动式的上行

是靠不住的。

（四）为形象而形象，缺少对电子商务行业和企业、从业人员的真帮扶

几乎所有县域电子商务启动的地方，都把公共服务平台的打造作为最重要的工程。没有培训中心、视觉支撑硬件、O2O展示、孵化器、加速器、众创空间、仓配一体，似乎就不是县域电子商务。但是，在投入这些硬件时，有没有想过软件？有没有想想电子商务创业人员究竟需要什么？重视形象、面子可以理解，但一个只供上级参观用的形象工程，与这个时代的主旋律背道而驰。有些服务商在帮助政府做顶层设计时，一味迎合政府领导的需求，而忽略了对本地电子商务产业的真帮扶。

READ 阅读推荐

推动农村电商高质量发展　释放中国田野致富潜能

2020年是决胜全面小康、决战脱贫攻坚收官之年。在互联网深入发展的背景下，农村电商已成为我国消费扶贫中的重要力量。商务部数据显示，2020年前三季度，全国832个国家级贫困县实现网络零售额超过2000亿元，同比增长24.1%。

多位电商企业负责人在接受人民网专访时一致表示，推动电商助农，在帮助农产品拓宽销路的同时，也会整合塑造农产品生产、销售、物流的产业链条，对提升农产品标准化、品质质量等方面有着积极作用。

在专家看来，消费扶贫与产业扶贫的无缝衔接，使贫困地区特色农产品与广大消费者相交，不仅满足了消费者的需求，更是走出了一条乡村振兴的可持续发展之路。

我国农村电商长足发展，但短板也依然突出

这些年，随着互联网、电子商务、快递在农村的快速普及，我国农村电商取得了长足发展。但同时，农村电商发展也面临不少挑战与短板，制约着农产品出村进城的成效发挥。例如，优质供给不足、一些地区电商基础设施滞后、标准化生产推广难等。

在京东集团副总裁龙宝正看来，电商助农存在三方面挑战：一是贫困地区农产品普遍存在"小""散""非标"等问题，市场竞争力不足；二是贫困地区农产品品牌发展不足，市场效益没有充分体现，在消费升级的大趋势下，消费者对品牌信誉度高、产品质量好的优质农产品需求不断上升，农产品品牌建设亟待加强；三是贫困地区农村物流基础设施建设滞后，产地仓等模式应用难度大。

苏宁控股集团党委常务副书记马康也指出，目前电商助农的不足主要体现在打通农产品上行通道上。"要实现电商帮助农村地区脱贫，关键在于消费扶贫，乃至于产业扶贫，这才是长久之道、根本之路。"马康说。

"当前，农产品在标准化、品质质量等方面存在问题。提升农产品质量并标准化，需要整个社会花更多时间、精力去做。"天猫食品生鲜总经理无龄说道。

加大农产品品牌培育力度，打破供需双方信息不对称

当前，农村电商已经成为各地方政府和参与主体谋求新一轮发展与转型的新动能。那么，该如何补足农村电商发展中的短板呢？

谈及这一问题，龙宝正指出：一是利用互联网打破供需双方的信息不对称，使农业生产者能够及时了解市场信息，根据市场需求合理组织生产，从而降低农业生产风险；二是

利用电子商务可以跨越时间和地域限制，本地农产品可以方便快捷地对接到大市场，解决农产品难卖的问题，帮助农民脱贫致富；三是打造农业品牌，如果没有品牌化引领，就易陷入大量同质产品的低价竞争中。

在无龄看来，应提高农产品的包装、分解的能力，使之规模化以降低成本。同时，建设农产品上行物流通道，提高时效性。最重要的是对人才的培养，让农村电商人才懂得与消费者对话，提升服务意识、运营能力。"我们现在在做的事情，比如在建的当地直播基地、电商学院，都是在做一些基础性的工作。未来，还有很长的路要走，我们更愿意做一些实实在在的事情，能够帮到农民和形成产业带。"

马康表示，需要进一步加强农村地区的物流基础设施建设；加强服务模式创新；在产业端要提升农产品的质量，确保产品的稳定性与安全性，打造富有特色及知名度、美誉度的产品品牌；提升农民电商运营的专业度。

物流企业参与"快递进村"，布局线上、线下物流体系

让农民生活更加富裕方便，让农产品不再"远在深山无人问"，就需要让农村物流加速"跑起来"。如何破解农村物流"下行贵、上行难"的问题，就成为重中之重。

马康表示，针对农产品上行难问题，苏宁物流依托天天快递下沉市场，已经形成完善的县、镇、村三级物流配送体系，触达农产品源头；再通过苏宁物流在城市布局的大型物流基地及转运中心，构建了农产品直达全国的绿色通道。

龙宝正认为，可以构建冷链速运网络，打造流动的公共"冰柜"。同时，用时间换空间，"两个一公里"实现高效对接生产、消费双端口。高效的智能供应链体系也拉近了田间地头和都市厨房之间的距离，一定程度上改变了都市人群定期集中购买的消费习惯，可以做到随吃随购、保质保鲜。

"菜鸟网络一直在布局农村线上、线下的物流体系。目前，下行的整个过程，菜鸟有比较完整的体系——分拨中心、供应链体系、计划体系，下行是在规模化之间有计划去做的。"无龄说道。

据悉，全国有超过300个城市的消费者可以享受京东生鲜冷链配送，库内日均订单处理能力达到100万件；截至目前，苏宁帮客在全国建有1 500家县镇服务中心，24小时送装服务覆盖30 000多个乡镇；菜鸟网络启动农村智慧物流项目，2021年已形成一张覆盖全部乡村的智慧物流网络。

业内人士指出，农产品上行不仅能带动贫困户实现收入增长，而且能以释放生产要素的方式为农民创造更多收入。农村地区发展物流要做到合理规划，告别小作坊式的单打独斗，将小商店、邮政等有效整合利用起来，发展电商末端网点。

这些问题也已经进入相关部门的视野，并得到政策回应。2020年6月，农业农村部印发的《全国乡村产业发展规划（2020—2025年）》指出，到2025年，农产品网络销售额要达到1万亿元。

5年1万亿元，如何才能做到？农业农村部乡村产业发展司司长曾衍德向记者解释说："不但要培育农村电子商务主体，引导各类电子商务主体到乡村布局，发展电商末端网点，还要扩大农村电子商务应用，改善农村电子商务环境，实施互联网农产品出村进城工程，完善乡村信息网络基础设施，加快发展农产品冷链物流设施。同时，应建设农村电子商务公共服务中心,并加强农村电子商务人才培养,以营造良好的市场环境。"

业内专家也表示,电商助农不只是简单地通过网络把农产品卖出去,使农民获取更多收益,更重要的作用是要倒逼整个产业链,最大限度地激发乡村各种资源要素的活力,把各个产业项目做大做强,形成产业兴旺的良好发展态势,让农产品由"土味"变"网红",变成更多的真金白银,装满农民的钱袋子。

> Ending

💡 分享与思考

1. "政府推动、先托后扶再监管,市场运作、企业为主生活力,百姓创业、广泛动员齐参与,协会服务、三商联动一盘棋,微媒营销、绿色产品广宣传。"这是电商扶贫陇南模式总结的经验。陇南模式让礼县苹果、武都花椒、成县核桃、陇南橄榄等绿色珍品借此走出大山,网销全国。陇南模式不仅仅是帮助群众卖了多少农产品、增收了多少,更为西部贫困地区在"互联网+"时代依托互联网、电子商务等新业态后发赶超提供了一种可以参考或复制的模式。

2. 遂昌模式依靠服务商与平台、网商、传统产业、政府有效互动;沙集模式通过激发农民的动力,依靠草根网商实现快速发展,构建了新型的电子商务生态。这两种模式的结合和取长补短,使参与农村电商的各类主体形成合力,为县域经济发展提供了有益的启示。

课后练习

1. 名词解释:淘宝村、淘宝镇、淘宝村集群。
2. 如何给农村电商定位?
3. 如何打造县域电商经济圈?
4. 简述陇南模式的电商扶贫举措及在乡村振兴中的作用。
5. 试分析沙集模式,并同遂昌模式进行对比。

案例 3-1 归园田居的李子柒

1. 基本概况

在四川绵阳市的一个大山里,一位叫李子柒的乡下姑娘用视频记录着自己每日的生活——田园耕炊、上山摘花、下溪捕鱼,用古法还原传统美食、造文房四宝、制染布蜀绣。在青林翠竹、山涧流水间,向世界呈现了中国的传统文化之美。2019 年,李子柒获得《中国新闻周刊》的年度文化传播人物奖;2020 年,入选 2019 年十大女性人物;5 月,中华人民共和国农业农村部官网发布消息,年仅 30 岁的李子柒和袁隆平等人受聘担任中国农民丰收节推广大使。同时,她在海外视频平台 YouTube 上的粉丝突破 1 000 万人,成为中国文化最大输出的创作者。

2. 个人简历

李子柒(本名李佳佳),1990 年出生于四川省绵阳市,中国内地美食短视频创作者。

2015 年,李子柒开始拍摄美食短视频。

2016 年 11 月,凭借短视频《兰州牛肉面》获得广泛关注。

2017年，正式组建团队，并创立李子柒个人品牌；6月16日，获得新浪微博超级红人节十大美食红人奖。

2018年，李子柒的原创短视频在海外运营后相继获得了YouTube平台白银和烁金创作者奖牌。

2019年8月，李子柒除了成为成都非遗推广大使，还获得了超级红人节最具人气博主奖、年度最具商业价值红人奖；12月14日，获得《中国新闻周刊》的年度文化传播人物奖。

2020年1月1日，李子柒入选《中国妇女报》2019年十大女性人物；5月19日，受聘担任首批中国农民丰收节推广大使；8月，当选为第十三届全国青联委员。

3. 成功要素（创新与特色）

（1）定位明确

李子柒的视频定位是美食生活类，恬静的乡村、淳朴的田园生活、简单的一日三餐，四季更替，呈现出来的仿佛是当下世界里的桃花源，给都市中疲惫的人们精神上的按摩和抚慰，通过精准化的个性定位，不仅可以让人们更加了解她，也促进了视频的广泛传播。在拍摄手法上，采用纪录片的形式容易给观看者带入感，引起共鸣。这种类型的短视频在发展创作的初期非常少见，竞争并不激烈，从而给了李子柒很好的发展空间。

（2）高品质的内容

内容质量是短视频是否吸引人的核心，李子柒的视频成功的一个重要因素就是质量很高。李子柒的每个短视频都有一个明确的主题，以食物为主，极少植入广告，画面唯美，取景角度、剪辑、音乐等堪称一流。看李子柒的视频，有一种视觉上的享受。有人在看完她的视频后评论说，李子柒的视频随便截一张图都可以当一个好看的图片，翠绿的树林、金黄的田野、清澈的小溪、慵懒的小猫、沉甸甸的果实都细腻地拍摄了出来，她像是生活在陶渊明的诗句"采菊东篱下，悠然见南山"中。这种田园式的悠闲生活，让许多身处城市生活压力大的人觉得放松，而且产生了对乡村生活的向往。此外，她的视频时间跨度很大，有时会间隔半年甚至一年，每一小段视频的拍摄她都做了充足的准备。因此，当人们在看她的短视频时，就会产生看电视连续剧的感觉，而且会有想一直看下去的冲动。

（3）积极互动

李子柒在微博发布的每一个短视频后面都会发表自己的评论，粉丝会在她的评论下面发送很多回复，包括粉丝对她的喜欢、评价和小建议。虽然这只是一个很小的举动，但是会让粉丝觉得她是一个容易接近、好相处的人，她和粉丝之间的距离也被慢慢地拉近。与人互动不仅可以维持一段更长久的关系，而且会增加彼此的信任感。李子柒在一些视频后面还会经常添加一些抽奖小活动，免费给粉丝赠送一些小礼品。这些小活动也吸引了更多的人来关注她并观看她的视频。

（4）长期效应

在真正拥有自己的团队后，李子柒综合利用多种媒体平台，整合推广渠道，不断地创新、测试、优化内容和营销方式，巩固自己头部IP的地位，将自己作为主理人打造成大IP，后期再开店或打造IP周边，自己就是代言人。观看李子柒视频的人，多少都会好奇她做的那些食物是不是很好吃，她做的那些手工质量如何。因此，开网店也是顺势而为的营销，而她的视频就是网店产品最佳的推广手段。

4. 经验要点

李子柒的成功并不是偶然的，而是互联网视角开始转向农村的一个具体表现。以往城市生活是网络的主要关注点，很多人认为都市代表着社会发展进步的前沿。而如今，在网络信息爆炸的时代，城市生活中烦琐、压力巨大的一面越来越显著，人们开始怀念恬静的农村生活。乡愁带来的追思回归，让农村走向了网络视角的前台。

我国自古以来就是农业大国，人们对土地有着很强的依赖感，故乡的土地扎根在每一个人的心中，在外奔波的人们总是想念着家乡的亲人、家乡的美食、家乡的风景。李子柒视频中农村特有的画面，让许多人都想起了自己的故乡，人们可以从她的视频中感受到浓浓的生活气息，以及和谐的长幼关系、邻里关系。李子柒视频里的核心人物之一是"奶奶"，在做饭、做菜之后，喊奶奶一起吃饭、给奶奶夹菜。专门给奶奶做菜吃，这种长幼之间的关爱，让观众产生了深深共鸣。除此之外，在她的视频里，她还常常给邻居送菜，帮邻居做一些农活，邻里之间的和谐关系也让在都市生活的人们感到羡慕。

李子柒的成功还源于对中国文化的热爱。随着国家的开放与发展，越来越多的外国网友开始关注中国，希望更多地了解中国文化。李子柒视频所呈现的这种"神仙般"的东方生活，既是神秘的、新颖的，也是颠覆他们想象的。自立自强的东方女性、优美的风景、丰饶的中国农村农业产品、富有特色的中国饮食及风俗习惯和文化、健康和谐的中国人与人之间的关系，通过李子柒的视频，使得外国人更好地了解了中国，了解了中国文化。

正如央视新闻所说的"没有热爱就成不了李子柒，没有热爱也看不懂李子柒。外国人看懂了李子柒的热爱，也解释了为何李子柒的很多作品没有翻译却依旧火遍全球。没有一个字夸中国好，但她讲好了中国文化，讲好了中国故事。从今天起，像李子柒一样热爱生活，活出中国人的精彩和自信！"

案例 3-2　基于县域电子商务公共服务的遂昌模式

1. 基本概况

遂昌县位于浙江省西南部，全县总面积 2 539 平方千米，其中山地占 88.82%，海拔千米以上的高山有 703 座，全县人口仅 23.1 万人。遂昌县的工业经济一般，以农业经济为主，农林特色产品丰富。就是这样一个"九山半水半分田"的典型山区县，发展出了农村电商的遂昌模式，并成为中国农村电商调研基地。遂昌县从之前一个默默无闻的山区县一下子闻名全国。

什么是遂昌模式？遂昌模式就是以本地化电子商务综合服务商作为驱动，带动县域电子商务生态发展，促进地方传统产业，尤其是农业及农产品加工业实现电子商务化，即"电子商务综合服务商＋网商＋传统产业"模式。遂昌模式在政策环境的催化下，形成了信息时代的县域经济发展道路。本地化电子商务综合服务商是遂昌模式的核心，网商是发展的基础，传统产业是遂昌模式的动力，而政策环境则是遂昌模式产生的催化剂。

2015 年 10 月 23 日，国务院印发《关于促进快递业发展的若干意见》，提出要打造"工业品下乡"和"农产品进城"双向流通渠道。遂昌县以其独特的社会组织模式，通过电子商务平台实现了"农产品进城"和"消费品下乡"。

①"农产品进城"着眼解决农产品与市场对接的问题。当地的农货"上行"平台——

遂网：一端对接的是农产品的供货源——农村合作社；另一端对接当地开网店或做微商的城镇年轻人——将他们发展成遂网的分销会员，帮助将农产品销售到一、二线城市。这些年轻人事先都会接受遂昌县网店协会的电子商务培训和销售能力培训。

②"消费品下乡"着眼解决农村无法进行网络购物的问题。当地的消费品"下行"平台——赶街网依托每个村的商业小店，在店内划出 8～10 平方米的一小块地建服务站，并配备电脑设备，培训店主做兼职服务员，帮助村民在赶街网上代购。同时，赶街网建立县级运营中心，并负责从县城到农村的二级物流配送。

遂昌模式对于其他县域发展农产品电子商务，促进农业升级，或者通过县域内多品类电子商务的协调发展，促进县域经济的腾飞，都具有重要的借鉴意义。

2. 发展历程

第一阶段：2010 年 3 月，成立中国首个农村电商协会，并在此基础上组建县域电子商务公共服务平台——整合可售货源、组织网络分销商群（以当地网商为主）、统一仓储及发货服务、制定并推行农产品电子商务标准化，成了阿里巴巴的特色中国县级馆。

第二阶段：2013 年 6 月，首个村级站点落地，县以下的农村电商站点开始建设，开创了县、乡、村三级的 O2O 体系，同时赶街网落地。

第三阶段：随着县域农村电商服务不断改善，县域一、二、三产业与电子商务全面融合，共建便民服务中心；整个县域里每个村子中都有一个微信群，所有的旅游企业线下与线上对接融合，整个县域电子商务内生动力形成。

3. 产品与服务（运营模式）

（1）组建网店服务中心，打造农村电商生态链

遂昌模式的核心是服务商，即遂昌县网店协会下属的网店服务中心，属半公益性质。其核心业务有三部分：整合可售货源；组织网络分销商群（以当地网商为主）；统一仓储及发货服务。其具体的运营流程如图 3.7 所示。

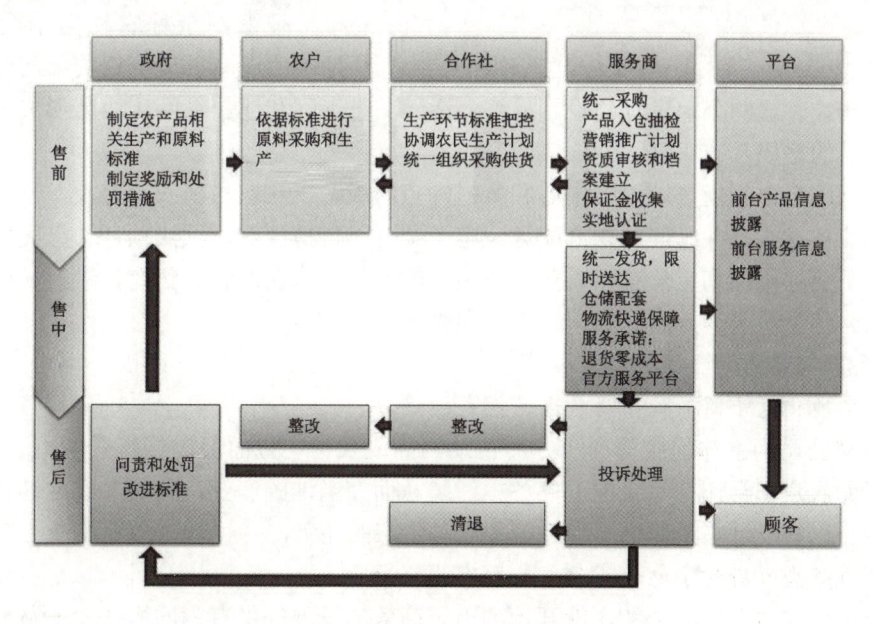

图 3.7　遂昌馆土特产运营流程

第1步　制定并推行农林产品的产销标准，直接或通过农村合作组织间接地推动农户及加工企业按照标准去生产和加工，提升当地网货的质量。

第2步　设立产品展厅和网络分销平台，统一制作产品的数据包（图片、描述等），用于支撑网上分销商选货和网销，降低网商的技术门槛。

第3步　统一仓储，按网络分销商订单统一发货并提供售后服务，实现零库存经营，降低网商的资金门槛。

第4步　社会化大协作使得农户、合作社只管做好生产，加工企业只管做好加工，网络分销商只管做好推广销售工作。

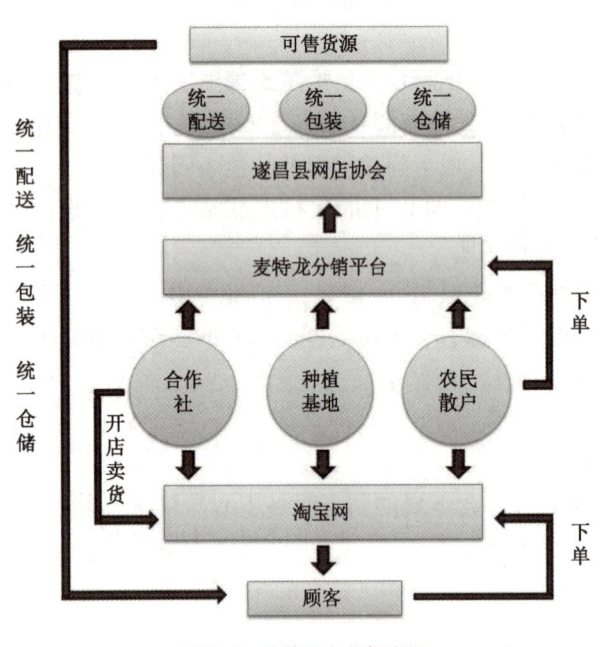

图3.8　分销平台业务流程

（2）搭建农产品上行平台——遂网，开启网商服务的商业链

由遂昌县网店协会的部分理事筹资成立遂网电子商务有限公司（以下简称遂网公司），开启了为网商服务的商业链。遂网公司搭建麦特龙分销平台，将供应商的优质农产品放在分销平台上，网商将产品拿到网店里销售，平台则负责统一配送和物流，如图3.8所示。遂网公司和遂昌县网店协会实行两块牌子一套团队运营，商业运作由公司出面，公益活动或对接政府的事项由协会出面。

（3）启动消费品下乡平台——赶街网

赶街网全称农村电子商务服务站，由遂昌县政府相关部门牵头，与阿里巴巴合作，遂网公司进行建设。最终，遂网、赶街网和遂昌县网店协会形成了三块牌子一套人马的格局。

赶街网项目由赶街区域服务中心和各村网点组成，以在农村植入、普及、推广电子商务应用为业务核心，并延伸到物流配送、电子金融、帮扶创业、预约预订、惠民资讯等业务，为处于交通不便利、信息相对落后环境下的农村居民在购物、售物、缴费、创业、出行、娱乐、信息获取等方面提供一站式便利服务。

4．创新与特色

（1）本地化电子商务服务商是遂昌模式的核心

以遂网公司为主体的服务商一方面帮助网商成长，一方面促进传统企业电子商务化，尤其是帮助农户和合作社对接电子商务渠道，从而使当地的产业，尤其是农业通过电子商务而受益。这些反过来又促进了当地电子商务生态的完善，并拉动了当地的网上消费。

（2）服务型政府对于电子商务发展的有为而治

政府部门在协会成立之初，就开始为电子商务的发展提供有为的服务——从硬件设施的投入到政策等软环境的建设，为遂昌县电子商务和服务商的发展提供了有益且必要的扶持与引导。在遂昌县，有为的政策环境营造包括：一是以市场为基础，在尊重市场规律的基础上发挥政府的引导作用；二是以创造市场发展的良好外部环境为目的；三是以规划为主要的引导手段，不干预电子商务中具体的经济活动；四是以服务为政府工作的基本内容，不是通过居高临下的管制和行政力量来体现政府的作为。

在电子商务发展的外部环境建设方面，政府的有所作为能够为其提供加速发展的条件和保障。

（3）遂昌模式既是农产品电子商务的新尝试，也是县域经济发展的新途径

农业是三农问题的重中之重，农产品则是农业的核心，发展农产品电子商务对于促进农村地区经济发展、改善农民收入、促进农业产业升级具有重要意义。

遂昌模式是一种自下而上、自发投入、依托第三方平台进行的电子商务行为。遂昌模式在通过以淘宝网为代表的第三方平台网络销售农特产品，尤其是生鲜农产品方面积累了非常有价值的经验，对于全国其他县域开展农产品电子商务、促进农业产业升级具有重要的参考意义；遂昌模式依靠服务商与平台、网商、传统产业、政府的有效互动，构建了新型的电子商务生态，为县域经济发展提供了有益的启示。

5. 经验要点

遂昌县的草根创新在互联网的条件下得到了激活，创造并培育出了一个崭新的产业生态。它代表了当前风起云涌的县域电子商务的一种有益尝试，显示了县域经济和电子商务相结合的广阔前景，具有重要的借鉴意义。

遂昌模式的可贵之处在于，它不像一些发达地区，电子商务是在当地发达的工业产业集群基础上发展起来的，而是由电子商务催生了当地农产品网商，并带动了特色农业的发展。对于相当一部分以农业为主要产业的县级区域来说，遂昌县电子商务的成功对于农产品电子商务的普及推广有着十分深远的意义。

"电子商务综合服务商＋网商＋传统产业"的模式在许多地区具有复制的可能性。可以看到，在安徽宁国等地，遂昌模式的种子已经发芽生根。

但是，遂昌模式也面临多方面的挑战。

① 农产品的可持续发展。遂昌县的农产品之所以在网上受到欢迎，与当地的自然环境密不可分，如高海拔、多雨湿润等。自然环境的不可复制性对遂昌县而言既是好处，也是挑战。土特产的顾客是小众群体，其增长有赖于网络口碑和线下拉动，相较于服装、家居等类目来说，形成大交易规模网商的难度很大。

② 农产品物流的挑战。物流一直是制约农产品电子商务发展的桎梏之一。部分农产品受限于物理属性，存在难以运输、保质期短等特点，生鲜农产品更是如此。遂昌县土猪团购就曾面临物流难题，虽然通过保鲜措施，中短途运输得以解决，但销售范围仍然很有局限。未来，农产品物流难题的解决，有赖于更多专业化物流服务商的崛起。

③ 未来竞争者带来的挑战。遂昌模式的初期成功离不开遂昌县网店协会的规划运营、政府的合理服务和第三方电子商务平台的支持，同时也与其先发优势密切相关。随着农产品电子商务迅速走向火热，未来会有更多本地化的电子商务综合服务商加入，进而使得遂昌模式需要在竞争中不断调整、不断创新才能更加成熟。

④ 网店协会双重属性的协调发展及政府介入深度的挑战。遂昌县网店协会、遂网公司和赶街网三位一体的结合是遂昌模式的特点之一，其中协会承担卖家成长职能，遂网和赶街网承担商业化职能。从长远来看，公益性和企业性质二者的协调发展将是一项艰巨的挑战。

遂昌县政府对电子商务的发展采取因势利导、有为而治的策略，不干预、不强制，做好服务与支持，从而有效地促进了遂昌县电子商务的发展。在政府介入的市场监管体制下，未来能否保持这种平衡将是一个重大的挑战——让政府长期站好位、服好务，培养遂昌县电子商务在商业模式方面的独立核心竞争力，将是遂昌模式可持续发展的重要保证。

案例 3-3 从刷墙到三农 O2O 平台——村村乐的逆袭

1. 基本概况

村村乐起家于农村"刷墙"广告，想做"农村的人人网"，却经历了 4 年沉寂，终于在 2014 年凭借在 64 万个农村的 1 000 万名粉丝摇身一变为"最大农村 O2O"，被风险投资人估值 10 亿元。

村村乐定位为中国农村市场渠道推广专家，是国内最大的面向全国农村的门户网站，是将网络社交（SNS）、分类信息、电子商务有机结合起来的综合互联网交流平台，如图 3.9 所示。网站信息发布量大、内容丰富，涵盖农村新闻、供求、旅游、生活信息等。

图 3.9 村村乐网站首页

2. 发展历程

2009 年，国家推行"家电下乡"政策，中影集团每个月都会在全国各地 64 万个行政村放一部露天电影。北京友好在线广告有限公司的业务之一是放映农村露天电影的前贴片广告和户外墙体广告，以及小卖店的店头广告，简称刷墙。村村乐的创始人胡伟，当时是这个项目的广告执行商，电影正片开始前的 5 分钟是播放贴片广告的时段。

2010 年 10 月，村村乐上线。那时的村村乐严格来说是一个 BBS，大家在论坛上讨论、交流、发帖。这个网站建立的初心，是胡伟看到人人网等社交类媒体在城市的火热，但在互联网上却很少能搜索到具体的农村信息。于是，他产生了做一个"农村的人人网"的想法，让在外务工的农民兄弟能在这个平台上了解到家乡的信息，甚至找到儿时伙伴。

2012年,"家电下乡"政策结束前,胡伟和他的伙伴们一共放了320万场电影,走遍了全国几个重点省市的农村。其间,村村乐网站农资板块凭借巨大的交易量,吸引了数以万计的农资企业入驻,收录村庄数近70万个,会员人数8万个,特别是一些旅游村、度假村等名村,在村村乐的入驻率很高,达到近70%。

2014年,打造网络村官(站长)管理模式,增强了村村乐与农民用户的黏性,打通了线上、线下的壁垒,使村村乐终于告别BBS模式,向O2O平台转型。

截至2015年年底,用乡情温暖人心,村村乐最终成功刻画了一张覆盖全国的农村版图——遍及省、市、县、乡、村5级渠道,涵盖34个省347个市3 147个县45 193个乡镇660 521个村庄,拥有1 000余万名注册会员、20余万名网络村官,发展格局尤其引人注目。

2016年3月,村村乐模式入选哈佛商学院教学案例:32万人通过有效使用互联网工具,通过智能手机、移动支付、社交社群,让村村乐的网络众包模式成为可能,并因此全方位、深刻地改变了农村的生态,进而成为当今中国农村发展的有效赋能。

3. 产品与服务(见图3.10)

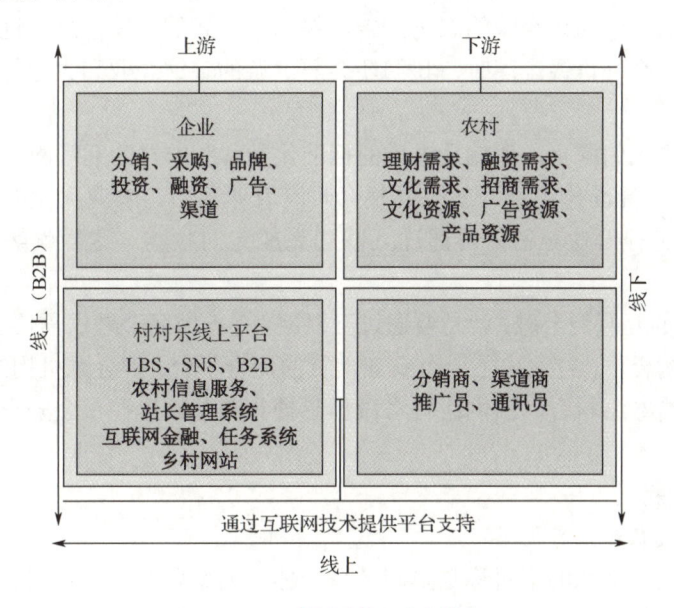

图3.10 村村乐核心业务模式

(1)创建网络村官(站长)管理模式

招募网络村官,每个村选取一位负责人来管理该村上网用户,目标瞄准了科技致富带头人和大学生村官这两个平凡而又特殊的群体。这都是在农村中最具号召力和影响力的群体。村村乐通过精准网罗这些关键人群,成就了最落地的中国农村市场推广渠道。站长制度的设立,增强了村村乐与农民用户的黏性。

村村乐打通了线上线下的壁垒,网络村官承接村村乐的刷墙、路演巡展、电影下乡、村委会广播、农家乐推广、横幅广告、宣传栏推广等任务;引进更多的资源和资金来协助网络村官从事致富活动,如引进更多的战略合作、代理种子化肥,或者成为农产品经纪人,帮助农民把农产品卖出去，甚至还会引进一些到农村投资的小额基金，找一些愿意到农村的人，给他们资金和系统上的支持，以及方向性的引导，帮助他们在当地创业。

（2）逐步打造一个覆盖农村的连锁超市体系

逐步打造一个以超市、小卖部为据点的销售中心、服务中心、信息交流中心和物流代办中心。同时，村村乐提升自己的网络覆盖强度，帮助农村小卖店提供 Wi-Fi 服务，并提供硬件补贴，让农村的老百姓享受到免费 Wi-Fi 服务。

（3）构建服务农村的 O2O 综合性平台

电商下乡和渠道下沉是大势所趋，村村乐告别了 BBS 模式向 O2O 平台转型，已有的业务除了农民媒体平台，还有金融惠民服务平台、O2O 电商创业平台、中国城乡信息服务平台共 4 个板块，每一个平台都根据农民实际的需求重度垂直。村村乐最终会做成一个农村的宣传推广平台、投资对接平台、致富创业平台，以及交友平台。平台不仅有其经济价值，更重要的是有巨大的社会效益。

（4）向农场的标准化经营和农村的互联网金融进军

实现农餐对接，是村村乐下一阶段的主攻目标之一。村村乐副总裁齐得钧说："我们会找到全国较大的、集约化经营的农场，告诉农场订单式的种植信息，这样它们的产品就不愁销路且能卖一个好价钱。同时，我们还会与上游的餐饮企业和大型超市合作，让它们直接到农场采购。"

村村乐还有更大的抱负，那就是农场的标准化经营和农村的互联网金融。

① 所谓农场的标准化经营，就是要整合政府农业部门、农业大学的专家，通过互联网定向指导农民进行专业养殖，再通过互联网完成定向收购。这样就解决了盲目种养的问题。

② 所谓农村的互联网金融，就是要通过互联网，打破城乡金融供需信息不对称的局面。村村乐与金融机构合作，打造出了一个农业信贷的撮合平台，把金融机构的产品放上平台，再将贷款信息发给网络村官，由网络村官做信息搜集和基础风控，金融机构审核后即可发放贷款。

4. 特色与创新

（1）打通现代农业生态之路

城市和农村之间信息的不对称是阻碍城乡一体化的重要原因，有利于农村发展的好项目难以出头使农业现代化举步维艰。村村乐致力于打通城乡信息桎梏，实现资源优化配置。利用掌握的大数据，整理发布信息，对接农业需求，村村乐的"互联网＋电商下乡"塑造了很多成功典型。例如，湖北星胜机械汪志刚通过村村乐平台发布信息，陆续接到全国 380 个农村顾客的咨询、36 家渠道经销商的加盟申请，通过线下与客户的对接，直接带动企业销售额增长 400 多万元，并成功发展出 13 家乡镇渠道经销商。

（2）打造公益农村生态链条

农产品滞销的难题困扰着很多地区，当农民辛苦得来的劳动果实因销路不畅而丢弃时，会极大地打击农民的积极性，损害农业发展。2015 年 7 月 7 日，村村乐帮农行动公益店建立，帮助农产品销售，解决了滞销难题。村村乐的公益农村行动不止于此，寻人寻物活动还曾使失散多年的兄妹通过村村乐平台再相聚；农村的困苦老人、留守儿童等也都是村村乐公益活动帮扶的对象。

（3）营建活力农村创业生态

在国家政策的支持下，农民创业的愿望越来越强烈，但真正可供选择的渠道较少，创业面临的困境也很大。村村乐不断获取并分享创业信息，提供创业平台，帮助农民朋友一起实现创业梦。湖北黄冈的一位村村乐站长就是在村村乐上发信息，把自己养殖的黑山羊卖了出去，此后还获得了 8 000 万元的投资，实现了自己的创业梦想，并且上了农民创业致富的电视节目，介绍经验。

村村乐启动了招募农村创业合伙人计划，无论是农村的大学毕业生（待业青年），还是村村乐的站长均可参与进来。招募计划涉及的行业有汽车、手机、电脑、种子、化肥等，将形成一个长期稳定的合作模式，厂家会为创业合伙人提供最优厚的销售政策及市场上价格最具竞争力的产品，让所有创业合伙人就地或就近取货，以确保创业合伙人的利润最大化，帮助农村青年成功创业。

5. 经验要点

（1）村村乐会火的原因

究其原因，可用好政策、顺趋势、懂借势、有资源、会包装来概括。

① 好政策。2014 年 12 月底举行的中央农村工作会议为农村互联网爆发奠定了基础；国务院发布的电子商务"国八条"更是明确地提到了加强"互联网+"与农业、农村的融合发展，提出了促进农村电商发展的意见，出台支持政策措施。

② 顺趋势。从 2015 年下半年开始，各大电商巨头都争先恐后地布局农村电商市场，电子商务行业向农村市场横向扩张已是大势所趋——阿里巴巴启动"千县万村"计划，京东的县级服务中心和京东帮服务店、苏宁自营农村服务站等相继落地。

③ 懂借势。阿里巴巴和京东的农村"刷墙大战"吸引了其他互联网公司效仿，"刷墙"由此成了扩展农村网络市场的标志之一，而有强大农村市场刷墙资源的村村乐也因此被贴上了 10 亿元估值的标签，受益良多。

④ 有资源。村村乐几年积累下来的 1 000 余万名会员、20 余万名网络村官的资源是最关键的。这些遍布于全国各地的资源成为村村乐的核心竞争力，让其具备了强有力地地利优势。

⑤ 会包装。村村乐很懂得适时包装自己。从有关村村乐的新闻报道就能看出，其 CEO 胡伟非常乐于与媒体人接触，而且非常会包装自己，业界对这个行业"新人"也非常感兴趣，所以才会出现各式各样的分析，以至于大家都云里雾里，不清楚村村乐到底是在做什么。

（2）村村乐模糊的定位和模式让人迷惑

村村乐到底是什么？如今可谓众说纷纭——有人说是农村门户网站、农村电商平台、农村 O2O、农村金融、农村社交，还有人说是农村分类信息，以及农村营销平台。似乎村村乐把整个农村互联网都做了，但好像又没有哪块业务突出到可以给其一个准确的市场定位，所以也难怪会出现"一千个专家，一千个村村乐"的行业认知。

从定位角度看，涉及这么多业务的村村乐更应该将自己定位为三农 O2O 综合服务商。但从业务层面来说，很难让人认可其过长的业务线策略。

（3）基于时间沉淀的"村里有人"的竞争优势最难被打破

村村乐核心的竞争力不在于模式，而在于多年培养的用户规模和信任度。门户网站和社交媒介的属性，以及之后众包带来的实际收入，多年来已经形成了高度的用户黏性。这些站长资源才是村村乐最大的财富，电子商务、金融、营销等这些变现能力强的业务都需要他们去推动完成，其他公司要想模仿村村乐的模式并非难事，但难的是去构建"村官"资源及农民的信赖度，这需要很长的时间。

农村互联网市场的机会不在于服务农民，而在于三农事业的信息化，以打破城乡之间的信息不对称，让农村信息和城市信息互联互通。线上部分的目的是向城市输出信息，而线下的站长村官或是电子商务服务站都是以人为传播核心将网络信息和电子商务服务带入农村市场。农民对村里人的信任度要远高于他们不懂的网络服务，"村里有人"是目前发展"互联网＋农村"市场的关键要素。

在"互联网＋"的时代背景下，类似村村乐这种，一头抓住数量庞大的"村官"群体，一头对接规模巨大的"刷墙"需求，不仅解决了农民致富的问题，还有效解决了互联网产品或服务下乡进村前的品牌推广问题。农村问题的根本是造血能力和城乡信息网络的重构，而村村乐掌握的资源，让它可以在多方面有所建树。

模块四
跨境电子商务

本模块知识要点

1. 跨境电商的概念。
2. 跨境电商兴起的原因。
3. 跨境电商的模式及其发展。
4. 跨境电商典型案例。

在中国的贸易实践中，将电子商务移植到国际贸易中，带来了国际贸易方式创新——跨境电商（cross-border electronic commerce）。它构建的开放、立体、多边的经贸合作模式，不但有利于企业在更广阔的市场空间里寻找商业伙伴和交易对象，推进企业间的互利互赢，促进多边资源优化配置，而且使得各国消费者可以更加方便、快捷地获取国外产品信息，实施购买行为。

国务院《关于促进跨境电商健康快速发展的指导意见》（2015年6月20日）明确指出：支持跨境电商发展，有利于用"互联网+外贸"实现优进优出，发挥我国制造业大国优势，扩大海外营销渠道，合理增加进口，扩大国内消费，促进企业和外贸转型升级；有利于增加就业，推动"大众创业，万众创新"，打造新经济增长点；有利于加快实施共建"一带一路"等倡议，推动开放型经济发展升级。

任务一 认识跨境电子商务

任务引入

据前瞻产业研究院统计，2018年中国海淘用户规模达1.01亿人，增长率为48.4%，而与海淘直接相关的跨境电商，全年交易总额达到9.7万亿元。预计到2022年，将达到20.5万亿元，年均复合增长率达20.61%。而在"双十一"之前结束的首届中国国际进口博览会上，累计成交意向金额达578.3亿美元，让跨境电商行业的未来充满无限可能。

什么是跨境电商？它与传统的国际贸易又有什么区别呢？

一、跨境电商的定义

跨境电商是分属不同关境的交易主体，通过电子商务平台达成交易、进行支付结算，并通过跨境物流送达产品的一种国际商业活动。

跨境电商的定义可以分为狭义和广义。

① 从狭义上看，跨境电商实际上基本等同于跨境零售。跨境零售是指分属于不同关境的交易主体，借助计算机网络达成交易、进行支付结算，并采用快件、小包等行邮的方式通过跨境物流将商品送达消费者手中的交易过程。通常，跨境电商从海关来说等同于在网上进行小包买卖，基本上针对消费者。从严格意义上说，随着跨境电商的发展，跨境零售消费者中也会含有一部分碎片化小额买卖的B类商家用户。但现实中这类小额B类商家和C类个人消费者很难区分，也很难界定小额B类商家和C类个人消费者。从总体来看，这部分针对小额B类商家的销售也归属于跨境零售部分。

② 从广义上看，跨境电商基本等同于外贸电子商务，是指分属不同关境的交易主体，通过电子商务的手段将传统进出口贸易中的展示、洽谈和成交环节电子化，并通过跨境物流送达商品、完成交易的一种国际商业活动。在国际贸易环节中只要涉及电子商务应用，都可以纳入这个统计范畴内。

广义的跨境电商主要是指跨境电商中的交易部分（不含跨境电商服务部分），不仅包含跨境电商交易中的跨境零售，还包括跨境电商B2B部分；不仅包括跨境电商B2B中通过跨境交易平台实现线上成交的部分，还包括跨境电商B2B中通过互联网渠道线上进行交易撮合、线下实现成交的部分。

跨境电商与传统外贸流通环节的比较如图4.1所示。

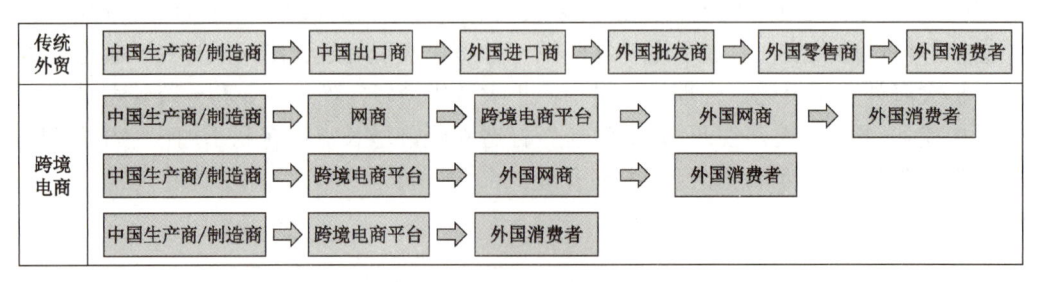

传统外贸	中国生产商/制造商 → 中国出口商 → 外国进口商 → 外国批发商 → 外国零售商 → 外国消费者
跨境电商	中国生产商/制造商 → 网商 → 跨境电商平台 → 外国网商 → 外国消费者
	中国生产商/制造商 → 跨境电商平台 → 外国网商 → 外国消费者
	中国生产商/制造商 → 跨境电商平台 → 外国消费者

图4.1 跨境电商与传统外贸流通环节的比较

二、跨境电商在不同通关模式下海关监管方式的差异

从目前通过跨境电商方式成交的商品看，主要是通过以下3种方式跨越国界进出境。

（一）货物方式通关

在这种方式下，我国进出口企业与外国批发商和零售商通过互联网线上进行商品展示和交易,线下按一般贸易完成的货物进出口,即跨境电商的企业对企业进出口,本质上仍属传统贸易。该部分以货物贸易方式进出境的商品,已经全部纳入海关贸易统计。此外,有一些通过创建电子平台为外贸企业提供进出口服务的公司,如深圳的一达通所实现的中小企业商品进出口,在实际过境过程中都向海关进行申报,海关全部纳入贸易统计。以货物方式通关的商品,由于是按传统的一般贸易方式完成的货物进出口,因此在通关商检、结汇及退税等方面运作相对成熟和规范。

(二)快件方式通关

在这种方式下,跨境电商成交的商品通过快件的方式出入境。海关总署通过对国内 5 家最大的快件公司进行调查显示,其中 95% 以上的快件商品是按照进出口货物向海关进行报关的,海关纳入货物统计范畴内;仅有不到 5% 的比例是按照个人自用物品向海关申报的,根据现行海关统计相关制度,这部分暂时还没有纳入海关贸易统计。

(三)邮件方式通关

通过邮政渠道,用邮寄方式进出口的跨境电商成交商品主要是消费者供自用所购买的日常消费用品。按照《中华人民共和国海关法》和国务院颁布的《中华人民共和国海关统计条例》规定,个人自用的商品在自用合理数量范围内实行建议报关制度,不纳入海关统计。随着跨境电商的发展,贸易碎片化的现象越来越明显,过去传统贸易中有一部分通过碎片化方式转移到了跨境电商,通过邮件、快件的方式进出境。海关总署正在研究完善统计制度,将来在制度完善的基础上纳入贸易统计。

从跨境电商的贸易方式看,各种贸易方式下的通关方式存在一定的差异,具体情况如下。

① 跨境电商 B2B 出口。在规模化方式出口的情况下,按货物方式进行的一般贸易出口在本质上仍属于传统贸易,流程规范,运作相对成熟;在碎片化方式出口的情况下,按快件及邮件方式出境,很难拿到海关正式报关单,在通关安检、结汇及退税方面存在问题。

② 跨境电商 B2B 进口。从跨境电商 B2B 方面看,跨境电商 B2B 进口与跨境电商 B2B 出口整体情况基本一致。在规模化方式进口的情况下,按货物方式进行的一般贸易进口在本质上仍属传统贸易,流程规范,运作相对也较成熟;在碎片化方式进口的情况下,按快件及邮件方式入境,很难拿到海关正式报关单,在通关安检、结汇及退税方面也存在问题。

③ 跨境电商 B2C 出口。由于主要面对海外消费者,其订单额较小、频率高,一般采用快件和邮寄方式出境,因此暂时未纳入海关货物监管中,在通关商检、结汇及退税方面存在问题。

④ 跨境电商 B2C 进口。快件及邮件方式入境,主要是国内消费者购买的供自用的日常消费用品,不纳入海关统计。由于国内消费者对海外商品需求旺盛,出现了"水客"、非法代购等问题,且目前按现行货物或物品方式监管可操作性较差,因此海关等部门逐渐在规范和健全这部分商品的监管制度。

三、试点城市积极探索跨境电商试点业务

针对以快件或邮件方式通关的跨境贸易电子商务存在难以快速通关、结汇及退税等问题，海关总署组织有关示范城市开展跨境贸易电子商务服务试点工作，研究跨境电商相关基础信息标准规范、管理制度，提高通关管理和服务水平。

试点工作主要从两方面进行创新：一是政策业务创新，探索适应跨境电商发展的管理制度；二是信息化手段创新，依托电子口岸协调机制和平台建设优势，实现口岸相关部门与电子商务、支付、物流等企业的业务协同及数据共享，解决跨境电商存在的问题。

2012年12月，海关总署在郑州召开跨境贸易电子商务服务试点工作启动部署会，上海、重庆等5个城市成为试点城市，标志着跨境贸易电子商务服务试点工作全面启动。

2013年10月，我国跨境电商城市试点开始在全国有条件的地方全面展开。试点城市主要集中在物流集散地、口岸或商品生产地等，如表4.1所示。跨境电商试点城市共有4种可申报的业务模式，不同城市的业务试点模式范围有明显的限定。试点工作初期，国家海关总署明确可以做跨境电商进口试点的城市有重庆、广州、上海等6个城市，其他获批的试点城市均只有出口试点资格。

表4.1 跨境电商试点城市业务情况

中国跨境贸易电子商务服务试点城市审批情况				中国部分跨境贸易电子商务服务试点城市业务模式限定范围				
批次	批准时间	试点城市	审批单位	代表城市	直购进口模式	保税进口模式	一般出口模式	保税出口模式
试点启动期	2012	郑州、上海、重庆、杭州、宁波	海关总署	重庆	√	√	√	√
全面展开期	2013—2014年	广州、深圳、苏州、青岛、长沙、平潭、银川、牡丹江、西安、哈尔滨、烟台、长春等十几个城市	海关总署	广州	√	√	√	√
				上海	√	√	√	
				宁波		√	√	
				杭州	√	√	√	
				郑州		√		√

目前，对跨境电商业务模式的探索大致可以分为出口和进口两方面。

① 出口方面。目前主要采用"清单核放，汇总申报"的管理模式，解决电子商务出口退税、结汇问题。

② 进口方面。各试点城市充分发挥海关特殊监管区域的功能和优势，建立直购进口模式和保税进口模式。两种业务模式的区别及税收政策的不同如表4.2和表4.3所示。跨境电商进口业务试点城市进行了较多尝试，政府指导下的跨境电商平台先后上线，如上海的跨境通、宁波的跨境购等。

表 4.2 跨境电商两种进口业务模式比较

跨境电商进口业务模式	直购进口模式	保税进口模式
运作方式	消费者购买境外商品，境外商品通过运输的方式发送商品，直接送达境内消费者	境外商品入境后暂存税区内，消费者购买后以个人物品出区，包裹通过国内物流的方式送达境内消费者
优缺点	优点：产品丰富多样，中国消费者可以直接购买稀缺、优质、新奇的全球商品，并可与海外商家直接沟通 缺点：收货时间稍长，要 7～10 天	优点：缩短物流时间；海关监管保证质量；方便退换货等售后服务；优化购物体验 缺点：商品可供选择的范围有限
商品价格构成	商品标价 + 物流费用 + 行邮税（具体依商家有所调整）	商品标价 + 行邮税（具体依商家有所调整）
典型试点	杭州、广州	上海的"跨境通"、宁波的"跨境购"、郑州的"E 贸易"平台、重庆的"爱购保税"
试点成果	—	根据上海及宁波海关信息，2013 底跨境通上线。截至 2014 年 3 月底，保税进口模式下跨境通累计成交订单 26 766 笔，订单商品主要是星冰乐、奶粉等进口食品。宁波跨境电商进口业务自 2013 年 11 月底开展以来，截至 3 月 30 日，共验放 15 017 票商品，货值 497.5 万元，品种主要是尿不湿、不锈钢保温杯、食品等

表 4.3 跨境进口税收政策对比

	直购进口	保税进口	一般贸易进口
征税对象	入境人员携带的行李物品或邮递物品	跨境进口零售企业的商品	企业间线下贸易的货物
报关概率	报关/不报关、抽查	全部报关	全部报关
应缴税费	不缴税，或者仅缴纳行邮税		需要缴纳增值税和关税，奢侈品、化妆品需要缴纳消费税
计算公式	税额少于 50 元，免征税费 税额大于 50 元，应征税额 = 完税价格 × 商品税率		进口关税 = 到岸价 × 关税税率 消费税 =（到岸价 + 关税额）÷（1 - 消费税税率）× 消费税税率 增值税 =（到岸价 + 进口关税额 + 消费税额）× 增值税税率
税率	享用行邮税税率，按品类分为 10%、20%、30% 和 50% 四档		关税根据不同品类实行不同税率 增值税税率 13% 消费税税率 30%
避税方式	以个人快件和邮政包裹从海外发货，利用目前政策（仅实行抽查缴税），规避部分税费	对大额订单主营价格较低的商品，多在几十到 500 元之间	—

任务二　跨境电子商务兴起的原因

任务引入

据《人民日报》报道，浙江省湖州市一家童装企业"布衣草人"就是传统企业成功转型跨境电商企业的实例。该企业负责人马伟忠表示："通过跨境电商，我们把童装沿着'一带一路'卖到了欧洲和东南亚。"2018 年 5 月，"布衣草人"跨境电商销售额日均 1 500 美元，产品出口 10 多个国家和地区。乘着"一带一路"东风走向海外的企业众多，"互联网家电第一股"小狗电器、知名耳机品牌蓝弦（Bluedio）及跨境电商企业百事泰等均是其中一员。

通过电商平台，中国商品销往俄罗斯、乌克兰、波兰等数十个沿线国家。在"一带一路"倡议大背景下，跨境电商这条网上丝绸之路已穿过沿线腹地，触达欧洲经济圈。2015 年，匈牙利成为第一个响应"一带一路"倡议的国家，欧洲市场的面纱随之逐渐揭开，不少跨境电商人士为之驻足。

"一带一路"倡议的实施为跨境电商的发展提供了得天独厚的契机和平台，跨境电商逐渐成为影响全球经济的新的网上丝绸之路，又将如何推动我国对外贸易的新发展呢？

从 2014 年至今，跨境电商相关的政策陆续出台，将跨境电商推到了风口。国内互联网电子商务企业开始纷纷入局，染指跨境电商这个市场。天猫国际、亚马逊、1 号店、唯品会、聚美优品、京东等几乎所有一线电子商务平台都开通了全球购业务，角逐国际市场。

跨境电商并不是什么模式创新，而只是概念更新。海外代购、海淘等到跨境电商平台，名称一直在变，本质却没变，就是通过互联网做国际贸易。

一、中国进出口贸易增长进入平缓期，寻求新方式/形式的国际贸易势在必行

2009 年后受世界经济复苏缓慢、新《中华人民共和国劳动法》实施以来劳动力成本上升等因素的影响，我国进出口贸易增长进入平衡期，外贸增速显著下滑，连续两年增速在个位数徘徊，传统外贸企业遇到前所未有的困境。大力发展跨境电商，有助于在成本和效率层面增强我国的进出口竞争优势，提高外贸企业的利润率。商业信息、经济信息、技术信息的不对称，使中小企业在与跨国企业的竞争中长期处于不利地位，互联网改变了这种竞争态势。随着电子商务渠道的深入渗透，企业可以与最终消费者建立更通畅的信息交流渠道，对企业及时掌握市场需求、调整产品结构、提升产品品质、树立产品品牌，同时建立电子商务信用体系，从而增强我国外贸的整体竞争力、稳定外贸增长起到重要作用。

跨境电商有利于传统外贸企业转型升级。传统外贸的模式制约了国内中小企业的发展，依赖传统销售、买家需求封闭、订单周期长、汇率风险高、利润空间低等问题长期存在；电子商务成为国际贸易中的新手段和新方法，必将推进国际贸易向深度和广度发展，如图 4.2 所示。

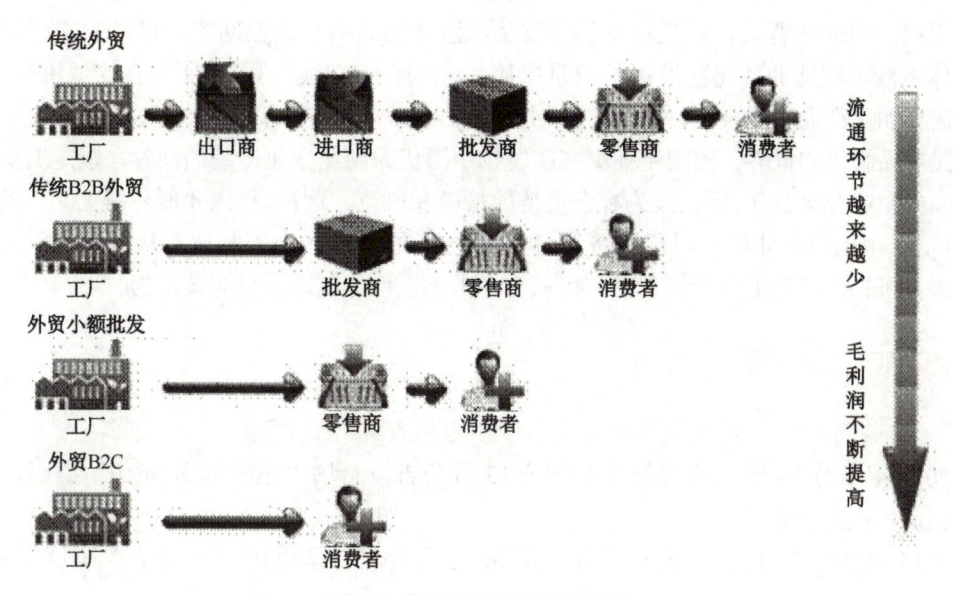

图 4.2　外贸业务流程的发展变化

二、跨境电商的兴起同样受互联网对一切商业模式改造的影响

面对多样化、多层次、个性化的消费者需求，企业必须以消费者为中心，加强合作创新，构建完善的服务体系，在提升产品制造工艺、质量的同时，加强研发设计、品牌销售，重构价值链和产业链，最大限度地促进资源优化配置。跨境电商已引发了生产方式、产业组织方式的变革。

一是更加市场化。有效打破渠道垄断、减少中间环节、节约交易成本、缩短交易时间，打造更充分竞争的市场，解决信息不对称问题，为中国企业创建品牌、提升品牌的知名度提供了有效的途径，尤其是给一些"小而美"的中小企业创造了新的发展空间，从而催生出更多的具有国际竞争力的隐形冠军。

二是更加个性化。在互联网时代，品牌、口碑既是企业竞争力的重要组成部分，也是赢得消费者青睐的关键因素。通过大数据和信息优势，把海量个性化、碎片化的订单汇总，可以规模化地满足个性需求，不受空间限制地搜集低密度需求。电子商务的柔性供应链特征可以精确地跨越时间限制搜集消费者需求，以控制库存，实现 C2B 模式的互动，使预售、定制模式成为常态。

三、中国消费升级和中国制造在海外市场的流行

2020 年中国人均可支配收入突破 3 万元，中国消费者开始更讲究消费品质，对海外优质商品有极其旺盛的需求。从香榭丽舍大街的奢侈品代购、国外奶粉的哄抢，再到日本电饭锅和马桶盖的疯抢，活跃在这些国外城市的中国人消费身影无疑已为这块前景巨大的市场做了最好的诠释。

改革开放以来，"中国制造"的发展突飞猛进，对中国经济乃至世界经济都做出了巨

大的贡献。但光环背后，近几年受西方发达经济体的高端制造业回流，以及东南亚等新兴经济体中低端制造业的迅猛发展的双重挤压，"中国制造"遇到了前所未有的危机与挑战。我们需要加快产业转型升级，加大自主创新研发力度，提升产品整体质量水平，创立一批优秀的民族品牌推向世界。中国企业家应在发扬中国优秀商业文化传统的同时，坚定地实践全球认同的企业社会责任，真正成为社会美德的楷模和典范。这样，我国才能称得上真正的"世界工厂"，中国经济才能在世界经济舞台上立于不败之地。"中国制造"从廉价代工走向全球是大势所趋，跨境电商恰逢其时，可以为中国高性价比制造提供全球动力。

四、跨境电商政策红利

（一）政策起点：从政策层面赋予了网购保税进口的合法身份

2014年1月14日，海关总署发布第12号公告，新增"电子商务9610"编码，开放清单核放、汇总申报。

2014年7月23日，海关总署发布第56号公告，强调进出境货物清单制度及监管、申报制度。

2014年7月30日，海关总署发布第57号公告，增列"保税电子商务1210"编码，保税模式获得认可。

2016年12月5日，海关总署发布第75号公告，增列"保税跨境贸易电子商务A"（1239）编码，使企业通关更加方便、海关管理更加规范。

（二）支持新兴业态：扩大试点城市规模，提高海关服务效率，促进税收优惠

2012年12月，海关总署在郑州召开跨境电商服务试点工作启动部署会，上海、重庆等5个城市成为试点城市。

2013年10月，跨境电商城市试点在全国有条件的地方全面铺开；2014年7月，6+1个跨境电商试点城市开放。

2015年3月，国务院同意设立中国（杭州）跨境电商综合实验区；国家质量监督检验检疫总局出台《关于深化检验检疫监管模式改革，支持自贸试验区发展的意见》，支持跨境电商发展；随着中韩自贸区谈判完成，威海成为对韩"跨境电商出口黄金通道"。

2015年5月，给予税收上的优惠政策，即通过跨境电商渠道购买的海外商品只需要缴纳行邮税，免去了一般进口贸易的"关税+增值税+消费税"。

2015年10月，天津获批成为跨境电商试点城市，试点城市增至8个。

2015年12月，各地海关保持365天每天24小时的作业时间，提升了进口商品的通关效率。

2020年1月17日，商务部、发展改革委、财政部、海关总署、税务总局、市场监管总局六部门联合发布《关于扩大跨境电商零售进口试点的通知》。将石家庄、秦皇岛、廊坊、太原等50个城市纳入跨境电商零售进口试点范围。

（三）加大监管力度：规范业务模式，加强企业自律，探索新业态、新模式的发展规律

2014年7月，明确了海关对进口跨境电商的监管思路，即三单对接。

2015年3月，打击网购保税试点中的不规范行为，如刷单逃税、非试点城市的网购

保税业务等。

2016年4月，海关总署下发《关于执行跨境电商税收新政有关事宜的通知》；5月，核发《海关总署办公厅关于执行跨境电商零售进口新的监管要求有关事宜的通知》，设立过渡期1年；11月，国务院决定过渡期进一步延长至2017年年底。

2018年11月28日，商务部、海关总署等六部门联合发布《关于完善跨境电子商务零售进口监管有关工作的通知》。

随着我国电子商务发展的政策环境、法律法规、标准体系及支撑保障水平等各方面的完善和提升，根据试点地区的实际情况及海关等相关部门的统计数字，后续跨境电商相关配套政策措施将不断优化和深化。相关配套政策将更精准地服务企业，创造更好的政策环境，由此必将推动跨境电商在我国全面铺开。

任务三　跨境电子商务的分类及典型模式

任务引入

宁波一家传统的服装外贸类公司（旗下有自己的生产工厂）想尝试转型跨境电商。不同平台的跨境电商模式各有千秋，对应的商品类型、经营策略、客服要求及适合用户人群等也大有不同。对企业而言，入驻的平台直接决定了后期的效益。

面对众多的进口和出口跨境电商平台，我们该如何选择呢？

根据2019年商务部统计数据显示，各类中国跨境电商平台企业已超过5 000家，通过平台开展跨境电商的外贸企业逾20万家。跨境电商企业根据不同的维度有多种分类，如图4.3所示。

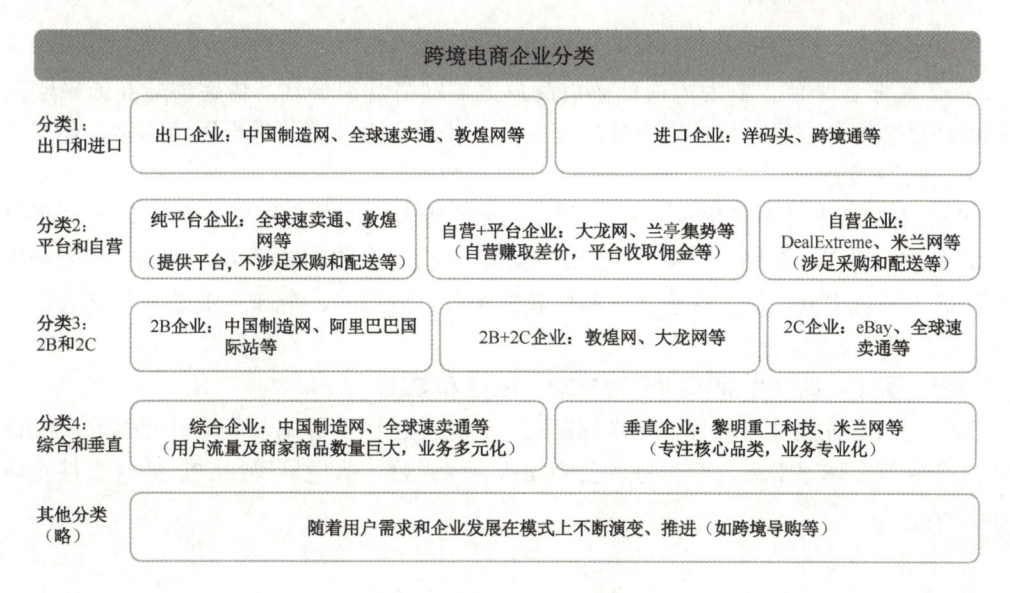

跨境电商企业分类			
分类1：出口和进口	出口企业：中国制造网、全球速卖通、敦煌网等		进口企业：洋码头、跨境通等
分类2：平台和自营	纯平台企业：全球速卖通、敦煌网等（提供平台，不涉足采购和配送等）	自营+平台企业：大龙网、兰亭集势等（自营赚取差价，平台收取佣金等）	自营企业：DealExtreme、米兰网等（涉足采购和配送等）
分类3：2B和2C	2B企业：中国制造网、阿里巴巴国际站等	2B+2C企业：敦煌网、大龙网等	2C企业：eBay、全球速卖通等
分类4：综合和垂直	综合企业：中国制造网、全球速卖通等（用户流量及商家商品数量巨大，业务多元化）		垂直企业：黎明重工科技、米兰网等（专注核心品类，业务专业化）
其他分类（略）	随着用户需求和企业发展在模式上不断演变、推进（如跨境导购等）		

图4.3　跨境电商的多维度分类

一、跨境电商的多维度分类

（一）按市场流动方向分

按市场流动方向，跨境电商可划分为进口跨境电商和出口跨境电商。

① 进口跨境电商起源于早期的海外个人代购和海淘，目前已形成以天猫国际为代表的"海外直供"、网易考拉和小红书为代表的"海外优选"、洋码头为代表的"全球买手"、京东全球购为代表的"线上线下融合"四大创新模式。

② 出口跨境电商主要有两种模式：一般出口模式（9610出口）和保税出口模式（1210出口）。前者又称集货模式，采用清单核放、汇总申报的方式，电商出口商品以邮件、快件方式分批运送，海关凭清单核放出境，定期把已核放清单数据汇总形成出口报关单，电商企业或平台凭此办理结汇、退税手续；后者又称备货模式，商家将商品批量备货至海关监管下的保税仓库，消费者下单后，电商企业根据订单为每件商品办理海关通关手续，在保税仓库完成贴面单和打包操作，经海关查验放行后，由电商企业委托物流公司配送至消费者手中。

（二）按经营主体分

按经营主体，跨境电商可划分为第三方平台、自营平台和代运营服务商。

① 第三方平台通过线上搭建商城并整合物流、支付等服务资源吸引卖家入驻，以收取佣金和增值服务费为主要获利手段，其代表性企业有全球速卖通、敦煌网、环球资源网、阿里巴巴国际站等。

② 自营平台的代表性企业有兰亭集势、米兰网、大龙网、网易考拉、京东全球购、聚美优品、小红书等。

③ 代运营服务商的服务提供商不参与任何交易过程，只为从事跨境电商的中小企业提供不同的服务模块，如市场研究模块、营销商务平台建设模块、海外营销解决方案模块等，其代表性企业有四海商舟（BizArk）、锐意企创（Enterprising & Creative）等。

（三）按服务类型分

按服务类型，跨境电商可划分为信息服务平台和在线交易平台。

① 信息服务平台主要为境内外会员商户提供网络营销平台，传递供应商或采购商等商家的商品或服务信息，促成双方完成交易，其代表性企业有阿里巴巴国际站、环球资源网、中国制造网等。

② 在线交易平台不仅提供企业、商品、服务等多方面信息展示，还可以通过平台线上完成搜索、咨询、对比、下单、支付、物流、评价等全购物链环节。在线交易平台模式正逐渐成为跨境电商中的主流模式，其代表性企业有敦煌网、全球速卖通、大龙网等。

（四）按交易类型分

按交易类型，跨境电商可划分为B2B、B2C和C2C。

B2B的代表性企业有敦煌网、中国制造网、阿里巴巴国际站、环球资源网等；B2C的代表性企业有全球速卖通、亚马逊、兰亭集势、米兰网、大龙网等；C2C的代表性企业有Wish、eBay等。

（五）按物品品类项目分

按物品品类项目，跨境电商可划分为垂直型和综合型。

垂直型跨境电商主要针对特定的领域、特定的需求，提供全部信息与服务；综合型跨境电商与垂直型跨境电商正相反，展示的商品种类很多、很杂，涉及很多行业。

二、典型的跨境电商平台

（一）出口跨境电商 B2B 外贸平台——敦煌网

敦煌网是第三方的出口跨境电商 B2B 交易平台，主要提供在线交易平台及相关的外贸服务，是全球领先的在线外贸交易平台。敦煌网采用佣金制，免注册费，致力于帮助中国中小企业通过跨境电商平台走向全球市场，开辟一条全新的国际贸易通道，让在线交易不断变得更加简单、更加安全、更加高效。敦煌网的特点可以概括为：用淘宝的方式卖阿里巴巴 B2B 上的货物。

敦煌网的特点如下。

① 服务对象定位精准。敦煌网的服务对象定位为全国供应商，由最初的中小商户开始扩展到规模化的外贸企业、工厂和品牌商家。平台逐渐扩充，除针对传统外贸企业的服务外，还与义乌共同打造了全球网货中心平台。

② 一体化服务。敦煌网不仅提供商家入驻开店、平台运营、营销推广、资金结算等方面的一系列服务，还为商家提供提高产品曝光率的营销工具，包括定价广告、竞价广告、展示计划等。敦煌网针对商家提供培训、店铺装修及优化、账号托管等服务；提供互联网金融，物流集约化品牌，国内仓和海外仓的仓储、通关、退税、质检等一系列服务。

（二）出口跨境电商 O2O 平台——大龙网

大龙网是出口跨境电商 O2O 模式的先行者和领导者，是中国跨境出口电商 O2O 模式最大的平台，对内通过 18985 供应链平台和跨境 O2O 网贸会对接国内供应商，对外通过 OSell 建立并联合全球零售网络，以跨境 O2O 展会和体验店的形式把中国商品销往海外零售圈，为其提供一个带服务、带后端、私人定制的平台。大龙网既解决了中国供应商对国际市场销售的"最后一公里"难题，又解决了海外零售批发商从中国进货的服务和信用担保问题。

大龙网整合"一带一路"倡议的全球资源，提出了跨境电商的"两国双园"模式，即在国内产业带聚集地建立龙工场跨境电商产业园，以招商、精品展示、跨境双创中心的形式实现在产业带城市的落地；在海外开创跨境 B2B 智能大卖场和跨境 B2B 品牌贸易中心的创新外贸形式，以共享经济模式聚合目标市场有实力的合作伙伴，为中国出口企业打造覆盖整个目标市场的分销网络。其业务模式如图 4.4 所示。

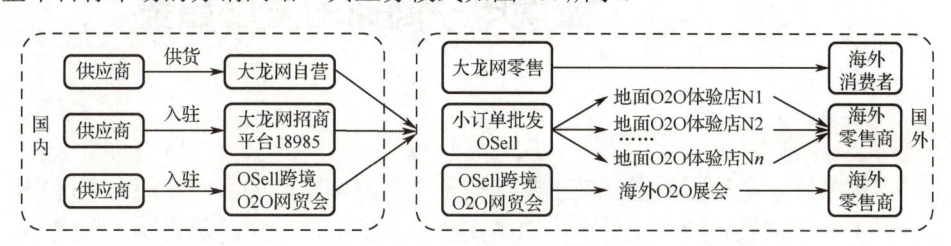

图 4.4 大龙网的业务模式

(三)进口跨境电商 B2C 平台——开启"地球村"模式的天猫国际

天猫国际是进口跨境零售电子商务中平台式 B2C 模式的代表。除具备平台类电子商务的大量特点外,天猫国际在选品数据化、配合国家监管方面独具特色。

① 数据选品,定向招商。利用阿里巴巴的大数据优势,选择中国消费者有需求、有一定认知,并可能购买的品牌和商品。同时,进一步挖掘天猫、淘宝上成交趋势与搜索量上涨,并且没有进入中国市场的品牌、商品。天猫国际针对这类有大量代购需求的、高频搜索的、出境游的热门品牌和商品定向招商。

② 三单合一,配合政府监管。政府需要电商企业的三单信息,使监管部门协同对商家资质、品牌资质、商品资质进行监管,通过掌握跨境交易信息,避免漏税。天猫国际利用阿里巴巴信息化平台的优势,率先对接三单信息到海关——三单信息即阿里交易平台的订单交易信息、提供跨境支付解决方案的支付宝上的支付信息、包括国际在内的所有物流接入菜鸟系统的物流信息。

(四)进口跨境电商 C2C+M2C 平台——买手直播互动的洋码头

洋码头是以 C2C 模式为主、M2C 模式为辅的进口跨境电子商务平台。洋码头平台上的卖家可以分为两类:一类是个人买手,模式是 C2C;另一类是商户,模式是 M2C。洋码头平台(以下简称洋码头)上销售的商品多为个性化的非标品,能够满足消费者的多元化需求。通过买手制和限时特卖,首创海外卖场扫货场景式购物模式,并围绕直播、粉丝等社交功能,增强消费者黏性及体验。

在管理上,洋码头首先强调消费者需求,集中销售非标品,满足兴趣化、不确定、多样化的需求,即凭借平台海量库存,打造逛街式购物,能买到没有见过的商品;其次把好质量关,认证商家信用资质、长住地址、水电费账单等,货源地、物流信息必须在海外,海外团队对买手进行定期回访、培训并组织线下活动,对有长时间不发货、联系不上等情况的卖家进行淘汰;最后是不断完善用户体验——自建物流,控制物流速度和成本,海外直邮平均 5 天、保税平均 2.5 天,并要求所有卖家提供退换货服务,出现质量问题时由平台受理。

在运营模式上,洋码头首先通过直播培养信任——平时直播 8 小时,黑色星期五期间 24 小时不间断直播,消费者随时随地可以看到卖家在海外扫货;其次是增加黏性,卖家能够自发、自然地吸引到兴趣爱好相同的粉丝,可以与粉丝实时交流采购情况及其他信息;最后是晒单推广商品,粉丝对商品进行晒单和推荐等行为比单纯的产品介绍更能产生商品推广效果。

任务四　跨境电子商务的发展趋势

任务引入

海外疫情暴发,全球贸易链正在发生深刻重构,跨境电商的品牌出海迎来历史性时间窗口。针对海外疫情暴发给中国外贸出口带来的二次影响与宏观趋势影响,阿里巴巴外贸圈名人堂讲师、宁波新东方工贸有限公司总经理朱秋城做了一个分享。他指出，当前受海外疫情影响比较明显的三大市场分别是北美、欧盟及日韩，这同样也是中国外贸出口最主要的目标市场。

"刚从国内疫情缓和片刻的中国外贸出口企业，又会因海外疫情的爆发受到二次影响。"他说道。持续的海外疫情会对中国外贸出口行业产生六大宏观趋势影响，分别是：疫情全球化进一步影响中国出口企业全面复工；海外市场需求短期内会存在一定的下降趋势；国际物流进一步受挫；在线渠道成为唯一致网购需求爆发；海外疫情持续致部分品类销售激增；跨境电商成为真正的主流趋势。

他也给出了一些应对海外疫情的建议：第一，依然相信政府的力量；第二，部分外贸企业可转型转产；第三，企业最低配备，苦练内功，拓展思路；第四，把握"一带一路"国家这一巨大的市场机会；第五，全渠道的外贸营销渠道选择；第六，提升技术科技价值，向产业链更高端前进；第七，充分运用政策红利，以渡过难关。

一、商品品类和销售市场更加多元化

随着跨境电商的发展，跨境电商交易呈现新的特征：交易商品向多品类延伸；交易对象向多区域拓展。

从销售商品品类来看，跨境电商企业销售的商品品类从服装服饰、3C 电子、计算机及配件、家居园艺、珠宝、汽车配件、食品药品等便捷运输商品向家居、汽车等大型商品扩展。不断扩展销售品类成为跨境电商企业业务扩张的重要手段。品类的不断拓展，不仅使得中国商品与全球消费者的日常生活联系更加紧密，而且有助于跨境电商企业抓住最具消费潜力的全球跨境网购群体。

从销售目标市场来看，以美国、英国、德国、澳大利亚为代表的成熟市场，由于具有跨境网购观念普及、消费习惯成熟、整体商业文明规范程度较高、物流配套设施完善等优势，因此在未来仍是跨境电商零售出口产业的主要目标市场，且将持续保持快速增长。与此同时，不断崛起的新兴市场正成为跨境电商零售出口产业的新动力。

① 俄罗斯、巴西、印度等国家的本土电子商务企业并不发达，消费需求旺盛，我国制造的商品物美价廉，在这些国家的市场上优势巨大。

② 大量企业也在拓展东南亚市场。例如，印尼是东南亚人口最多的国家，全球人口排名位居第四，具有巨大的消费潜力，目前 eBay、亚马逊、日本乐天等电子商务平台巨头都开始进入印尼市场。

③ 在中东欧、拉丁美洲、中东和非洲等地区，电子商务的渗透率依然较低，有望在未来获得较大突破。

二、B2C 占比提升，B2B 和 B2C 协同发展

随着物流、金融、互联网等国际贸易基础设施的改善和新技术的出现，国际贸易的形态也在不断演化。商品从工厂到消费者的通路越来越多元化，跨境电商 B2C 这种业务模式逐渐受到企业重视，近两年出现了爆发式增长。究其原因，主要是因为跨境电商 B2C

具有一些明显优势。

① 利润空间大。相较于传统跨境模式，B2C 模式可以跳过传统贸易的所有中间环节，打造从工厂到商品的最短路径，从而赚取高额利润。

② 有利于树立品牌形象。国内不再满足于做代工的工贸型企业和中国品牌，利用跨境电商试水"走出去"战略，熟悉和适应海外市场，将中国制造、中国设计的商品带向全球，开辟新的战线。

③ 把握市场需求。直接面对终端消费者，有利于更好地把握市场需求，提供个性化的定制服务。

④ 市场广阔。与传统产品和市场单一的大额贸易相比，小额的 B2C 贸易更为灵活，商品销售不受地域限制，可以面向全球 200 多个国家和地区，能有效地降低单一市场竞争压力，市场空间巨大。

随着物流、互联网技术的发展及利好政策的陆续出台，阻碍跨境电商 B2C 发展的一些因素正在减少，B2C 在整体市场中的份额占比将进一步提升。但 B2B 作为全球贸易的主流，未来仍然会是中国企业开拓海外市场的最重要模式，B2B 和 B2C 将会协同发展。

跨境 B2C 的发展对中国制造出口企业来说无疑为扩展新业务提供了新的可能性。B2B 作为全球贸易的主流，在可以预见的未来仍然会是中国企业开拓海外市场的最重要模式；B2C 作为拉近与消费者距离的有效手段，对我国企业打响品牌、实现弯道超车也将具有非常重要的地位。B2B 和 B2C 作为两种既有区别又有联系的业务模式，互补远远大于竞争，两者都能成为开拓海外市场的利器。

三、移动端成为跨境电商发展的重要推动力

移动技术的进步使线上和线下商务之间的界限逐渐模糊，以互联、无缝、多屏为核心的全渠道购物方式将快速发展。

① 从 B2C 方面来看，移动购物使消费者能够随时、随地、随心购物，极大地拉动了市场需求，增加了跨境零售出口电子商务企业的机会。

② 从 B2B 方面来看，全球贸易小额、碎片化发展的趋势明显，移动可以让跨国交易无缝完成。卖家可随时随地做生意，白天卖家可以在仓库或工厂用手机上传产品图片，实现立时销售，晚上卖家可以回复询盘、接收订单。以移动端作为媒介，买卖双方的沟通变得非常便捷。

移动跨境电商的发展情况与各国的互联网发展情况相关。对于美国之类的发达市场，互联网发展进程完备，跨境电商从 PC 到移动端的发展有很大的存量空间；在一些新兴市场，整个电子商务的发展水平可能是中国几年前的水平，如俄罗斯、东南亚和非洲，大量用户不需要进入 PC 端跨境电商市场，可直接进入移动跨境电商市场——这是未来移动跨境电商发展的巨大的增量空间。

四、产业生态更为完善，各环节协同发展

跨境电商涵盖实物流、信息流、资金流、单证流。随着跨境电商经济的不断发展，软

件公司、代运营公司、在线支付、物流公司等配套企业都开始围绕跨境电商企业集聚，服务内容涵盖网店装修、图片翻译描述、网站运营、营销、物流、退换货、金融服务、质检、保险等内容，整个行业生态体系越来越健全，分工更清晰，并逐渐呈现出生态化的特征。目前，我国跨境电商服务业已经初具规模，有力地推动了跨境电商行业的快速发展。

① 从物流方面来看，为适应跨境电商的需求，兼顾成本、速度、安全，甚至包含更多售后内容的物流服务产品应运而生，大量提供一体化服务的物流整合商也开始出现。例如，以海外仓储为核心的跨境电商全程物流服务商已经出现。强化对物流和供应链的整合，在海外建立物流仓储，通常小额跨境物流配送需要15～30天的时间，而通过对不同卖家需求的不同货运方式组合，这一配送时间已经大大缩短。此外，海外仓储建设的逐步完善将提升卖家在国际贸易中的竞争地位。

② 从金融服务来看，国家外汇管理局向国内17家第三方支付机构授予了跨境电商外汇支付业务试点牌照，使得支付结算方式更加多元化，推动了外贸电子商务的发展。针对交易过程，跨境电商平台eBay与太平洋保险、中银保险针对平台卖家推出了跨境交易保险产品。从互联网金融方面来看，一些金融机构，如中国银行、平安金科等向跨境电商企业提供无抵押信用贷款，解决了中小企业融资难的问题。

除此之外，代运营服务、营销服务等公司也大量涌现，整个行业的产业系统更为完善，配套服务设施更为健全。跨境电商的发展不仅仅需要一个电子商务平台，它的上游还需要信息技术的引领，下游需要快递物流的支撑，只有信息流、资金流、物流三位一体地支撑到位，跨境电商才能颠覆传统商业模式，实现迅速增长。

READ 阅读推荐

跨境电商加速打造外贸新格局
经济日报 2020-04-13

由于近期新冠肺炎疫情在全球蔓延，我国传统外贸受到了严重冲击。但与此同时，跨境电商却释放出了巨大发展潜力，显示出其对外贸创新发展的引领作用。近日，国务院决定新设46个跨境电商综合试验区，加上已经批准的59个，全国将拥有105个跨境电商综合试验区，已经覆盖了30个省区市，从而形成陆海内外联动、东西双向互济的发展格局。

受新冠肺炎疫情的影响，今年以来我国外贸面临多年未有的严峻挑战。但与此同时，跨境电商释放出了巨大的发展潜力。1月份至2月份，我国跨境电商零售进出口额174亿元，同比增长36.7%。

"传统外贸受到疫情严重冲击，需要进一步发挥跨境电商的独特优势，开展在线营销，实现在线交易，保订单、保市场、保份额，以新业态、新模式助力外贸攻坚克难。"商务部部长助理任鸿斌表示。多位专家在接受《经济日报》记者采访时表示，跨境电商快速发展，充分显示了其对外贸创新发展的引领作用。

线上优势突出

跨境电商是互联网时代发展最为迅速的贸易方式，能够突破时空限制、减少中间环节、解决供需双方信息不对称问题，为更多的国家、企业、群体提供发展新机遇，这也体现了贸易的包容性发展。随着新冠肺炎疫情（以下简称疫情）在全球蔓延，传统线下渠道受阻，线上采购需求却不断增长，跨境电商优势得以发挥。

"疫情期间，跨境电商成为我国外贸发展的重要渠道，充分显示了跨境电商作为新业态对外贸创新发展的引领作用。"商务部研究院电子商务研究所所长张莉表示。

对防疫物资等海内外消费者急需的产品来说，跨境电商平台提供了快速便捷的购买渠道，实现了高效快速的全球供需匹配。"疫情发生之初，面对国内防疫物资严重不足，无论是国内跨境电商企业，还是外资跨境电商企业，纷纷在跨境电子商务公共服务平台上积极响应，有力协助了跨境电商市场主体及线下园区，全力保障了口岸防疫物资通过跨境电商进境，满足了社会需求。"上海社会科学院世界经济研究所主任沈玉良表示。

张莉认为，跨境电商企业近年来形成的集采渠道优势在进出口物资采购、端到端配送等方面得到了有力发挥，开创了防疫物资"全球集采－定点直送"模式。在一定程度上，跨境电商提升了我国外贸的全球供应链集采能力。

"跨境电商是企业开拓国际市场的新模式，在疫情期间发挥了不可替代的积极作用。"北京师范大学经济与工商管理学院教授、国家进口研究中心主任魏浩表示。随着疫情在全球蔓延，国际市场需求明显萎缩，我国企业原有出口订单短期内被大量取消。在这种情况下，我国部分企业出口开始从线下转向线上，纷纷从事跨境电商出口，一方面通过跨境电商平台积极寻找新的企业客户，另一方面直接开展零售业务，从而有效开辟了新业务、新市场。

"跨境电商物流和海外仓成为'稳外贸'的重要支撑。"张莉说，此次疫情对物流配送形成了直接挑战，我国跨境电商物流企业通过包机、海外仓储存发货等多种方式，保证了跨境电商货品及时送达。

综合试验区扩围

疫情发展并未影响我国跨境电商综合试验区再次扩展。4月7日，国务院决定新设46个跨境电商综合试验区，加上已经批准的59个，全国将拥有105个跨境电商综合试验区，已经覆盖了30个省区市，形成了陆海内外联动、东西双向互济的发展格局。

张莉表示，此次扩围一方面是支持各地的积极申报愿望，提升各地对跨境电商发展的积极性；另一方面表明国家对跨境电商这一外贸新业态的充分肯定和大力支持。这也进一步说明，此前的跨境电商试验取得了积极效果，可以更大范围地复制推广和更宽领域地开展创新。

数据显示，2019年我国跨境电商零售进出口额达1 862.1亿元，是2015年的5倍，年均增速为49.5%。跨境电商综合试验区在外贸发展中的作用日益凸显。

同时，"跨境电商综合试验区是我国外贸企业转型升级的主要平台，对于外贸企业转型升级具有重要意义。"沈玉良表示。

跨境电商综合试验区（以下简称综试区）已成为创新创业新高地。各综试区设立"创客小镇""众创空间"等各类孵化基地、平台共37个，2019年新增跨境电商企业超6 000家。截至目前，跨境电商综试区企业品牌已经超过3 000个，综试区企业已建设海外仓超过1 200个。

魏浩表示，通过跨境电商的区域扩大效应和企业数量增加效应，弥补了疫情给传统贸易模式造成的不利冲击，成为推动我国对外贸易增长的新动能，有利于我国外贸稳定发展。

"建立跨境电商综合试验区的目的,在于鼓励更多的地方推动跨境电商创新发展。"张莉认为。从这个角度看,跨境电商综试区谈不上建多了,反而是多多益善。增设跨境电商综试区就是要通过加强各综试区的体系建设、平台建设、特色建设,支持跨境电商综试区企业汇集境内境外流通要素,引导企业重新配置、整合、提升渠道资源,并根据跨境电子商务发展规律和市场需求,从供应链、价值链和资源链上构建跨境电子商务综合服务体系,形成各综试区规范发展、创新发展的局面,带动中国跨境电商持续创新,走向高质量发展,从而为全球经济持续、健康发展注入新动能。

打通发展瓶颈

近年来,我国跨境电商规模快速扩大,成为贸易增长的突出亮点。跨境电商的发展既推动了传统外贸企业"触网上线",也促使国内电商平台开始通过投资并购、自建平台等方式拓展海外市场。

"经过多年发展,我国跨境电商的营商环境不断完善,便利化、自由化、规范化的发展格局已经形成。"张莉同时表示,视频、直播等新业态使跨境电商的创新发展效应持续扩大。尤其是跨境电商服务体系不断完善,带动了中国的物流、支付等数字化基础设施走向世界,带动了中国规则和标准的输出及中国服务的国际化发展。

沈玉良表示,伴随跨境电商发展,我国形成了较领先的跨境电子商务平台,这些平台在国际电子商务平台中启动比较早、规模比较大。同时,跨境电子商务公共平台也促使我国形成了跨境电商生态圈。

但同时也应看到,在跨境电商发展过程中仍然存在一些问题。"跨境电商物流渠道不够便捷通畅、各国对跨境电商监管政策存在不确定性、中小企业抗风险能力缺乏、各地落实跨境电商支持政策水平仍有待加强等问题,也制约了跨境电商发展。"张莉表示。

沈玉良表示,目前来看,在跨境电商进口方面,直邮模式受影响较大,但对保税备货模式影响较小;从跨境电商出口看,受海外疫情影响,物流配送受阻,有可能造成短期物流滞后、长期范围内全球备货难。未来我国跨境电商需要积极搭建全球供应链,保持弹性供货。

下一步,我国将鼓励企业完善海外仓配套服务,推进海外仓建设。同时,支持国内跨境电商平台"走出去";支持各类外贸企业和生产企业与国际性电商平台合作,实现共同发展;完善跨境电商产业链和生态圈,支持各跨境电商综试区汇聚制造生产、电商平台、仓储物流、金融风控等各类企业,发展物流、支付、快递等服务行业,带动本地周边和产业链上下游企业"触网上线",为跨境电商发展营造良好环境。

Ending ▷

分享与思考

关于跨境电子商务零售进口税收政策的通知

财关税〔2016〕18号

各省、自治区、直辖市、计划单列市财政厅(局)、国家税务局,新疆生产建设兵团财务局,海关总署广东分署、各直属海关:

为营造公平竞争的市场环境，促进跨境电子商务零售进口健康发展，经国务院批准，现将跨境电子商务零售（企业对消费者，即 B2C）进口税收政策有关事项通知如下：

一、跨境电子商务零售进口商品按照货物征收关税和进口环节增值税、消费税，购买跨境电子商务零售进口商品的个人作为纳税义务人，实际交易价格（包括货物零售价格、运费和保险费）作为完税价格，电子商务企业、电子商务交易平台企业或物流企业可作为代收代缴义务人。

二、跨境电子商务零售进口税收政策适用于从其他国家或地区进口的、《跨境电子商务零售进口商品清单》范围内的以下商品：

（一）所有通过与海关联网的电子商务交易平台交易，能够实现交易、支付、物流电子信息"三单"比对的跨境电子商务零售进口商品；

（二）未通过与海关联网的电子商务交易平台交易，但快递、邮政企业能够统一提供交易、支付、物流等电子信息，并承诺承担相应法律责任进境的跨境电子商务零售进口商品。

不属于跨境电子商务零售进口的个人物品以及无法提供交易、支付、物流等电子信息的跨境电子商务零售进口商品，按现行规定执行。

三、跨境电子商务零售进口商品的单次交易限值为人民币 2 000 元，个人年度交易限值为人民币 20 000 元。在限值以内进口的跨境电子商务零售进口商品，关税税率暂设为 0%；进口环节增值税、消费税取消免征税额，暂按法定应纳税额的 70% 征收。超过单次限值、累加后超过个人年度限值的单次交易，以及完税价格超过 2 000 元限值的单个不可分割商品，均按照一般贸易方式全额征税。

四、跨境电子商务零售进口商品自海关放行之日起 30 日内退货的，可申请退税，并相应调整个人年度交易总额。

五、跨境电子商务零售进口商品购买人（订购人）的身份信息应进行认证；未进行认证的，购买人（订购人）身份信息应与付款人一致。

六、《跨境电子商务零售进口商品清单》将由财政部商有关部门另行公布。

七、本通知自 2016 年 4 月 8 日起执行。

特此通知。

财政部 海关总署 国家税务总局
2016 年 3 月 24 日

业内人士解读：为营造公平竞争的市场环境，促进跨境电商健康的有序发展，2016 年 4 月 8 日我国对跨境电商零售（B2C）进口商品实行了新税制，该类商品将不再按邮递物品征收行邮税，而是按货物征收关税和进口环节增值税、消费税。虽然随后新政延期一年执行，但是它的影响远没有消除，"阵痛"期仍在延续，影响仍在发酵，且保税仓库优势丧失。有业内人士分析这将会引起马太效应，即资金雄厚的电子商务企业会越做越强，而那些资金相对薄弱的中小企业只能被迫转型，否则就会面临被淘汰的局面。

课后练习

1. 名词解释：跨境电商、行邮税、海外仓。

2．目前我国国内跨境电商进口业务的通关模式有哪些？试分析每种模式的优缺点及适用范围。

3．阅读《关于跨境电子商务零售进口税收政策的通知》（又称跨境电商四八新政）和业内人士解读，分析跨境电商四八新政对行业的影响。

4．小红书海外购物神器是"社区＋跨境电商"的典型代表，在垂直海淘电子商务领域综合排名第一；网易考拉海购（网易考拉）是网易大矩阵中脱颖而出的黑马，短时间飞速攀升至跨境电商前列，跨境进口销售额现排名第一；达令全球好货诞生于中国第一时尚门户 yoka，是首家获得当红一线明星投资的海购平台。试对上述 3 家进口跨境电子商务平台进行分析，指出各自的不足，并且提出建议。

案例 4-1 "用更少的钱，过更好的生活"——考拉海购

1. 基本概况

考拉海购是阿里巴巴旗下以进口跨境业务为主的综合型电子商务平台，于 2015 年 1 月 9 日上线公测，其销售品类涵盖母婴、美容彩妆、家居生活、营养保健、环球美食、服饰箱包、数码家电等，如图 4.5 所示。考拉海购以"100% 正品、天天低价、7 天无忧退货、快捷配送"服务，提供给消费者海量的海外商品购买渠道，希望帮助消费者"用更少的钱，过更好的生活"，助推消费和生活的双重升级。考拉海购主打官方自营、全球直采模式，在美国、德国、意大利、日本、韩国、澳大利亚、中国香港、中国台湾设有分公司或办事处，深入产品原产地直采高品质、适合中国市场的商品。

图 4.5 考拉海购官网

考拉海购是网易集团投入大量优质资源打造的战略级产品，很好地解决了商家和消费者之间信息不对等的现状，并凭借自营模式、定价、全球布点、仓储、海外物流、资金和保姆式服务七大优势，仅一年就跻身跨境电商第一梯队，成为增长速度较快的电子商务企业之一。2019 年，考拉海购被阿里巴巴集团以 20 亿美元全资收购。

2. 发展历程

2015 年 1 月，考拉海购低调公测。域名为 kaola.com 的网站首页显示，网站设置了母婴、美食保健、美妆个护及海外直邮 4 个商品类目。1 月 15 日，网易宣布与中国外运股份有

限公司达成战略合作,双方合作发展跨境电商业务。

2015年4月至6月,考拉海购上线百天,布局微利电子商务生态圈,多次展开促销——推出"爱购狂欢节"活动,开启首个年中大促,补贴3亿元巨资,携全线商品连续6天参与促销。

2015年9月,考拉海购2.0版APP登陆苹果商店,以场景化的创新体验开辟行业先河。网易考拉海购携500个全球大牌开启"全球海淘节"的大促活动。

2015年11月,考拉海购首次参与"双十一"大促。

2015年12月,考拉海购宁波新仓奠基,建筑面积超过25万平方米,建成后日出单量可达20万单。

2016年3月,考拉海购宣布正式上线,2016年销售目标冲击100亿元人民币。亚马逊全球物流(中国)与考拉海购正式签署合作协议,通过"亚马逊物流+"为考拉海购提供仓储运营服务。

2016年12月,考拉海购在"双十一"、黑五、"双十二"促销活动中三连击,在多个主要跨境保税区的进口销售额排名上连续第一。考拉海购入选国内互联网和IT业界知名媒体《互联网周刊》2016年最具创新性的十款APP之一,成为唯一一家上榜的跨境电商企业。

2017年11月11日,考拉海购销售额达到2016年的4倍。考拉海购仅花了28分钟,销售额就达成去年"双十一"的全天销售额,32分钟刷新跨境配送时效,78分钟销售额达到2016年的2倍。

2018年6月,考拉海购宣布进军综合电商市场。

2019年9月6日,阿里巴巴宣布与网易达成战略合作。阿里巴巴集团以20亿美元全资收购网易旗下跨境电商平台考拉海购,同时阿里巴巴作为领投方参与了网易云音乐此轮7亿美元的融资。

2019年9月6日,"考拉"PC端更名为"考拉海购"。

2020年8月正式宣布战略升级,全面聚焦"会员电商"。

3. 运营模式

(1)独特的"自营模式+微利生态圈+保姆式服务"商业模式(见图4.6)

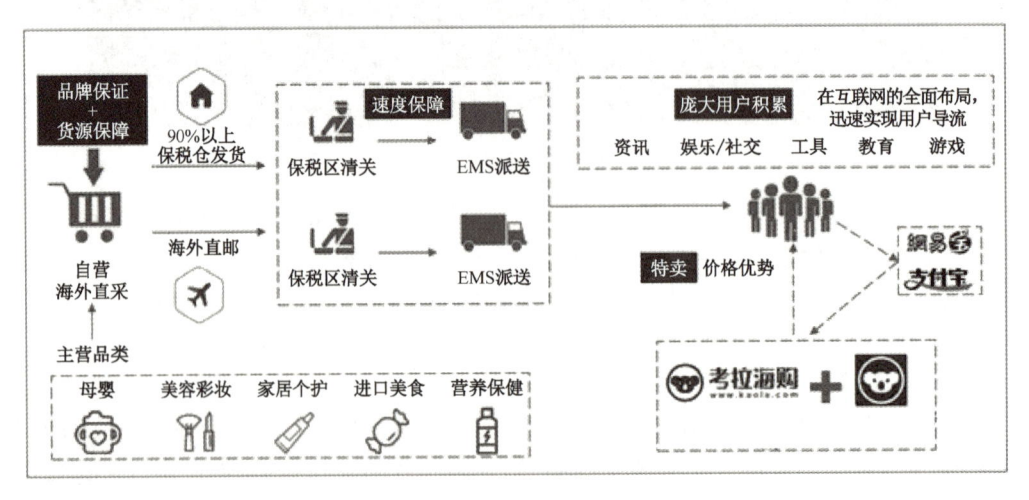

图4.6 考拉海购的商业模式

① 采取 B2C 自营直采的模式，成立专业采购团队深入产品原产地，在美国、德国、意大利、日本、韩国、澳大利亚、中国香港、中国台湾设有分公司或办事处，并对所有供应商的资质进行严格审核。同时，设置了严密的复核机制，从源头上杜绝假货，进一步保证商品的安全性，增强消费者对产品的信心。考拉海购还与海关联合开发二维码溯源系统，严格把控产品质量，让消费者知道自己的商品从哪儿来、去过哪儿、到哪儿去，用技术让信息更透明。区块链技术的应用是考拉海购正品保障体系的进一步升级，以更前沿的技术为消费者护航。

② 基于对自己产业链、供应链的信心，考拉海购为增强自营的优势和门槛提出了微利生态圈概念，希望平台能够将采购端、物流端等优化的成本优势让利给消费者，借价格优势在短时间内快速获取消费者，打开市场。同时，正是因为产业链上游具有的核心竞争优势，使得考拉海购也敢于与其他互联网巨头进行贴身价格战。

③ 考拉海购能够提供跨国物流仓储、跨境支付、供应链金融、线上运营、品牌推广等一整套完整的保姆式服务，以解决海外商家进入中国市场的障碍，省去它们独自开拓中国市场面临的语言、文化差异、运输等问题，让商家更为专注地做其擅长的产品供货服务。2018年下半年，考拉海购与国际航运物流巨头马士基达成战略合作，大幅提高了考拉海购跨境物流海外段的运输时效和可控性，加速了考拉海购在国内37个跨境综试区和试点城市的布局。

（2）媒体型电子商务的战略定位及"直播+榜单+场景"三大战略（见图4.7）

足够强的影响力、足够好的口碑及消费场景的有效渗透是考拉海购对媒体型电子商务的定义。2016年战略发布会现场，考拉海购首次强调了媒体型电子商务的定位——坚持直播运营、榜单经济和场景营销三大战略与消费者沟通，希望通过赋予商品更多的内容信息，引导消费者做出最恰当的决定。

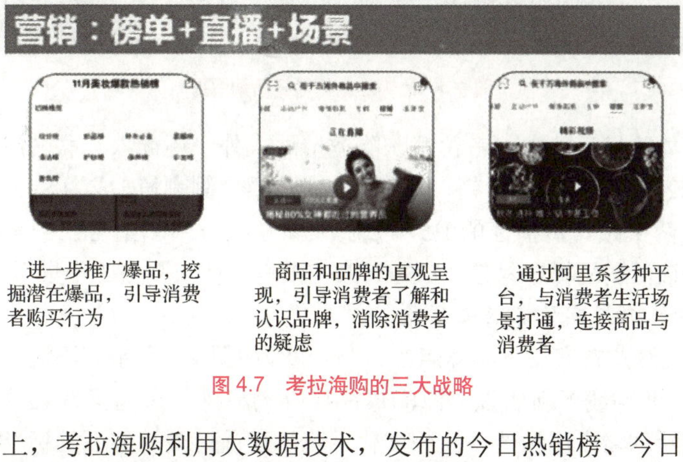

图4.7 考拉海购的三大战略

在榜单经济上，考拉海购利用大数据技术，发布的今日热销榜、今日新品榜、今日省钱榜成为海淘消费者的购买风向标。

消费场景渗透最有效的方式是提高互动，提升消费者参与感，满足消费者的参与愿望。考拉海购希望通过媒体手段让消费者参与运营全流程，并将展现方式内容化，联动博主、达人、明星等资源，让消费者深入了解海外商品和品牌。

（3）打造内容主导消费的营销模式

随着中产阶层的崛起和跨境电商的深度发展，以内容为主导的消费模式正取代过去货架式的购买。移动互联网的自媒体属性更是催生了大批互联网达人，达人的示范效应正聚集和引导着大量爱好相同的群体。借助于阿里巴巴的强媒体属性和旗下众多有影响力的产品，考拉海购的经营理念及品牌宗旨能有效渗透到对应消费群体中，贴合中产阶层消费群体的思维方式和消费习惯，通过代入感更强、更走心的营销方式触发他们的购买行为，达到"用更少的钱过更好的生活"的目标，升级生活方式。

① 2016年4月，考拉海购联合"58到家"在社交媒体上发起"生活清理师"活动。"生活清理师"的职责是帮消费者"断舍离"——扔掉不好用的、品质差的物品，仅保留自己真正喜爱的、适合的东西。考拉海购APP同步上线"1%好物榜"运营活动，夏雪飞扬、卢大胆、张小贼、东小诗等网络达人在活动中分享了各自的生活阅读笔记，并向消费者推荐发现的好商品、好物件。

②"品牌超级体验日"则是整合了考拉海购和Swisse内外部的优质资源，配合明星红人效应、社群分享等多种方式赋予Swisse更多的内容信息，形成从专业内容生产到推广营销联动的全方位营销模式。考拉海购和Swisse寻找到4位各自领域的年轻女性达人，分享她们的生活状态和态度，积极引发女性的共鸣和思考，如图4.8所示。

图4.8 品牌超级体验日活动海报

在品牌超级体验日活动中，考拉海购除邀请达人外，还嵌入互联网用户社群爱晒的理念，利用互动性较强的H5社群营销，打造了"考拉邀你测颜值，成为Swisse Lady"和"素颜也要美翻天"两个颇具传播性的H5，鼓励大家在社群中晒出自己的素颜照，倡导自然美的生活方式。该活动同样在易信、LOFTER、微信等社交圈被"引爆"。

（4）"新消费"打造实体零售新体验

2018年，考拉海购首家线下实体店在杭州开业，如图4.9所示。不同于此前推出的"线下快闪店"，考拉海购线下新店以"海淘爆品店"为概念，在为消费者带来海量进口商品选择的同时，不断创新商品精选、品牌文化、物流配送时效等方面的标准，降低消费者的决策成本，并实现集零售、体验、交流为一体的购物场景新体验。

4. 创新与特色

（1）专注于"自营、精品"的定位

考拉海购坚持自营直采和精品化运作的理念，在旧金山、东京、首尔、悉尼、香港等地成立了分公司和办事处，规避了代理商、经销商等多层环节，直接对接品牌商和工厂，省去中间环节及费用。同时，采用了大批量规模化集采的模式，实现了更低的进价，甚至做到海外批发价。在商品选品方面，从爆品到逐渐丰富商品，拓展品类，并由单纯的商品销售，逐渐深化为对消费者生活方式的引导。

图 4.9　考拉海购实体店

① 商品溯源。部分商品直接得到品牌商授权，由品牌商供货；部分商品由一级代理、大型商超供货。商品品质相对有保障，有大量的仓位。

② 质量把控。供应商不再通过 TP 等中间商，而直接与考拉海购联系，从而能够更直接地确保商品为正品且质量可靠。

③ 价格优惠。不通过中间商，所以能够减少中间商的加价，从而获得更优惠的进价，给用户提供更优惠的价格。

④ 品牌诠释。更多地介绍进口的商品、商品原产地、品牌，帮助国外品牌在中国市场推广、包装，让消费者知道品牌背后的故事。

（2）聚焦"会员电商"

传统电商卖商品，会员电商卖门票。消费者只要成为付费考拉海购的黑卡会员，就能进入一个汇聚全球好物的线上卖场，并享受"惊掉下巴"级别的超低价格。考拉海购的会员电商模式传递出以下 3 个趋势。

第一个趋势，考拉海购的黑卡会员普及之路。考拉海购的会员电商触发器是黑卡会员，这也是消费者对会员电商模式接受程度的直观表现。选择付费成为黑卡会员，就是为会员电商投下了赞成票。可以预见，如果考拉海购坚持这次战略升级的步伐，就会迅速成为所有电商平台当中会员占比最高，乃至是全会员制的电商平台，这将是会员电商阶段性胜利的一个明显标志。

第二个趋势，黑卡会员会形成全新的消费圈层，成为小红书、大众点评式的内容种草指南。虽然名为海购，但考拉真正追求的是理性提升消费者的商品审美和生活品质。尤其是在普惠低价模式下，好商品并不意味着高消费。考拉海购的"新中产"也不再是一个收入标签，而是一种拥抱全球好物的积极生活态度，去身体力行地引领更多的消费者加入其中。

第三个趋势，考拉海购会以"头号玩家"的姿态加入海外供应链的合作与建设中。考拉海购会员模式的一个优势在于，大幅提升了商品流动性。从单纯的"连接"好物，转向定义和制造好物，以及为会员定制专供商品的过程，就像Costco、沃尔玛、永辉超市那样扩大自营品牌的涉猎范围一样。

（3）跨境物流云平台打造海淘业界新标

考拉海购已经成为跨境电商中拥有保税仓规模最大的企业，在杭州、郑州、宁波、重庆4个保税区拥有超过15万平方米的保税仓储面积，位于宁波的25万平方米现代化、智能化保税仓也已经破土动工。在海外，考拉海购初步在美国、中国香港建成了两大国际物流仓储中心，并将开通在韩国、日本、澳大利亚、欧洲等国家和地区的国际物流仓储中心。

考拉海购拥有专业的国际物流团队，负责海外工厂、仓库提货、装箱，并安排航空、航务等国际物流操作，建立了一套完善的标准；通过与中国外运股份有限公司合作，整合海外货源、国际运输、海关国检、保税园区、国内派送等多个环节，打通了整条产业链。

针对跨境电商物流链的痛点，考拉海购从源头上去解决行业现存的问题，创新性地打造了国内首个跨境物流云平台——考拉海购物流云，并部署了智能化管理系统"祥龙"和云TMS系统"瑞麟"，将跨境物流供应链各环节进行一体式打通。除了物流云平台的构建外，考拉海购还开创了多个行业新标准。例如，所有商品入仓必须全检；24小时正品海淘生态圈，江浙沪率先实现次日达；全品类恒温储存于保税仓，等等。基于此，考拉海购方面表示要让收货便利快捷成为全国海淘族网购的标配服务。

（4）场景化购物体验开创行业先河

区别于传统电子商务应用基于搜索的集市型商品呈现和交互方式，考拉海购APP内容化的商品、阅读式的体验、场景化的运营理念和更加精准的推荐方式，克服了消费者在购买海外商品时普遍遇到的不信任、不熟悉、盲目等痛点，直接引领了整个电子商务行业交互方式的变革。至此，场景化被大量运用在电子商务APP中。

（5）践行从商品销售到生活方式推广

考拉海购主打精品策略，践行"品牌、资源、科技、文化"的选品八字经。

首先，更加注重商品品质和性价比，宣扬一种生活美学方式，"用更少的钱过更好的生活"。第一步，让消费者知道买什么；第二步，让消费者买到对的商品；第三步，让消费者感受到每一次购买行为都与生活密不可分——购买就是改变生活、购买就是生活。

其次，与传统网购平台的爆款策略不同，考拉海购提倡精选有用的基本款、精选值得购买的商品、精选已被验证的榜单商品。通过"生活清理师"活动回归理性消费，提倡减法生活，让用户把精力、时间、金钱投入到对自己最重要的人和事上去，过更舒适的生活。

5. 总结与思考

（1）考拉海购的品类有待不断提升和丰富

跨境电商发展前期的商品类别主要是母婴、美容彩妆、家居生活、营养保健等，考拉海购也不例外。随着中等收入阶层家庭在国内的崛起，以及人们的生活消费不断升级，消费者对海外高品质商品的需求越来越旺盛。人们对海外商品的购买需求已经不仅仅局限在购买奶粉、纸尿裤、化妆品等方面，考拉海购的"双十一"销售数据也显示，日用百货类、轻奢类产品（服饰箱包及大牌美妆）和母婴类产品分列销售额的前三位，大牌美妆和服饰箱包为主的轻奢品类首次超过母婴类产品。显然，品类更丰富的跨境电商平台更能满足消费者的消费需求，而品类单一的跨境电商平台则会陷入同质化竞争中，逐步被消费者抛弃。

（2）解决保税仓扩张同资金成本的矛盾

通过全球选货、大批量采购、集中海运或空运，考拉海购以海外批发价拿回海外商品，然后通过国内保税区发货，2至3天即可送到消费者手中。随着品类的扩增，要继续保持自己送货快的优势，就必须不断扩张自己的保税仓。尽管考拉海购国内保税仓的总面积最大，但是考拉海购的低价模式决定它需要大量的保税仓，而跨境电商的迅速发展，使得保税仓成为稀缺资源，扩张保税仓需要在资金上不断地投入。

京东通过打造自营的物流体系赢得了口碑和消费者体验优势，但同时也吞噬了销售利润。从这个角度看，考拉海购也面临同样的两难选择。保税仓稀缺是整个跨境电商面临的一个难题，当前是跨境电商的发展速度高于保税仓储的发展速度，考拉海购需要加大对保税仓储市场的关注力度，尽可能在第一时间抢夺相关资源。

如果说2015年是跨境电商元年，那么2016年就是跨境电商的洗牌年。受制于跨境税改新政对供应链和商品准入门槛的压力，以及流量成本的不断提升，越来越多的中小跨境电商平台在2016年迅速出局，考拉海购这样的跨境电商实力派逆势崛起。2018年，考拉海购历经4年就在进口电商市场中拔得头筹。从一次性200亿人民币的签约，到未来200亿美元的直采规模，考拉海购逐渐成为海外品牌进入中国市场的首选渠道。经历过跨境电商新政涅槃的考拉海购业绩不断走高，成为跨境电商的领头羊——最大的进口跨境电子商务平台。考拉海购在继续实施直播运营、榜单经济和场景营销三大战略基础上，将围绕供应链拓展、海外仓储布局、自有品牌三大方向持续发力。

案例 4-2　国际版的淘宝——全球速卖通

1. 基本概况

全球速卖通（AliExpress）（以下简称速卖通）是阿里巴巴旗下面向全球市场打造的在线交易平台，被广大卖家称为"国际版的淘宝"。秉承阿里巴巴让天下没有难做的生意的理念，速卖通立足于打造融订单、支付、物流于一体的国际小额批发在线交易平台，如图4.10所示。

速卖通于2010年4月上线，经过多年的迅猛发展，目前已经开通18个语种的站点，覆盖了220多个国家和地区的海外买家，每天海外买家的流量超过5 000万次，最高峰值达到1亿次,是中国唯一一个覆盖"一带一路"倡议全部国家和地区的出口跨境B2C零售平台。

2. 发展历程

2010年3月，速卖通开放免费注册，4月正式上线。

2013年3月，淘宝卖家中心新增速卖通入口，并开始实施新手助力计划。

2013年7月，速卖通正式开通了WebMoney支付选项，加速在俄罗斯布局。

2013年10月，阿里巴巴专门为速卖通平台卖家开发的手机办公软件"速卖通卖家"安卓版全面上线，包含了国际旺旺、站内信、新订单提醒等功能。

2013年11月，速卖通加速进军巴西市场。配合巴西站点的开通，速卖通推出了巴西团购项目。

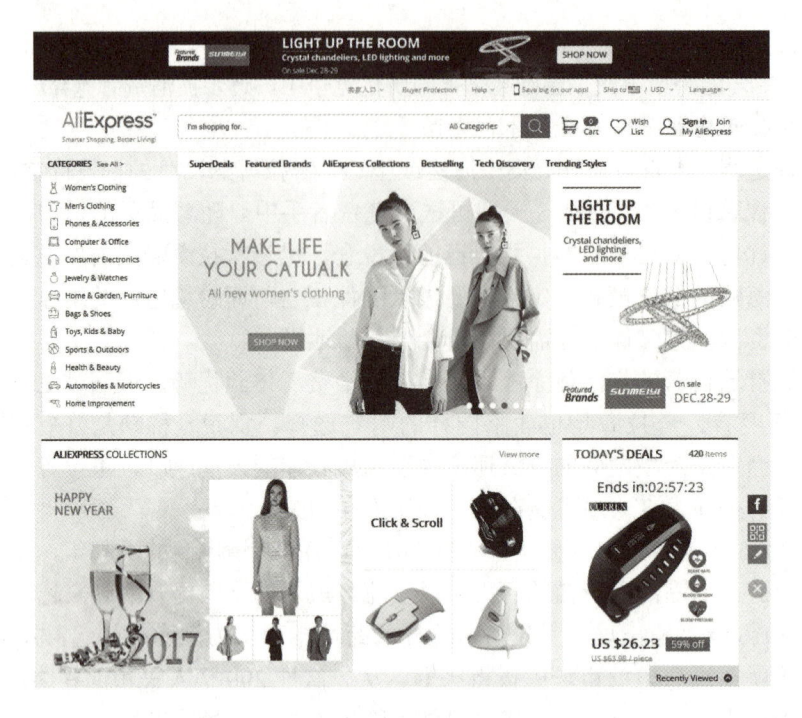

图 4.10　速卖通首页

2014 年 2 月，速卖通开始招募国际品牌入驻，旨在扩大市场空间，提升利润率。针对小语种市场的潜力巨大，推出了"国家站"。

2014 年 3 月，速卖通联合俄罗斯邮政开通了中俄航空专线，由黑龙江俄速通物流有限公司提供中俄航空小包专线服务，80% 以上的包裹将可在 25 天内到达。

2014 年 5 月，速卖通贷款正式上线，这是为平台卖家量身定制的资金服务。

2014 年 7 月，阿里巴巴集团与巴西邮政签署协议，达成战略合作关系，双方将在 B2B、B2C、跨境支付、物流平台等方面开展合作，并将在美国建立国际物流平台"菜鸟网络（国际版）"，为当地消费者连接全球卖家。

2014 年 11 月，速卖通首次"双十一"大促销。

2014 年 12 月，速卖通商品库存功能正式发布上线，卖家可以在新发商品时添加库存或修改历史发布商品的库存。

2015 年 1 月 14 日，速卖通宣布招募首批海外仓卖家。

2015 年 5 月，义乌和深圳召开速卖通"中国好卖家"助力计划大会。

2015 年 9 月，速卖通与菜鸟网络联合推出"AliExpress 无忧物流"服务，为卖家提供包括揽收、配送、物流详情追踪、物流纠纷处理、售后赔付在内的一站式物流解决方案。

2015 年 11 月 13 日，速卖通披露了 2015 年天猫"双十一"全球狂欢节的 24 小时全球卖数据。速卖通"双十一"出口跨境共产生 2 124 万笔订单，创历史最高纪录，覆盖 214 个国家和地区，无线成交占比达 40%。

2015 年 12 月，速卖通发布 2016 全平台入驻新规，全面转型跨境 B2C。

2016 年 3 月，速卖通正式向超过 2 000 家已经具备走向海外市场条件的天猫商家发出入驻定向邀约。此举将全面提升速卖通平台品牌化、标准化的水平。

2016年4月，所有商家必须以企业身份入驻速卖通，不再允许个体商家入驻。这意味着未来商家准入标准将是双重标准：企业身份、品牌。

2017年，个别类目商家清理，引入品牌封闭管理机制。

3. 产品与服务

（1）速卖通大学

与淘宝大学类似，这是为中小卖家打造的24小时跨境电商加油站，通过在线学习平台学到一线实战卖家分享的各类"干货"内容。速卖通大学平台通过小二、优秀卖家讲师，结合平台策略和实战经验，打造精品课程，逐步形成了覆盖各跨境电商群体的完善培训课程——通过线上、线下及纸质图书等，全方位助力卖家成长。

（2）淘代销

淘代销是速卖通的一个工具，帮助淘宝宝贝说明自动翻译成英文发布到海外。它用起来很简单，只需要输入掌柜昵称、宝贝链接或一个宝贝名称，搜索结果页面就自动完成翻译，接下来只要补全一些基本信息就可以发布了。不过需要注意，部分商品是不能销售的，如限制销售的品类，具体哪些类目不能销售，可以在速卖通的卖家频道的"速卖通规则"首页查询。

（3）速卖通卖家

速卖通卖家是阿里巴巴专门为速卖通卖家开发的一款手机办公软件，包含国际版旺旺、站内信、新订单提醒等功能。

① 可以登录AliExpress查看并回复站内信，让卖家更加及时、方便地回复买家留言。

② 通过TradeManage消息，随时随地与买家进行实时沟通，让订单不再错过。

③ 系统消息实时提醒，让查看消息变得更加方便、及时。

（4）海外仓卖家招募扶持计划

速卖通海外仓卖家招募是速卖通平台对海外仓卖家的扶持计划。参与速卖通海外仓计划的卖家，速卖通平台都会在搜索和详情页面显示专属标志，在买家搜索排名上都会有一定的优势。针对海外仓卖家举行不同国家的类似聚划算的团购活动，在海外仓越有优势的卖家速卖通平台越会给予资源扶持。速卖通还会筛选一批有品牌影响力的海外仓项目卖家，投入包括站外推广、SEO推广、PPC推广等资源扶持。对于优质的海外仓卖家，速卖通会在专属的海外仓频道展示，大量地增加其速卖通店铺的流量和曝光率，并推荐参与速卖通无线端的活动。

（5）跨境物流

全球速卖通与菜鸟网络联合推出"AliExpress无忧物流"服务，为卖家提供包括揽收、配送、物流详情追踪、物流纠纷处理、售后赔付在内的一站式物流解决方案，如图4.11所示。

速卖通跨境物流效率提升的策略如下。

① 打通供应链各个环节的信息实现无缝对接，通过大数据监测保障信息通畅。

② 利用平台的聚货能力，有效地集中大量订单和包裹，使得仓储和航空干线资源利用高效。

③ 集合官方平台的议价能力，替卖家和消费者争取到优惠服务的价格及高质量的服务。

④ 把社会上优质的物流资源聚合到一起，共同为买家和卖家提供服务。

⑤ 海关流程的打通，使得清关效率大大提高。

速卖通跨境物流合作伙伴	
服务范围	公司
全球	中国邮政，新加坡邮政，芬兰邮政，俄罗斯邮政，巴西邮政
东南亚	申通国际，圆通，顺丰（海外），4PX，乐趣购，酷悠悠，大韩通运
俄罗斯	俄罗斯邮政，ITELLA，燕文物流，哈邮（俄速通）
南美	巴西邮政，燕文物流
北欧	芬兰邮政
北美	美加转运

菜鸟海外仓储干线资源（海外仓）		
国家	城市	数量
美国	洛杉矶	2
	纽卡斯尔	2
	波特兰	3
德国	汉堡	1
	法兰克福	1
澳大利亚	悉尼	2

图 4.11 速卖通跨境物流

（6）速卖通运营服务平台

速卖通官方运营服务平台为品牌商、厂家提供全方位的跨境出口拓展方案。

① 代运营服务。为品牌商、厂家提供整体托管式服务，包括但不限于店铺日常运营、客服接单、仓储管理、数据分析、活动及品牌推广等。

② 经销服务。帮助品牌商、厂商提升在速卖通的单项能力，包括但不限于拍照摄影、定制设计、直通车、SNS 营销、客户服务、数据分析、仓储物流等。

③ 单项运营服务。帮助品牌商、厂商提升在速卖通的单项能力，包括但不限于拍照摄影、定制设计、直通车、SNS 营销、客户服务、数据分析、仓储物流等。

④ 实训营。帮助新品牌店铺快速开张，用一对一实战指导提升模式帮助店铺诊断，边学边做。

（7）速卖通直播 AliExpress Connect

AliExpress Connect 是一个专为内容生产者打造的平台，帮助全球红人实现与速卖通及平台上的品牌合作的机会，如图 4.12 所示。其目标是孵化上百万个内容创业者、100 个站内百万粉丝账号。目前，已有来自俄罗斯、西班牙、法国等多个国家的时尚达人、博主，分别用英语、俄语、西班牙语、葡萄牙语、法语、意大利语、波兰语、乌克兰语等语言进行直播，至今已向全球消费者提供了一万多场直播秀，直播过程中互动数超过 6 000 万次。

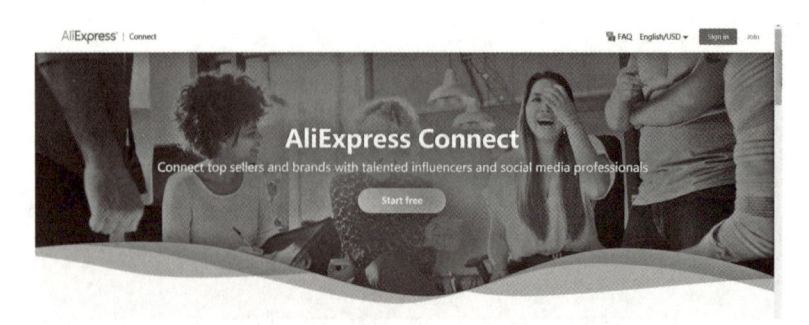

图 4.12 速卖通直播 AliExpress Connect

4. 创新与特色

（1）秉承了阿里系、淘宝系的优良传统

速卖通的后台操作、直通车、大促活动等基本上延续了淘宝系的核心功能，对于跨境电商运营企业新手来说操作简单，也最容易上手。

速卖通通过非常丰富的客户沟通、客户培训体系，如论坛、视频教程、论坛线下培训、客户沟通会等，使得无论是平台政策还是推广玩法，都能让卖家在短时间内运用得心应手。

（2）主打小订单、大市场，短周期、高利润，低成本、高安全的平台核心优势

小批量、多批次正在形成一股新的采购潮流，更多的终端批发零售商直接上网采购，直接向终端零售商和网店供货，更短的流通渠道和直接在线支付、收款，拓展了产品利润空间，创造了更多的收益，如图4.13所示。买卖双方在线沟通、下单支付一步到位、国际快递发送货物，缩短了交易周期。同时，网站诚信安全体系为交易过程保驾护航，避免受骗。

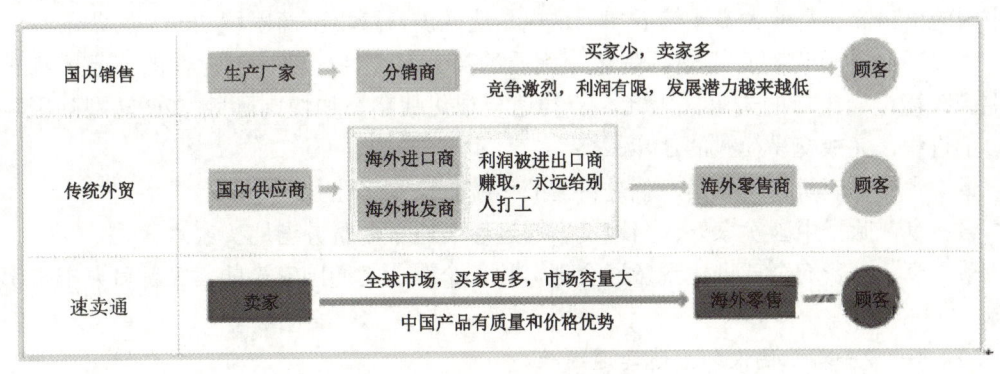

图 4.13　速卖通平台的核心优势

（3）倡导"品牌化＋本土化"的运营战略

出口跨境电商早期，无论是速卖通还是其他出口跨境电商平台，门槛普遍不高，导致大量的低端卖家涌入平台，最终引发价格恶性竞争，给平台带来了一些不良影响。速卖通从2015年开始真正转型，从收年费门槛开始，一直引导着中国的跨境电商企业向跨境电商品牌化、品质化发展。

速卖通公布的2020年招商及考核标准，延续其此前向B2C转型的方向，重点在品牌化及本地化上，从国际版C2C转型到国际版B2C。同时，为降低商家经营成本，营造公平、公正的经营环境，更好地保障诚信商家的经营权益和消费体验，促进买家、卖家在平台上交易的安全、合规，平台将对严重违背平台规则、损害平台安全及消费者体验的行为予以约束。

① 提高卖家准入门槛，平台关闭个人账户，新账户须以企业身份注册，品牌商品才

能上架。

②设立服务指标底线,增加DSR商品描述平均分和货不对版纠纷率两项综合性指标考核,并线下实地抽检。

③2020年以前,速卖通实行技术服务年费制,服务指标达标的优质卖家可得到年费。通过给卖家设立目标感,鼓励大量卖家不断扩大经营规模。绝大部分卖家在年底得到了平台的年费返还。也存在部分卖家,或者处于平台熟悉阶段,或者经营的是比较细分的品类,相对于大众货品在销售规模上不具备优势,在年底无法获得年费返还,但提供了优质的货品及服务。因此,适时启动了新的招商规则:取消年费销售额考核制度,引入保证金制度。

5. 总结与思考

(1) 破解海外市场对阿里系的抵制

速卖通依托阿里巴巴的优势拓展速度惊人,一度成为俄罗斯排名第一的电子商务网站;2013年在阿根廷、巴西等地的交易量增长接近10倍。疯狂的增长速度带来了其他国家对阿里系跨境电商的抵制:巴西对市场进行了严格控制;阿根廷对外表示不准电商平台进入卖货;澳大利亚出台了相应的新政策来控制海量的电子商务包裹进入;欧洲表示要开始对电子商务征税;俄罗斯要与中国政府的各种监管系统对接;美国两次把阿里巴巴列入"恶名市场"黑名单。

另一方面,中国制造业要实现升级,就意味着要求企业不再制造廉价、低端的产品,而中国的出口商品目前大多比较低端,这也是造成出口跨境电商困境的一个大背景。

速卖通必须认识到真正的品牌化、优质的商品,个性化的、创意性的商品才真正代表中国跨境电商出口的未来。因此,应加速全球化战略,加快国际版C2C转型到国际版B2C的进程,完成交易模式的3步战略。

第1步 中国卖家全球卖,就是目前的传统出口零售业务。

第2步 除了中国卖家外,当地卖家通过速卖通平台服务当地买家。

第3步 从货卖全球进化到货通全球,让每个在速卖通国家站的卖家都可以把货卖到全球。

(2) "一带一路"倡议助力速卖通成长

2013年秋,中国提出"一带一路"倡议,刚刚完成转型的速卖通渐入佳境,海外买家人数大幅攀升,从2013年的500万人次、2014年的1 000万人次到2015年的5 000万人次直至如今的1.5亿人次。2018年,速卖通平台上56%的买家来自"一带一路"沿线国家和地区,这些地区的消费者贡献了速卖通平台57%的订单量和49%的交易金额。受惠于"一带一路"倡议,阿里巴巴及速卖通不仅帮助中国商品"走出去",还帮助海外企业在速卖通上实现了"卖全球"。

(3) 从速卖通在阿里系的定位思考发展方向

中国市场的增长不可能一直狂飙猛进,如何消除海外疑虑,增加信任,构建良性竞争的商业环境,是下一步必须认真研究的重要课题。短期内,阿里巴巴通过速卖通扩展海外布局,可能是把"双刃剑"。在业内人士看来,似乎应该更多地切入当地基础设施建设,构建长期的海外生态体系,捆绑更多的利益相关方,而不必急功近利地追求短期的速卖通规模,否则可能会很快引发商业风险。

在过去两年中，阿里巴巴对包括速卖通在内的各个板块做了许多加法，但是整合效应还需要继续释放。作为阿里系里定位为全球零售电子商务平台的速卖通，是阿里巴巴帮助中小企业接触终端批发零售商、小批量多批次快速销售、拓展利润空间而全力打造的融订单、支付、物流于一体的外贸在线交易平台。速卖通不仅需要进一步追求规模、数量的增长，更应该追求有质量的内生增长。

疫情之下，海外消费者因减少出行，导致线下零售商受到巨大冲击，从而减少了商品的采购，进而导致传统出口贸易链条中的所有中间环节受到毁灭性破坏，全球贸易链正在发生深刻重构。这给了去掉中间商环节、直面消费者的 DTC 品牌商"出海"前所未有的机遇。

案例 4-3 新兴的跨境移动电子商务平台——Wish

1. 基本概况

Wish 是一个新兴的总部位于美国，业务集中于移动端的跨境电商平台。它的消费者群体在欧美和南美国家，超过六成的消费者分布在美国和加拿大，其他主要分布在意大利、法国、西班牙、希腊等。Wish 是中小卖家云集的第三方平台，大多数卖家规模都较小，极少见到大型品牌商的身影。Wish 上销售的商品物美价廉，包括非品牌服装、珠宝、智能手机、淋浴喷头等。Wish 商户 50% 以上是来自中国江浙、广东等地区的外贸卖家，大部分商品直接从中国发货。

Wish 是根据消费者喜好，通过精确的算法推荐技术，将商品信息推送给感兴趣的消费者的移动优先购物 APP，是智能推送和"千人千面"的结合。它主要通过对买家的分析，如喜好、性别、年龄、收入等给买家设置相应的标签。例如，买家在脸书上的交流、动态分享等都会成为 Wish 上的数据基础。2020 年 Wish 的业务增长情况如图 4.14 所示。

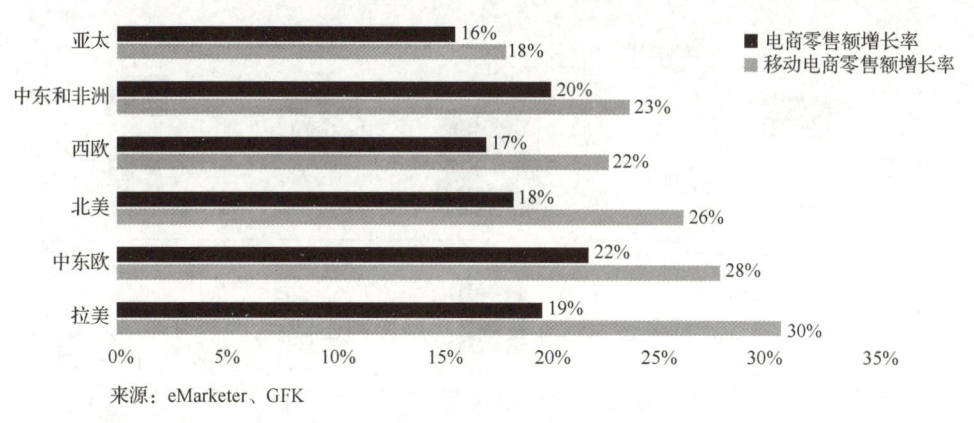

地区	电商零售额增长率	移动电商零售额增长率
亚太	16%	18%
中东和非洲	20%	23%
西欧	17%	22%
北美	18%	26%
中东欧	22%	28%
拉美	19%	30%

来源：eMarketer、GFK

图 4.14　2020 年 Wish 的业务增长情况

2. 发展历程

Wish 的发展经历了从技术服务商到跨境电商平台的跨越。

2011 年 9 月，Wish 的母公司 ContextLogic 在美国硅谷注册成立。ContextLogic 专注于信息关联（Information Relevancy）领域，推出了 Reach 和 Lift 两款产品。ContextLogic 用机器学习和自然语言处理技术处理信息，主要是提高广告与内容页的相关性（用于脸书的用户主页、推特的微博内容等)。这类似于谷歌的 AdSense 技术。在此基础上,Context-Logic 推出了 Wish,模式类似于图片社交。

2013 年 3 月,Wish 加入商品交易系统,正式踏入电子商务领域,并将业务转型到跨境电商。转型不到一年的 Wish,其平台交易额就达到 1 亿美元。

2012 年 5 月,Wish 拿到 A 轮 800 万美元的风险投资,投资人是著名的杨致远和 Formation 8。

2013 年,Wish 转型跨境电商。11 月,B 轮融资启动,Formation 8、GGV Capital 和杨致远合计投资 1 900 万美元。

2014 年 2 月,Wish 在上海成立全资子公司,并大举进行招商活动。

2014 年 7 月,完成了 C 轮巨额融资。这笔融资高达 5 000 万美元,投资者包括 Founders Fund、Formation 8、GGV Capital、君联资本、心元资本,以及 Jared Leto、杨致远等顶级 VC 机构和个人。

2015 年,Wish 进行"自我革命",先是上线了科技电子产品类应用 Geek 和母婴类应用 Mama APP,后又推出了专门针对"女性经济"的化妆美容类商品的垂直应用 Cute。

2017 年,Wish 成为美国下载量最大的购物应用程序。一年中,在 iOS APP Store 和 Google Play 商店中,Wish 的下载量为 3 250 万次。

2018 年,Wish 成为全球下载量最大的购物应用程序。

3. 产品与服务(运营模式)

(1)购物流程

Wish 平台的购物流程如图 4.15 所示。

图 4.15 Wish 平台的购物流程

(2)运营模式

① 简单快捷的规则。经过多年的发展,Wish 弱化自身的平台功能,让卖家开店更为简单快捷,门槛更低。同时,为了拓展商户,Wish 一直坚持免费入驻的策略。

② 自动推荐系统提升消费者体验。Wish 的宗旨是做了解消费者喜好的导购应用。与

传统导购不同，Wish 不依靠趋势和流行商品排名来推动销售，而是更加侧重于帮消费者找到自己喜欢的商品——通过基于数学算法的自动推荐系统为消费者提供个性化商品，并以此提升消费者体验。

③ 直接购买并自我结算。不同于 Wanelo 等社交导购网站，Wish 不依附于其他购物网站，本身就能直接实现"闭环"的商品交易。Wish 有自己与第三方合作的支付软件，所以卖家直接与 Wish 结算，免去了支付风险。

④ 打造最公平的社交移动购物平台。一是把商品的被发现权交还给卖家，Wish 的产品推荐靠搜索技术，依赖于消费者的个人数据，完全无人工干扰；二是把供应链等商业智能知情权还给卖家。

（3）Wish 获利模式

Wish 的主要收入来自每次交易的佣金，目前的收费是交易额的 15%（即产品和运费的总和的 15%）。商家入驻 Wish 不收取平台费，也不需要缴纳保证金、押金，更不用交推广费用，商家上传产品后，Wish 会根据产品进行定向推送。

（4）推出 Wish 邮护航计划

该计划启动后，使用 Wish 邮平台发货的 Wish 商户，如果因物流原因导致订单退款损失，则将得到由物流公司提供的最高 50% 交易金额的主动补偿。Wish 邮护航计划主要针对使用 WishPost 欧洲经济小包和 WishPost 欧洲标准小包发货且单个订单交易金额大于 5 美元的 Wish 包裹。该计划所涵盖的目的国有法国、瑞典、英国、意大利、瑞士、比利时、卢森堡、荷兰、丹麦、挪威十国。

（5）Wish Express

Wish Express 是单个产品配送单个国家的解决方案，是 Wish 平台主推的旨在支持平台商户开展海外仓业务的物流模式。与其说 Wish Express 是 Wish 平台的产品，不如说是平台与商户携手构建的物流服务保证。平台商户只要开展了海外仓业务，就可轻松加入 Wish Express，获得平台提供的一系列政策支持，助力业务开展，包括更多流量倾斜、前端专属标志、海外仓退货服务等。

4. 创新与特色

（1）通过脸书精准找到 Wish 的消费者

如果 Wish 的消费者来自脸书，则可以运用逆向思维，通过脸书找到 Wish 的所有消费者，并精准找到他们的购物喜好，这比系统匹配标签更主动，如图 4.16 所示。其过程如下。

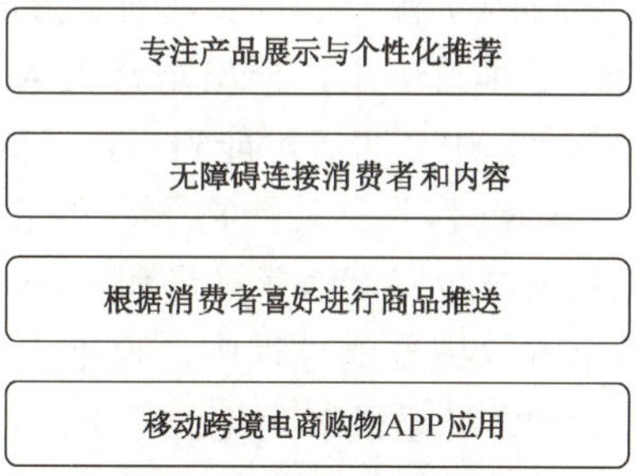

第 1 步　利用脸书的搜索功能找到 Wish 消费者的精准信息。

第 2 步　导出消费者信息，把 Wish、推特、脸书一键关联，以后在 Wish APP 上选择合适的产品分享推送到推特，就会自动在脸书和其他所关联的社交平台上显示。

第 3 步　精准投放，运用推特的 Custom Audience 功能，根据导出的消费者信息进行精准营销。

专注产品展示与个性化推荐

无障碍连接消费者和内容

根据消费者喜好进行商品推送

移动跨境电商购物APP应用

图 4.16　Wish 特色

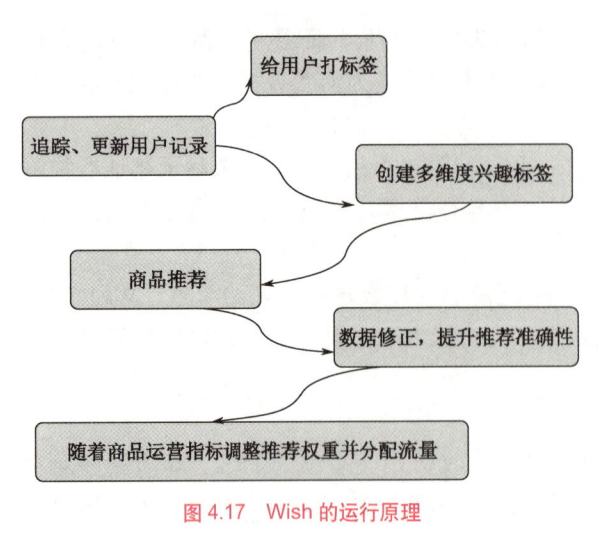

(2) 运营规则简单直接

Wish 抛弃了淘宝、速卖通平台上的定性运营思维，商品初始权重分配一致公平，随商品运营指标调整推荐权重并分配流量——既不讨好大卖家，也不扶持小卖家，全部通过技术算法将消费者与其想购买的商品连接起来，如图 4.17 所示。结合移动购物平台的购物习惯、需求导向特点，Wish 上没有店铺的概念，只有商品的概念。根据 Wish 的规则，每一个通过审核上架的商品都能得到公平推送：前期，一般都是先大量铺货，以求有更大的曝光率；待积累到一定曝光度，再针对有出单的商品重点优化。例如，对比同行的价格降价销售，以及关注市场价格动态随时调整自身的售价，并力求采用精美的图片、精准的标签、简练的标题，以打造爆款并延长爆款的生命周期。

图 4.17 Wish 的运行原理

(3) 智能化推荐商品

Wish 在向消费者推荐商品时基于一种特别的算法，这种算法不仅基于消费者购买的商品，同时基于他们查看而最终拒绝购买的商品。

- 产品分析。发现没见过的其他产品，拓宽思路，快速找到适合自己的产品。
- 商家分析。查看大卖家，了解大卖家的动态，跟随大卖家的脚步前进。
- 标签分析。热门标签实时展示在面前，更加快速地选择适用的标签。
- 买家分析。Wish 买家的特征、Wish 买家的属性通过饼状图展示给卖家。

5. 总结与思考

Wish 是一个全品类的电子商务平台，在大获成功后，已经出现了像 Bellabuy 这样的模仿者。这些模仿者与 Wish 一样，拥有移动端、跨境电商、智能推荐等标签，而且更专注，如 Bellabuy 就专注于女性消费方面。针对这些状况，Wish 接二连三上线了 Geek、Mama、Cute 等垂直应用，推出垂直类 APP。这一方面是对潜在竞争者的防御，另一方面也是自我革命，用竞争者可能狙击自己的方法来狙击竞争者，以持续获得成功。

Wish 作为移动购物平台，充分利用了社交媒体的巨大影响力，曾经高达 90% 以上的流量来自脸书，而亚马逊和 eBay 同期的这个数据都是个位数。这是把双刃剑，在脸书业务全方位拓展的过程中，也推出了自己的购物功能。如何降低这种影响呢？首先，Wish 平台的客源呈现多元化；其次，强调黏性和忠诚度，提高平台复购率；第三，引流渠道除脸书外，增加谷歌及 iOS 商店和安卓商店等。

Wish 做电子商务的优势在于技术，而在跨境电商的运作过程中，出现过与卖家的各种摩擦，以及诚信店铺、处理退款等商务方面的诸多问题。因此，Wish 未来需要尽快弥补业务层面的短板，完善对商家和消费者的服务。这包括 4 个方面：一是平台规则的完善；二是跨境物流的布局；三是提升消费者体验，如客服处理售后问题、支付选择等；四是在跨境物流方面深入布局。Wish 在海外仓方面的布局要落后于其他平台，如图 4.18 所示。通过海外仓的布局，可快速提升消费者的跨境购物体验。

平台	海外仓
亚马逊	著名的FBA服务，在全球建立了逾90个仓储中心
eBay	2013年起携手万邑通推出海外仓服务，目前已开通英国、美国、澳大利亚、德国四大海外仓
Wish	2014年起携手出口易推出海外仓服务，目前仅限美国
速卖通	2015年上线海外仓服务，拥有美国、英国、西班牙、法国、德国、意大利、俄罗斯、澳大利亚、印尼9个海外仓

图 4.18　各跨境电商平台海外仓布局情况

　　Wish 的成功主要在于在移动化的浪潮下，踩准了跨境电商的风口，并率先将智能推荐算法技术完全运用到电子商务中。另一成功的主要因素是 Wish 的技术出身决定了它愿意用数据决定一切，通过与其他平台不同的简单规则和极为流行的社会化营销进行推广，而不是通过各种人为的规则去偏颇某类卖家。

　　如今，移动化、跨境电商、智能推荐算法都不新鲜，Wish 既需要自我颠覆，又需要完善平台业务。在未来的发展上，Wish 除推出垂直类 APP 外，还应该在业务方面发力，努力完善平台规则并大力投资跨境物流，以提升消费者的购物体验。

模块五
移动电子商务与 O2O 模式

本模块知识要点

1. 移动电子商务的概念。
2. 移动电子商务模式及其发展。
3. 移动 O2O 与营销模式。
4. O2O 行业现状及典型案例。

当我们走进咖啡店、餐厅、酒店或漫步在城市的大街小巷时,会发现有很多人拿着手机、iPad 等不同的移动设备,查看最新的新闻和天气等资讯,或者查看微信朋友圈、聊 QQ、收发电子邮件,购物,预订酒店、机票和火车票,进行股票交易等。移动通信和互联网的结合,正在迅速地改变着我们的日常生活,现在的消费者越来越多地依赖移动互联网。我们已经进入了一个新的时代,一个发展最快、市场潜力最大、前景最诱人的移动互联网时代。

任务一 认识移动电子商务

任务引入

移动互联网的到来明显改变了人们的生活,微信、墨迹天气、直播带货等一个个熟悉的名字开始为当下的生活模式代言。

腾讯的微信正在从一个人与人交流的工具,逐渐进化成一个连接人、硬件和服务的"森林",通过"连接一切"带来人体的延伸、生产效率的提高和日常生活的便捷。

微信的语音通话、摇一摇、附近的人、小视频、朋友圈分享等基础服务功能,让地理上的距离不再成为人与人交流的障碍。微信公众号的推出、大量自媒体的涌现,使得普通资讯的生产、发行和消费摆脱了传统印刷技术与 PC 互联网的桎梏,效率显著提升。与手环、电视、空调等智能硬件的互联,以及网约打车、大众点评等线下服务的接入,使得微信像水和电一样渗入人们日常生活的方方面面。

"连接一切"正在成为现实。

一、移动电子商务的概念

移动互联网（Mobile Internet，MI）是将移动通信和互联网二者结合起来，通过智能移动终端，采用移动无线通信方式获取信息和服务的新兴行业。它包含终端、软件和应用3个层面：终端包括智能手机、平板电脑、电子书等；软件包括操作系统、中间件、数据库和安全软件等；应用包括休闲娱乐类、工具媒体类、商务财经类等不同应用和服务。

移动电子商务就是利用手机、PDA及掌上电脑等无线终端进行的B2B、B2C、C2C或O2O的电子商务。它将因特网、移动通信技术、短距离通信技术及其他信息处理技术完美结合，使人们可以在任何时间、任何地点进行各种商务活动、金融活动和相关的综合服务活动等。

在移动电子商务时代，消费者真正突破了时空限制，可随时随地获取所需的各类服务、应用、信息和娱乐。与基于互联网的传统电子商务相比，移动电子商务具备几个显著优势：交易不受时间和地点的限制；移动终端拥有者的身份相对固定，可方便地向消费者提供个性化的交易服务；通过移动定位技术，可以提供与位置相关的交易服务（LBS）；有较好的身份认证基础——由于手机号码的唯一性，因此消费者的消费信誉得到有效提升。

二、移动电子商务的基本特征

（一）基于体验至上的产品销售与服务

在移动互联网时代，用户量大且碎片化的特征导致无效流量增加，无法通过简单的流量变现来获利。充分利用移动互联网的强社交属性，本质是使消费者免去在购买环节中的"考虑"和"比较"环节，直接进入"体验"和"购买"环节，从而大大减少营销的传播时间，能够更好地达到营销目的——从与消费者发生接触开始，在精确地了解消费者需求的基础上，强调简单、精准的消费者体验至上。例如，微信朋友圈的集赞类型的强关系营销广告，一般发送的都是企业或商品的基本信息，集满多少个赞就可以换取某件礼品或享受某种优惠等。

（二）基于LBS的集定位、搜索和精确数据库功能服务为一体的业务

依靠LBS定位功能，在消费者仅有的碎片时间内，推送所在区域的娱乐、休闲、餐饮等各种消费者最想要的信息。这种精准的信息投递，促使消费者在接收信息后产生一系列消费和交互行为，同时构建出本地生活服务市场的移动电子商务业务模式。例如，大众点评网或生活信息类网站与地理位置服务相结合产生的周边生活服务搜索等。

（三）基于"粉丝经济"的移动营销新模型

"粉丝经济"以粉丝作为主体，由粉丝主导营销，从粉丝的情感出发，企业借力使力，以达到为品牌或偶像增值情绪资本的目的。在移动电子商务时代，购物从流量经济向粉丝经济转变，移动互联网通过非标产品（服务）获取消费者，提高消费者的黏性，从而形成

粉丝群。粉丝群对品牌认知度高，付费意愿度高，愿意进行口碑推广，愿意生产内容。

（四）基于产业链整合的线上线下资源融合

移动互联网加快渗透传统产业，凭借移动终端本身的移动性、便捷性，快速融入诸多实体产业，将带动实体产业的发展。以移动支付为例，通过各类应用与生活服务业广泛结合，如支付宝和微信支付在公共交通、零售、餐饮等行业都得到了普及，为这些行业的发展提供了新的动力。线下商户所提供的产品和服务种类、特征各异，需要移动互联网平台提供定制化程度很高的 LBS、移动支付和移动社交等服务，以使传统行业进入移动互联网生态链，让效率大幅提升。

任务二　移动电子商务的发展趋势

任务引入

面对越来越多的营销渠道，Vcake 蛋糕成功开发了一款典型移动电商 APP，不仅把过去绑定在电话线上的订单业务转移到 APP 上，而且通过移动后台管理连锁分店。

无论身在何处，用户可随时搜索商品、浏览商品、比较价格、收藏商品、选购商品至购物车并提交订单。随后商家后台更新信息，致电用户确认订单并让用户在线支付。同时，还可检索附近门店，直接查出导航路线和公共交通信息等。

线下连锁门店通过移动电商平台重新赋能及大数据驱动，实现了零售运营的互联网化。

随着移动互联网的发展和智能手机的普及，移动电子商务进入风口期，新一轮移动端网民红利带动了新兴移动电子商务的发展。2015 年，移动电商交易规模占比超过 PC 端标志着移动电子商务时代正式到来。iiMedia Research（艾媒咨询）数据显示，2020 年中国移动电商市场交易额突破 8 万亿元，较 2019 年增长 19.7%。移动端已超过 PC 端成为网购市场更主要的消费方式。与此同时，中国网络购物市场 Top 10 企业移动端消费者增速远超 PC 端——移动端消费者增速达 27.1%，PC 端仅增长 9.6%。消费者消费习惯的转变、各企业持续发力移动端是移动端不断渗透网购市场的主要原因。

移动电子商务的发展将以消费者需求为导向，在产品、渠道、传播、终端 4 个维度围绕着去中心化和社会化营销持续发力。围绕着产品和服务，个性化的需求和小众化特点有可能汇聚成一股主流文化，形成"小而美"的差异化风格。个性化定制的背后，依托的是后端强大的供应链和高效的生产能力。渠道将更进一步细分，尤其是交易和体验。移动互联网时代带来了巨大的营销红利，未来对渠道的拓展将是多管齐下、形成合力的时代。传播将日益"脱媒化"，自媒体时代来临——人人都是自媒体，任何产品都可以是自媒体，传播媒介将日益升值，形式也将日益多样化，最终实现价值变现。未来 3～5 年，智能手机仍是最重要的载体，智能手机的功能也将日益泛在化、智能化。其他智能终端，如智能汽车、智能家居等也将兴起。

一、全渠道、线上线下融合发展是趋势

在移动电子商务时代，消费者的需求和网购发展环境均有较大改变：一方面，消费者希望随时随地精准购买到所需的商品和服务；另一方面，由于商品供大于求，单一渠道发展的增量空间有限，因此线上和线下均在布局全渠道发展。线下消费体验和线上购物便利的双向需求将带来线上线下的融合，线上线下融合是新零售时代的重要发展趋势，如图 5.1 所示。

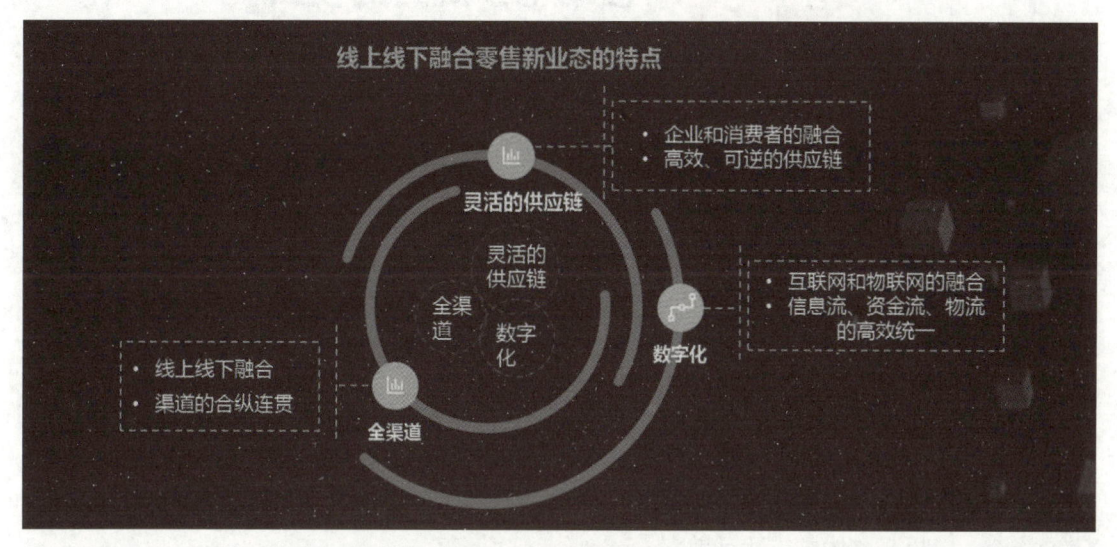

图 5.1 线上线下融合

二、社交化、内容化、粉丝化、场景化是移动电子商务时代新营销方式

移动社交和自媒体的爆发，使电子商务迎来去中心化的新模式。与传统电子商务企业通过一个平台聚集所有商家和流量的中心化模式不同，去中心化的电子商务模式是以微博、微信等移动社交平台为依托，通过自媒体的粉丝的分享传播来获取消费者的，消费者的购买需求会在人们碎片化的社交场景中被随时激发。因此，从搜索到推荐，消费者对精准内容的要求越来越高。在移动电子商务时代，消费者的消费路径和习惯发生了很大的改变，消费需求场景化，移动购物模式多样化。内容化、粉丝化和场景化成为吸引流量的新方式，各大移动电子商务网站纷纷布局内容营销。

三、大数据驱动垂直经济成为新趋势

美国互联网数据中心指出，互联网上的数据每年增长 50%，且增速仍在逐渐升高。随着互联网计算处理技术的逐渐成熟，大数据开始应用到各行各业，移动电子商务流量红利渐失，大数据将成为新的利益推动点——精准匹配供求信息、个性化推荐、消费者偏好预测、优化页面，以提升运营效率。随着国民经济快速发展、人民生活水平提高，各种消费力量快速兴起：一方面，"90 后"、女性等细分消费者成为消费的新动力；另一方面，消

费者更加注重商品品质,更多地选择符合自身特点的商品。基于特定品类和特定人群的垂直经济成为新的发展趋势,大数据应用将提供更加精准的服务。例如,贝贝网围绕母婴人群发展的"妈妈经济",基于特定人群,打造了一站式购物入口;以易果生鲜为代表的生鲜电子商务和以土巴兔为代表的家装电子商务,基于垂直行业深入发展。

任务三　移动电子商务的模式

任务引入

Traveloka 是印度尼西亚的一家独角兽公司,是东南亚领先的旅游公司,在平台上提供了丰富的旅游和生活类体验产品和服务,让消费者与心爱之人一同探索周围的世界。

该公司与印度尼西亚国内外 100 多家航空公司建立了合作关系,全球有 200 000 多条航线、100 多万间客房(涵盖酒店、公寓、宾馆、民宿、别墅及度假村)及 15 000 多个景点和活动。同时,平台还提供各种金融服务。截至目前,此款移动应用的下载次数已超过 4 000 万次,成为该地区最受欢迎的应用。

2014 年,Traveloka 开发了其首款移动旅行预订应用,当时面临的主要挑战是将桌面用户转化为移动用户。他们并没有在应用中添加更多的 SDK,而是有效扩大广告渠道和供应商的规模,通过提供跨平台的个性化产品和服务提高转化率,并且与广告发行商和渠道商洽谈,以提高整体推广活动效率。

移动电子商务模式到底是怎样的呢?是否只是传统电子商务的翻版,是传统电子商务模式的重复和全盘照搬?显然,移动电子商务模式并不只是传统电子商务的转移,移动电子商务的模式肯定是更加多样化的。

一、传统电子商务转战移动端

以手机淘宝、京东移动端等为代表的传统 PC 电子商务更多地向移动电子商务移植,主要目标是拓展移动互联网的流量资源,平台、商家和供应链的本质并没有太多变化。

① 阿里系根据移动端的特点,加入了带有移动特性的盈利增长点,构建了 APP 业务矩阵,推出了基于移动端位置的社区化 O2O 业务淘生活、移动端订餐服务口碑外卖等,如图 5.2 所示。从移动端支付业务整体来看,淘宝已经打破了 C2C 单纯模式,成为以 C2C、B2C、O2O 及移动支付为主体的混合模式,手机淘宝成为阿里巴巴主要业务的统一流量入口。

② 京东相继推出基于移动端位置的社区化 O2O 业务、移动端支付业务,如以移动社交化购物为模式的京致衣橱等,如图 5.3 所示。整体来看,京东已经打破了 B2C 单纯模式,成为以 B2C、O2O 及移动支付和移动社交为主体的混合模式,其 APP 成为京东主要业务的统一流量入口。

模块五　移动电子商务与 O2O 模式

图 5.2　阿里巴巴移动业务

图 5.3　京东移动业务

二、移动 O2O 模式

随着移动电子商务的快速发展，O2O 正以一种新的方式发展，移动用户能够实时并快捷地进行线上和线下转换。移动 O2O 的应用不仅创造了一个展示、聚集人气的平台，而且打造了一个宣传、营销的平台。例如，百度糯米、饿了么、美团、拉手网、大众点评等都是典型的团购案例。美团 APP 如图 5.4 所示。

图 5.4　美团 APP

移动O2O模式的核心是在线支付,优势在于增加线下实体店的竞争力,使消费者体验更加丰富,让O2O经营者提升运营效率,从而提高盈利。

三、基于社交软件的微店和微商模式

微店作为移动端的新型产物,任何人通过手机号码即可开通自己的店铺,并通过一键分享到微信等社交平台来宣传自己的店铺并促成交易,如图5.5所示。这种移动电子商务模式的特征表现在:为买卖双方进行网上交易提供信息交流平台,提供一系列的配套服务;以口碑营销为核心,重在社交互动、社区与自媒体的组合运用;消费者数量多且身份复杂,商品信息多且商品质量参差不齐;生意准入门槛低,交易次数多,但每次交易的成交额较小。

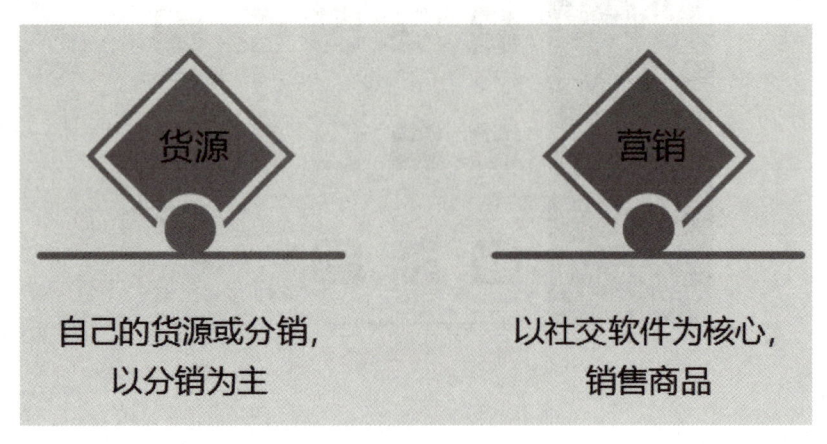

图5.5 微店商业模式

四、移动垂直电商模式

随着移动电子商务的发展,精细化运作正在逐渐替代靠流量和速度比拼的传统方式,新一轮移动端网民红利带动了新兴移动电子商务的发展。以女性时尚电子商务蘑菇街、跨境电商考拉海购、家装电子商务土巴兔、易果生鲜为代表的各领域的移动垂直电商平台迅速崛起,代表着电子商务产业的新趋势。垂直电商的优势体现在:供应链、商品管理的优势;商品专业化,服务专业化;场景化的电子商务平台,建立商品自身特有的属性。移动电子商务模式示例如表5.1所示。

表5.1 移动电子商务模式示例

移动电子商务模式	平台入口	系 统	店 主
传统电子商务移植	淘宝、天猫APP	阿里淘宝	个体入驻
传统电子商务移植	京东APP	京东	京东自营、京东微店
移动O2O	美团APP	美团	个体加盟
移动O2O	百度糯米APP	百度糯米	个体加盟

(续表)

移动电子商务模式	平台入口	系 统	店 主
微商模式	微信	京东	京东自营、京东微店
微商模式	微信公众号	官方微信小店	个体入驻
微商模式	微信公众号	有赞	个体入驻
移动垂直电商	网易严选 APP	网易严选	网易自营
移动垂直电商	聚美优品 APP	聚美优品	聚美优品自营

任务四　移动营销的方式

任务引入

由宜家推出的名为 IKEA Catalogue 的 APP，旨在帮助消费者足不出户就将宜家的家具带回家，使消费者拥有一个完美的"数码成像家居体验"。这种有趣又新颖的 APP 能够让更多的消费者可以看到并体验到宜家的产品。

宜家的 APP 汇聚了海量家具品牌，其风格、种类丰富，质量有保证且价格实惠，并且有配送到家等多种功能。消费者只需要安装一个 APP 客户端，就可以很直观地知道自己感兴趣的家具有哪些颜色、长宽高分别是多少。如果利用装载了 AR 功能的室内设计 APP，则消费者在家里就可以看到根据自己的喜好设计的这款家具购买后实际的摆放效果。

这是移动营销与 AR 技术共同打造的全景式消费体验场景。

移动互联网时代是一个营销多元化的时代。移动营销（mobile marketing）是指面向使用移动终端（手机或平板电脑）的消费者，在移动终端上直接向分众目标受众定向和精确地传递个性化即时信息，通过与消费者的信息互动达到市场营销目标的行为。移动营销在强大的云端服务支持下，利用移动终端获取云端营销内容，实现把个性化即时信息精确有效地传递给消费者，达到"一对一"的互动营销目的。

移动营销基于定量的市场调研，深入地研究目标消费者，全面地制定营销战略，运用和整合多种营销手段，来实现企业产品在市场上的营销目标。区别于传统网络营销，移动营销方式更新颖，如 O2O 营销、APP 营销、二维码营销、LBS 营销、微信营销、H5 营销、微博营销等，如图 5.6 所示。

传统营销模式有三大核心要素：广告、价格战、金字塔式的渠道。移动电子商务则正在改变整个市场营销的生态，依托大数据将使得移动营销更加精准、投资回报率更高。与传统营销模式相比，其主要变化体现为六大特征：品牌返祖，即人格产生了价值，如褚时健的褚橙、雕爷的牛腩、黄太吉的烧饼；渠道扁平化，即金字塔倒塌；硬广告效能退化，即不再专注于传统媒体，更多地通过社群口碑传播；营销新场景与娱乐结合；定制至上，定制产品将大行其道；"粉丝经济"。

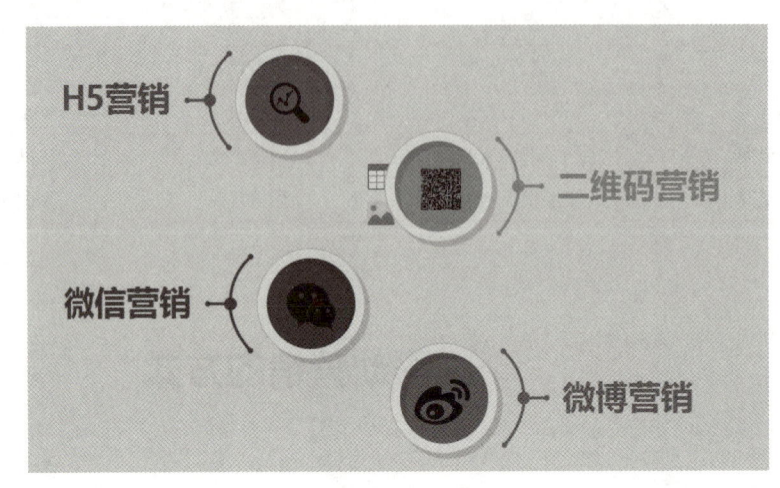

图 5.6　典型的移动营销方式

一、二维码营销

二维码是根据某种特定的几何图形，按照一定的规律形成的一个记录数据符号信息的图片。将二维码图像输入设备或放入光电扫描设备即可自动识别信息。当二维码被应用到移动电商中的时候，因其便捷、新奇、易于传播而被人们广泛应用。

二维码营销的优势：运营成本低，效果好；创意广告，实现精准营销；跨越线上线下空间的立体营销；能与传统的广告、企业活动宣传完美结合。

二维码营销的应用方式主要有以下几种。

① 线下虚拟商店。电商平台在商品旁边附上二维码，消费者可选择看中的商品并直接扫码购买。

② 线下广告。品牌商使用二维码主要用于投放线下媒体广告。越来越多的品牌广告会附上一个二维码，扫描后直接进入商品详情页面或品牌店铺。

③ 实体包裹或包装。一些淘宝卖家尝试用二维码刺激消费者二次购物：在快递包裹或商品包装上加上店铺地址的二维码，并承诺扫描二维码再次购物有优惠，以此鼓励消费者到线上继续购物。

④ 线上预订，线下消费。在本地生活服务领域，二维码可以作为消费者从线上预订到线下消费的凭证。

⑤ 电子优惠券推出促销活动。这种方式适用于团购、积分消费、折扣券兑换、VIP 优惠券等，使活动可评价且可控，促进企业实现精准营销。

※ 二维码营销实例：实惠 APP 二维码营销 ※

实惠 APP 是由新浪、微博、易居、分众、申通共同合作的一款社区型 APP，从 2014 年 7 月上线到现在，累积了海量用户，其主要用来聚集有相同爱好的用户，可以让自己与同事、邻居、共同爱好者交流，同时还可以查看身边各种消息、小百科、糗事等。通过前期的免费派饭、发送福利、摇一摇午餐等优惠活动，以及微博、APP 上的活动，让关注和没有关注的人都能迅速地知道与了解实惠 APP，而将营销与实际紧密结合的就是二维码，大家都是通过扫描各种营销载体上的二维码来下载实惠 APP 的。可以看出，在实惠 APP 的营销中，二维码占据了一个重要的位置。

可以说，实惠 APP 从上线到现在的火爆与营销手段有着密切的关系。它之所以会如此成功，主要原因如下。

① 将比较难以直接营销的 APP 转化为二维码进行营销。
② 将二维码展示在不同的载体上进行营销。
③ 利用优惠来吸引用户对二维码进行扫描。

二、微信营销

随着近些年移动互联网的不断发展，微信也逐步由原先的聊天工具演变为集聊天、分享、购物、金融等功能于一身的多媒体沟通交流平台，因此微信营销也逐步走入人们的视野。那么，什么是微信营销呢？

微信营销，顾名思义是企业或个人利用微信平台对微信用户进行的营销活动。微信向用户提供了如朋友圈、漂流瓶、订阅号、服务号等丰富的平台工具，企业或个人可以通过微信所提供的这些平台工具轻松地进行精准营销、关系营销、互动营销等多种方式的营销。微信再也不是一款简单的聊天工具。

微信营销的商业价值具体体现在以下 4 个方面。

① 传播成本低。用户规模大给商家带来了营销的基础。用户只需要向朋友圈分享或发送相关的营销内容即可，而这一切过程均是免费的。

② 针对性强。微信公众号既为商家解决了线上的数字身份问题，又为商家解决了传播模式的问题，使得商家的销售更加多元化、丰富化。用户可以根据自身营销内容的特点，有选择地在朋友圈内进行营销。

③ 用户黏性强。微信号是与用户手机号码关联在一起的，意味着微信用户的信息更加真实可靠。这为用户在微信平台上进行商务活动提供了基本的安全保障。

④ 随意性强。面向移动用户，可不受时间、空间限制，随时随地地刷朋友圈、看订阅号。

※ **微信营销实例：OPPO 手机微信朋友圈营销** ※

OPPO 是我国知名的手机品牌。2015 年初，OPPO 借助临近春节的契机，以"炫出挚爱，至美一拍"为主题，呼吁年轻人将与父母团聚的"至美一拍"分享上传至 OPPO 社区，这样照片即可有机会登上 2015 年春节央视广告。同时，分享"至美一拍"广告的用户也有机会获得 OPPO 手机一部，如图 5.7 所示。

图 5.7　OPPO 朋友圈广告截图

从形式上来说，OPPO 的营销运用了朋友圈广告作为活动推广的主要手段，并结合了与微信用户进行互动的方式进行营销。这样的一种结合使得其推广更具有针对性和趣味性，增加了微信用户的关注度。

从内容上来说，OPPO 此次的营销内容可谓是一大亮点——在临近春节之际打出了"走心牌"，用走心的故事单刀直入，插入微信年轻用户群体的"微信心脏"，让活跃在朋友圈的年轻人意识到自己孝敬父母的缺失，从而引发年轻群体的强烈共鸣，形成了良性的互动氛围。

一个成功的微信营销，要做好营销形式的选择。这其中不仅包括营销的媒介和方式，还包括营销的内容。对于微信营销内容的策划，应该注意以下 3 个方面。

① 创新。创新对于营销而言是非常重要的，直接关系到所进行的营销是否能被受众喜欢。案例中的 OPPO 改变了传统手机营销中秀设计、晒配置、拼价格的内容，另辟蹊径地抓住拍照是与用户生活紧密结合的这一特性，并以亲情为依托推出了"炫出挚爱，至美一拍"这样的活动内容。

② 互动。互动在微信营销中是非常重要的一项内容，通过与用户互动可以提高营销的趣味性，同时也会让用户产生参与感。案例中，用户将自己与亲人的合照上传至 OPPO 社区，就有可能出现在春节期间 OPPO 的广告中。同时，用户只要分享"至美一拍"广告，就有机会获得 OPPO 手机。

③ 趣味。营销活动的趣味性可以增强用户对营销内容的关注度——内容的趣味性越强越好，参与的人才会多，活动的气氛才能营造起来。如果活动足够有趣，那么即使没有奖品，大家也会积极参与。

三、H5 营销

（一）H5 营销的概念

H5 是 HTML5 的简称，运用该语言可以制作出在微信朋友圈中经常看到，打开后可以滑动翻页、带动画特效、有音乐之类的非常精美的内容。甚至微信朋友圈中看到的各大品牌广告，也全部是用 H5 制作的，我们称之为 H5 场景。

H5 场景较以往文字、图片、图文等形式展现得更加精美、更加有趣，互动性更强，具有动画、触控等更多的元素功能，让用户不再枯燥乏味地阅读内容；它的传播性也很强，除可以分享到朋友圈、发送给朋友以外，还可以分享到各个社交媒体。H5 场景比以往的形式更容易引发用户的阅读和分享，最终达到良好的营销目的。当然，除用于商业之外，个人也可以制作属于自己的个性化 H5 场景，如纪念相册、讲义 PPT、婚礼请帖等。

（二）H5 营销的特点

（1）社交分享便利，传播性强

H5 本身的发布渠道及传播阵地主要集中在移动互联网的社交平台，除在传播途径上的优势外，H5 自身的多设备、跨平台特点也有利于品牌的传播。

（2）用户感官体验丰富，互动性好

H5 的绘图功能与三维效果的结合从技术角度上来说可以实现很多动画形式，制作出来的画面十分美观，再结合触屏、重力感应等技术，用户的感官体验会更加丰富。

（3）制作及传播成本低，优势明显

H5技术的多设备、跨平台优势使得在开发及测试、维护时无须分平台、分系统来进行，极大地降低了成本，而从发布渠道到后续传播的主要阵地都是品牌自有的社会化媒体平台，成本也不高。

（4）有利于效果追踪，数据反馈方便

营销传播终究要看效果，而传播效果追踪和数据反馈是企业最为关心的部分。基于H5营销传播的效果可以实现跨平台监控和数据反馈及整合。

（三）H5营销的四大传播原则

H5从立意、创意、设计到制作、传播，是一个一气呵成的项目，技术的把握、创意和文案的优化、传播的执行不可或缺。在实践中应遵循以下4个传播原则。

① 主题。要有创意的新鲜感，少抄袭，多原创。
② 内容。要做优质内容，创建具有分享价值的内容，再由微信达人进行分享。
③ 传播。要集中传播，H5上线的前5天是黄金传播期。
④ 形式。内容展示方面应尽量把信息视觉化。

※H5营销实例1：腾讯新闻——我的千里江山图 ※

"我的千里江山图"是腾讯新闻制作的品牌宣传H5，整个页面就像是一副优美的山水画卷，用户将自己曾经游览过的地方在地图上做标注，最终生成一幅大好河山图。整个方案具有很强的参与度和成就感，推出后立刻受到了年轻网友的热捧。"我的千里江山图"做工十分精美，很像北宋王希孟创作的绢本设色画《千里江山图》，工笔十分细腻，浏览页面时让人有一种"舟行碧波上，人在画中游"的感觉。

※H5营销实例2：荣耀手机——影像情书 ※

"影像情书"H5是华为荣耀30系列"影像情书"主题活动之一。用户观看主题影片中针对情侣久别相聚的场景会带来3种不同的结局，可以通过交互式的H5选择自己喜欢的结局，并生成专属的《影像情书》海报，如图5.8所示。"国潮"回归之下，"七夕"已经成为与"2·14"情人节并重的标志性节日，很多年轻用户都在寻找"有趣且酷"又能充分表达自己情感的方式，而对于喜欢"晒"的当代年轻群体来说，用照片影像当作情书传达情感是一种最独特的方式。"影像情书"这一典型的"七夕"共情式标签，引发了年轻用户在特殊时间点的情感共鸣与心智连接，进而形成了年轻用户自发的群体潮流化表达方式，最终实现了多个社交媒体平台的主动"裂变式"跨圈+跨界刷屏热点事件。

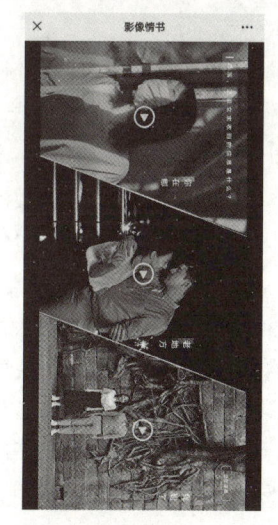

图5.8 影像情书

四、微博营销

微博是微型博客的简称，即一句话博客，是一个基于用户信息分享、传播及获取的平台。

用户可以通过PC、手机、平板等各种客户端组建个人社区，以140个字（包括标点符号）以内的文字更新信息，并实现即时分享。微博作为一种分享和交流平台，更注重时效性和随意性，能表达出每时每刻的思想和最新动态。它的特点注定了在移动端使用会更加方便快捷。国内的主要微博平台有新浪微博、腾讯微博、网易微博和搜狐微博四大平台。

微博移动端的兴起证明了自己的社交平台价值——以强大的网络效应巩固内容生态系统，同时在互联网空间构建一个更为互通、资讯更为丰富和更具吸引力的社交群体。

微博营销既是指通过微博平台为商家、个人等创造价值而进行的一种营销方式，也是指商家或个人通过微博平台发现并满足用户的各类需求的商业行为方式。微博营销以微博作为营销平台，每一个听众（粉丝）都是潜在营销对象，企业利用更新自己的微博向网友传播企业信息、产品信息，树立良好的企业形象和产品形象。每天更新内容就可以跟大家交流互动，或者发布大家感兴趣的话题，这样来达到营销的目的。

微博营销是一种新型的营销方式，与传统的营销方式相比有很大的不同，具有以下特点。

（1）成本上，发布门槛低，成本远低于广告，效果却不差

140个字发布信息，远比博客发布容易，相对于同样效果的广告则更加经济。与传统的大众媒体（报纸、流媒体、电视等）相比，其受众同样广泛，前期一次投入，后期维护成本低廉。而在移动端微博进行营销，成本更加低廉，只需要一部能上网的智能手机即可，这是以前不可想象的。

（2）覆盖上，传播效果好，速度快、覆盖广

微博支持各种平台，特别是当前移动产品发展迅速的情况下，更使得这个优势扩大。同时，传播的方式有多种，转发非常方便；利用名人效应能够使事件的传播量呈几何级放大。

（3）效果上，针对性强，利用后期维护及反馈

微博营销是投资少、见效快的一种新型的网络营销模式，可以在短期内获得最大的收益。

（4）手段使用上，多样化、人性化

从技术角度上，微博营销可以方便地利用文字、图片、视频等多种展现形式；从人性化角度上，企业品牌的微博本身就可以将自己拟人化，从而更具亲和力。

（5）开放性

在微博上几乎什么话题都可以探讨，而且没有什么拘束——微博就是要最大化地开放给客户，只要合法合规就行。

（6）传播速度快、便捷，操作简单，互动性强

微博最显著的特征就是传播迅速。微博只需要编写好140字以内的文案即可发布信息，发布便捷，从而能节约大量的时间和成本。一条微博在触发引爆点后，短时间内互动性转发就可以抵达微博世界的每一个角落，达到短时间内使最多的人看到的目的，且能与粉丝即时沟通，及时获得反馈。只要内容、活动等营销策划做得好，不管是大型上市公司，还是个人淘宝卖家，都可以在微博营销方面做得非常成功。

※ 微博营销实例：网红奶茶"喜茶"营销 ※

2012年，喜茶HEYTEA起源于广东省江门市一条名叫江边里的小巷，原名皇茶

ROYALTEA，后来改名为喜茶 HEYTEA。从创立至 2020 年，仅 8 年左右的时间，发展速度快得惊人。2020 年 3 月，喜茶完成了 C 轮融资。由高瓴资本和 Coatue Management 联合领投后估值超过 160 亿元。在微博领域，喜茶是当之无愧的"红人"，如图 5.9 所示。截至 2021 年 3 月，喜茶的微博账号拥有 76 万名粉丝，关于喜茶的超话 8 600 条，阅读 5.3 亿次。分析"喜茶"的微博营销策略，会发现有以下几点使其成功。

（1）定位准确

喜茶的主要消费者为年轻人，所以其发布的微博也紧跟年轻人的审美和品位——通过在微博上发布极具设计感的海报、富有设计美学的门店实拍等内容，吸引喜茶消费者和潜在消费者的关注，扩大品牌知名度。例如，喜茶与 sowhat 在东莞合作拍摄了一款新品多肉葡萄的海报，其时尚的造型牢牢抓

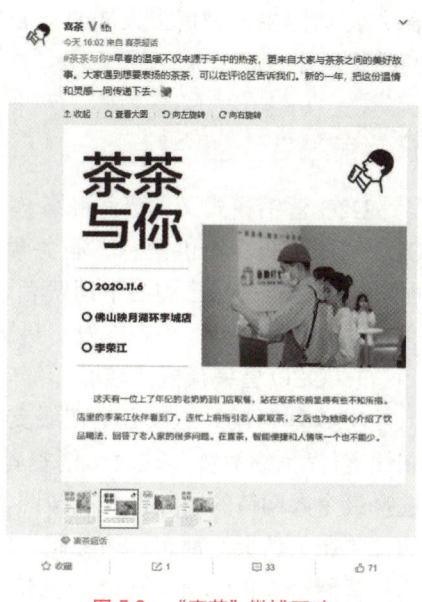

图 5.9　"喜茶"微博互动

住了微博用户的眼球，获得了大量转发评论。喜茶借助年轻人对新事物的好奇心及对品位的独特追求，吸引微博用户转化为线下消费者，从而拉动消费增长，为品牌带来经济效益。

（2）线上线下联动宣传，内容丰富、有趣

喜茶通过微博发布线下门店正在进行的活动，让更多的微博用户得到与喜茶品牌相关的信息，从而实现了线上线下的联动宣传。例如，喜茶在更名 5 周年纪念日，通过微博发布活动信息——到达指定门店，向店员说出口令"Hi，老朋友来了"，就可以享受买一送一的优惠。品牌方利用微博这一线上平台进行宣传，吸引粉丝注意力，同时配合线下活动，实现了线上粉丝到线下消费者的转化。

（3）善于制造话题

微话题是微博独有的一个功能，任何人既可以参与话题讨论，也可以邀请他人参与讨论，是一个非常好的营销方式。品牌宣传方应发掘和开设与自身品牌相关的话题成为热门话题，作为微博粉丝导流的重要入口，引导粉丝或非粉丝群体参与讨论，从而获得粉丝关注度。2020 年 9 月，"秋天的第一杯奶茶"的话题突然在微博爆火，阅读量达到 24.2 亿次——喜茶利用热门话题推出了"烤黑糖奶茶"和"芋泥奶茶"两款当季新品，取得了良好的营销效果。消费者在发布微博的时候带上与喜茶相关的话题，可以引导其他用户在话题内进行讨论。这种与品牌相关的热门话题讨论的形式，不仅有利于品牌方及时了解消费者关注的动向，而且可以通过热门话题传递的方式让更多的微博用户获取到与喜茶品牌相关的信息。

（4）与微博红人展开合作

品牌方可以寻找在微博上有一定粉丝基础的大 V 博主进行推广合作。博主发布与品牌方相关的信息，如对产品的测评报告、在门店消费的经历分享，或者只是简单的一组有关品牌元素的照片，就可利用博主自身的粉丝来扩大品牌的影响力。例如，经常有很多美

食类大V博主在微博上发布喜茶点单攻略和推荐口味等内容,就能在粉丝群体中扩大喜茶品牌的知名度。

五、移动O2O营销

O2O营销模式又称离线商务模式,是指线上营销线上购买带动线下经营和线下消费。O2O通过打折、提供信息、服务预订等方式,把线下商店的消息推送给互联网用户,从而将他们转化为自己的线下消费者。这特别适合必须到店消费的商品和服务,如餐饮、健身、看电影和演出、美容美发、摄影等。

1. O2O营销模式的核心

O2O营销模式的核心是在线支付,即通过O2O模式,展示线下商品及服务,并提供在线支付"预约消费"。这对于消费者来说,不仅拓宽了选择的余地,而且可以通过线上对比,选择最令人期待的服务,并能按照消费者的区域享受商家提供的更适合的服务。每笔完成的订单在确认页面都有"追踪码"(如微信二维码),使得商家在更为轻松地获知在线营销的投资回报率的同时,还能一并持续深入地进行"客情维护"。另外,吸引消费者使用支付宝或微信等在线支付,比线下支付要更为优惠,也为消费者节约了不少开支。

O2O是一个增量的市场,由于服务行业的企业数量庞大,而且地域性特别强,很难在互联网平台上做广告,就如同百度上很少出现酒吧、KTV、餐馆的关键词一样,所以O2O模式的出现,会让这些服务行业的商家们踊跃上线开展推广。O2O的核心在于在线支付,一旦没有在线支付功能,O2O中的线上不过是替他人作嫁衣罢了。在线支付不仅是支付本身的完成,还是某次消费得以最终形成的唯一标志,更是消费数据唯一可靠的考核标准。在以提供服务性消费为主,且不以广告收入为盈利模式的O2O营销模式中,在线支付更是举足轻重。

2. O2O营销模式的商业组合

O2O面向的是同时包含线上与线下业务或社区的企业。

① 线上社区+线下消费/社区。这是一种必须到线下进行消费的O2O模式,线上主要是交流互动,并开展一定的优惠或促销活动。这种模式适用于必须亲自到现场消费的宾馆、餐饮及其他领域。

② 线上消费/社区+线下社区。这是一种只在线上销售的O2O模式,线上还有交流或开展促销的作用,线下主要是面对面地交流互动或现场展示。这种模式适用于无线下门店,仅有线上网店的纯线上电子商务领域。

③ 线上消费/社区+线下消费/社区。这是一种线上和线下同时进行销售的O2O模式,线上、线下都有交流互动的需求,线上和线下还可以分别开展优惠或促销活动。这种模式适用于线上有网店且线下有门店的领域。

④ "线上社区+线下社区"。这是一种无销售业务的O2O模式,适用于同时需要线上及线下交流互动的社交平台。

引流只是O2O营销的第一步,相应的网站或社区必须不断优化服务流程,让被引来的潜在消费者能够注册并真正消费。显然,简单、实用或实惠,加上前面提到的广告、口碑或优惠券,是吸引潜在消费者注册并消费的动力所在。

※ **移动O2O营销实例：阿姨帮** ※

阿姨帮是一家一站式互联网家政服务平台,其APP是一款基于LBS的查找和预约保洁小时工、保洁阿姨等服务的手机应用。公司创立于2013年8月,在成立之前就获得了顺为资本的天使投资,消费者可以在线预约保洁服务、家电清洗、家居保养、保姆、月嫂、育儿嫂、空气治理、搬家、维修、居家换新等服务。截至目前,阿姨帮平台已覆盖北京、上海、广州、深圳、杭州、成都、南京等80多个城市。

2015年初,随着互联网家装及互联网公寓的兴起,阿姨帮进入企业服务市场,并陆续搭建了以企业保洁为主,企业养护服务、企业送水、绿植养护、企业用车等为辅的企业后勤一站式服务平台。通过自主开发的智能调度系统,有效地提高了阿姨及第三方商家的服务效率,使阿姨的平均收入较传统方式提高了30%以上。

阿姨帮凭借订单智能调度系统,有效地提高了家政员及第三方商家的服务效率,方便消费者使用阿姨帮APP快速匹配到合适的阿姨或其他商家。平台还通过自主创新研发的家政服务品控系统严选优质家政阿姨,严格跟进每一个订单,以便为消费者提供更高品质的家政服务。

READ 阅读推荐

疫情下的小店主自救：用微信找到转机

疫情凶猛,国人一夜之间开启了"宅家抗疫"模式。

遍布全国的数千万家实体商店毫无防备,即使开业,也少人问津,传统线下经营商家的生存压力可想而知。另一方面,消费者的消费欲望依旧旺盛,尤其是对一些日常生活物资的需求更胜以往,只不过缺少不出门也能购物的通道。

2020年2月18日国务院常务会上强调："个体工商户是重要就业主体,带动了2亿多人的就业,对灵活就业极其重要。有关部门要抓紧研究出台支持个体工商户政策,让他们尽可能多地生存下来。"

特殊时期,个体经营户运用移动互联网工具进行"自救",将门店生意彻底搬到了线上,扫一扫微信名片加好友加社群,扫一扫小程序码买东西,扫一扫收款码结账……线下业务暗淡,线上订单爆仓,成了经济恢复中令人欣慰的风景。

群里预告、接龙、下单,线上生意打开了

"@张美丽,老干妈有没有？"

"@勇于跨越,老干妈后天到货。"

"@张美丽,有碱面吗？"

"有"

"@张美丽,给我称2斤,我现在去大滑梯,马上到。"

"@张美丽,原味奶片4板,可乐4瓶,米1袋,明天下午拿,谢谢。"

"有,今天也可以取。"

张美丽没有想过每天会在微信群里被@这么多次,看手机的时间花掉了大半的精力,剩下的时间就得赶紧进货、点货、配货、送货。她家的王记平价超市是开在湖北襄阳市襄城区一处丁字路口的便利店，坐拥中化六化建家属区和加州丽景、半山逸品两个商业小区，不愁生意。因为疫情的关系，周边的小区都实行了严格的防控措施，从2月17日开工以来，张美丽的"战场"转移到了"王记平价超市"微信群，开启了"码上"的生意。

特殊时期，小区居民日常所需物品在微信下单后，有时候居民会到店来拿，更多时候是张美丽和店里的帮手一份份地送到小区大门口。微信群每天都有人加入，如今，微信群已经有323人。这意味着张美丽每天面对着周边200多户人家不同的日常用品需求，从柴米油盐到烟酒副食。

一开始，单是微信群零零碎碎的购物清单和各种咨询，张美丽便应接不暇。人越来越多，张美丽发现好几次都漏掉了居民的订单，她想了个群"接龙"的法子。每天早上8点左右，张美丽就会往群里"丢"几张图片——饼干、锅巴、牛奶、火腿肠、鸡蛋、油、大米、面粉……展示店里有什么货品，而且集中于大家问得比较多的货品。

接着，张美丽就会以"张美丽+商品+电话"为例起个头，让大家在群里接龙点单，把接龙的清单打印出来，再分类打包，标注价格。多的时候，一天能接100多条龙。上午等大家接龙、配完货，下午店里帮手去送货的空档，张美丽又会向微信群里发布肉、蛋、豆奶、果蔬的最新价格和杂粮煎饼等新到物品，开启新一轮的下单和咨询。

提到微信群下单卖货，大家可能会想到小打小闹的代购等，但这已是过时的印象了。如今，尤其在疫情推动下，社群在城市社区生活中流行起来，"社群便利店"成了一种时髦的运营方式。在抗击疫情的战场上，小区超市老板从蹲守超市到忙于配送，既服务着小区居民，也为抗击疫情贡献着自己的力量。

指导村民网上买药再去镇上拿药回来

作为湖北省人口第二多、打工人口第一多的城市，黄冈的疫情严重程度仅次于武汉。黄冈市蕲春县蕲州镇红门楼村大约1 800多人200多户，今年春节有44名务工者从武汉回乡，6人从黄冈回来。平常，村里人有个头疼脑热都会来卫生服务站找刘军站长看一看。

疫情愈加严峻，黄冈市实行了前所未有的严格管控措施。具体到红门楼村，就是封村、封路，村民们严禁外出、串门，卫生服务站不再接诊发烧、咳嗽病人，直接送定点医院检测。刘军反而更忙了。

疫情期间，村里专门建了一个微信群，每一户都必须至少有一人进群，每天在群里报告全家人的身体状况，并上报自测的体温，刘军和卫生服务站的同事负责收集整理。自然而然的，这个群就成了村里的线上问诊群和配送药品沟通群。

"刘医生，我痛风犯了，你那儿有没有药？"

"站长，我啥时候去你那儿拿药，或者你有空送过来？"

因为春节，外出务工者都回乡过年，现在刘军面对的更多的是糖尿病、中风、痛风、高血压等慢性病患者。大家身体有点儿不适，或者慢性病的药快吃完了，都会在群里@他。开药的时候，卫生服务站有一些存货，没有了可以找县级医药系统调配。一般来说，因为村民行动受限，刘军和同事会免费送药上门。有的慢性病药，刘军连听都没听过，过去是病人直接在省级医院开，基层卫生服务站根本不会储备。刘军会转发线上购药的平台到微信群里，村里有很多人第一次接触网上买药，为此刘军和他的团队专门做了好几张图示发到群里，一步一步地指导村民登记药品信息。网上买的药品依然无法送到村里，刘军或采购员就会去镇上拿药，再送到村民手里。

疫情发生以来，我国近4亿慢性病患者群体的日常复诊和处方药购买成为一大难题。国家卫生健康委发布的《关于加强信息化支撑新型冠状病毒感染的肺炎疫情防控工作的通知》指出：应充分发挥互联网医院、互联网诊疗的独特优势，鼓励在线开展部分常见病、慢性病复诊及药品配送服务，降低其他患者线下就诊交叉感染风险。日前发布的《微信战"疫"数据报告》显示，疫情期间新增近800个医疗类疫情服务小程序，医疗类小程序用户环比去年同期增长了347%。医疗类小程序成了大家战"疫"的快捷小助手。

花2天时间录入700种商品，疫情来了刚好派上用场

"天河棠下"是典型的城中村，聚集着十余万名来广州打拼、寻梦的人，陈晓栋便是其中之一。他花了2个月时间，与合伙人调查了棠下村的需求、商品价格和进货渠道，2019年9月正式开起了"友+"便利店。开业没多久，他们就在店里挂出了自己的微信二维码，只要是住附近的人，都会让对方扫一扫加好友，然后拉群。微信下单、送货上门、货到付款，加好友的回头客大多是年轻人，这一套流程很快被接受。

微信有没有什么功能，能够给大家展示店里的所有商品呢？研究了一段时间，他发现了微信收账小程序有现成的工具——下单助手，一个人花了2天时间，陆陆续续把店里的商品全部拍照上架，然后每晚9点把小程序的产品链接推送到顾客群及朋友圈，供大家挑选。

疫情暴发后，陈晓栋此前在微信上做的这一系列工作派上了大用场。2020年2月8日，早早地从汕头老家回到广州的陈晓栋开了店，店里几乎无人光顾，反而小程序点单变得异常活跃。陈晓栋决定10元起送，微信支付后，放下东西敲一下门就走，每天店里三四个人要从早上9点忙到晚上11点。整个2月，靠小程序点单，门店整体销售额反而有所增长。根据小程序给出的商品销售统计图表，陈晓栋发现饼类、泡面、矿泉水消耗量非常大，因而对店内商品结构进行了调整，补货频率也比过去频繁了一些。陈晓栋说，最近都在提倡网上购物，减少外出，现实中的采购就是无接触式取东西，"我觉得这种方式很好，毕竟有效地杜绝了人员的接触，线上下单、线下配送成了最近买菜、买日用品的基本途径"。

过去的一年，微信生态带来的"码上"经济规模达到8.58万亿元。当"码上"生活成为每日常态，越来越多的小商家也能轻松地将生意在线上线下进行切换，同时让人们方便灵活地保持原有的生活秩序。在这场战"疫"中，提供到家服务的小程序迅猛增长，蔬菜、水果、肉蛋、粮油和速食是微信用户在到家小程序上购买最多的商品。

Ending

分享与思考

O2O在2015年栽了跟头，一份《华东O2O项目死亡名单》在网上流传甚广，文章列出了餐饮、社区、美业、旅游、教育、汽车、房产、婚庆及母婴9个行业的O2O企业倒闭名单。其中，外卖、洗车、教育、旅游、房产等领域最为突出，可谓"尸横遍野"。例如，小叶子外卖、蹭饭网、阿姨厨房、e食e客等17家创业公司已经关闭，拒宅网、找好玩儿网等旅游 O2O，呵护网、36 号教室等教育 O2O，房屋网、程途网等房产 O2O 都扎堆死亡。

课后练习

1. 名词解释：移动电商、二维码、H5、小程序。
2. O2O 果真如经济学家许小年所说"两边都是零，中间一个二货"吗？试结合 O2O 的发展趋势谈谈自己的认识。
3. 微博营销有哪些特点？试举例说明。
4. 朋友圈营销就是借助自己的微信社交圈子，面向微信好友开展产品营销的方式。试举例阐述微信朋友圈推广的流程及营销策略。
5. 举例说明移动营销技术在 O2O 行业中的应用。

案例 5-1 行业巨头的 O2O 实践——星巴克咖啡

1. 基本概况

星巴克（Starbucks）（见图 5.10）是美国的一家连锁咖啡公司，1971 年成立，是全球最大的咖啡连锁店，总部坐落在美国华盛顿州西雅图市。星巴克旗下零售产品包括 30 多款全球顶级的咖啡豆、手工制作的浓缩咖啡、多款咖啡冷热饮料、新鲜美味的各式糕点等食品，以及丰富多样的咖啡机、咖啡杯等商品。截至 2020 年，星巴克在全球 82 个市场拥有超过 32 000 家门店、400 000 多名伙伴（员工）。

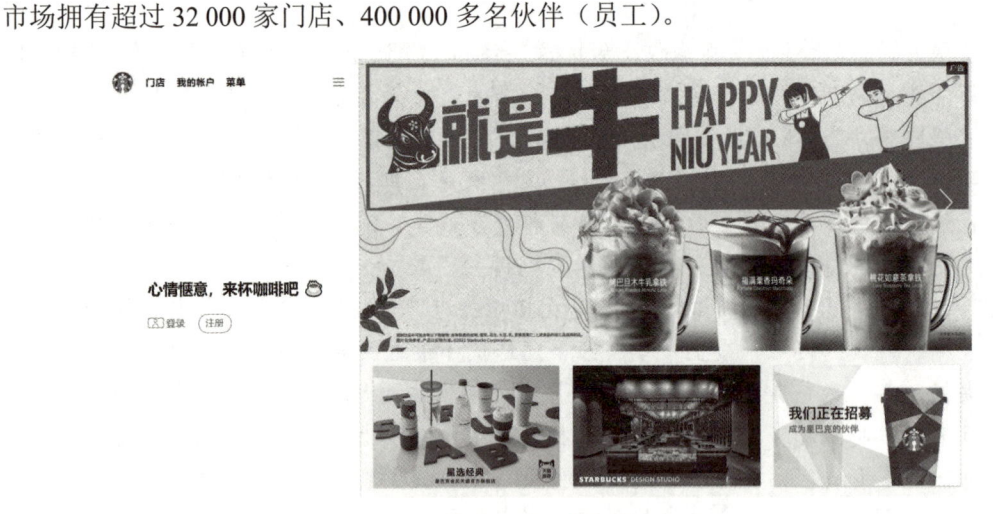

图 5.10 星巴克官网

星巴克在其 CEO 霍华德·舒尔茨的领导下，一方面格外注重顾客体验，始终致力于提供最好的咖啡及咖啡消费环境；另一方面，星巴克注重利用互联网来营造线上社区，为其整体品牌形象服务，以配合和促进线下门店销售。星巴克接受新事物速度较快，其互联网之路从 1998 年就开始逐步展开，通过提供免费 Wi-Fi、开设官方网站、APP 等措施来应对当今社会互联网的快速发展。2016 年年底，星巴克和腾讯宣布战略合作关系。在移动支付领域，星巴克（中国）官方微信公众号推出"用星说"板块，通过微信的社交功能，让顾客自发地帮助它提升品牌的温度和黏性，成为"微信礼品卡"的示范者。

2. 发展历程

1971年，星巴克在西雅图派克市场成立第一家店，开始经营咖啡豆业务。

1982年，霍华德·舒尔茨加入星巴克，并担任市场和零售总监。

1987年，舒尔茨收购星巴克，并开出第一家销售滴滤咖啡和浓缩咖啡饮料的门店。

1992年，星巴克在纽约纳斯达克成功上市，从此进入一个新的发展阶段。

1998年，星巴克上线了官方网站Starbucks.com，以方便越来越多的网民通过网站来了解星巴克。

2000年，舒尔茨卸任CEO后，星巴克的互联网之路进展相对缓慢。

2001年，与微软合作，开始在门店里为顾客提供Wi-Fi收费网络服务。

2005年11月，注册YouTube账号，并组建专门团队运营其脸书、推特和YouTube账号，凭借线下良好的品牌声誉和线上妥善的运营，星巴克成为各大社交网络上较受网民喜欢的餐饮品牌之一。

2008年，舒尔茨重新担任CEO，发布了其互动网上社区MyStarBucksIdea.com，以鼓励顾客通过这个网站给星巴克提建议。

2010年7月，星巴克开始在全美提供无须注册、无时长限制的免费Wi-Fi。

2011年1月，星巴克发布了移动支付客户端，第一年移动交易额就超过2 600万美元。

2015年，推出星巴克天猫官方旗舰店。

2016年6月8日，《2016年BrandZ全球最具价值品牌百强榜》公布，星巴克排第21名。

2018年，星巴克"用星说"功能在支付宝平台全面上线。

2018年，星巴克全新多重体验式旗舰店——星巴克臻选®北京坊旗舰店揭幕。

2018年，星巴克与阿里巴巴集团达成新零售全面战略合作。

2019年，星巴克"在线点、到店取"服务——"啡快™ Starbucks Now"全新上线。

2020年，星巴克中国啡快™服务多平台焕新上线，登陆阿里巴巴旗下多个APP平台。

3. 产品与服务

（1）由产品转向服务，由服务转向体验的经营理念

星巴克的所有门店都是直销模式，拥有所有门店的所有权和经营权，而不是像麦当劳那样的特许经营店。这样能够保证每家门店统一装修风格，员工都有较高的素质、经过统一培训，所有的门店地址只选择在最繁忙的市区交叉路口；星巴克几乎不做广告宣传，每年花在广告上的费用不超过2 000万美元；除了香浓的口感，星巴克更注重氛围的营造。在顾客需求的重心由产品转向服务、由服务转向体验的时代，星巴克成功地创立了一种以创造"体验"为特点的"咖啡宗教"。

星巴克利用4种元素——浪漫的味道、负担得起的奢侈、众人的绿洲、悠闲的交际空间，创造出让顾客满意的"第三空间"，自然而然地受到了顾客的青睐。人们在这里享受到的不仅是一杯自己喜欢的咖啡，更是优质且悠闲的环境。

（2）会员制营销模式

星享俱乐部是星巴克推出的顾客忠诚计划，顾客可以通过注册星享俱乐部账户成为星享俱乐部会员，并通过消费积累"星星"，根据星星的个数确定会员等级、享受会员权益，以增强顾客在星巴克消费的体验感。

图 5.11　电子版星享卡

星巴克给会员卡命名为星享卡（见图 5.11），一共分为 3 个等级——银星级、玉星级和金星级，并有赠送咖啡邀请券、升杯等多重优惠。会员每消费 50 元即可获取一颗星星作为积分。当星星达到 20 颗时，会员卡升级为带有会员署名的金卡，享受每消费 10 次获取一杯免费咖啡等优惠。不过，星享卡积分会定时清零，想保住会员等级和更多优惠，就需要不断在星巴克消费。以金卡会员为例，一张卡一年需要累计消费 1 250 元，次年才可保持会员等级。为了保住等级，在多个咖啡品牌出现时，星巴克会员会不自觉地选择一杯星巴克而放弃其他品牌。

（3）"社交媒体 +O2O" 的运营思路

星巴克建立了"官方网站 + 网络社区 + 社交媒体"三者紧密结合的线上运营思路。为了更好地实现 O2O，2011 年 8 月星巴克还开通了购物网站（starbucksstore.com）。从 O2O 的角度来讲，星巴克的线上部分已经高效承担了品牌营销、产品销售及顾客关系管理的三重作用。因此，在结合移动互联网特点的基础上，通过移动支付领域的不断创新，星巴克的线上和线下已经实现了高效融合。

① 通过社交网络进行线上品牌推广，推动线下消费转化。为了能够在社交网络上进行品牌推广，星巴克成立了专门的社会化营销团队，负责社交网络账号的运营，如图 5.12 所示。在社交网络上与顾客互动，不仅分享与星巴克相关的信息，还会分享转发众多顾客感兴趣的内容。

② 通过网上社区鼓励线上反馈，改善线下服务。在 MyStarbucksIdea 网上社区，顾客可以针对星巴克的某个问题提供自己的建议和思路，从而提升了星巴克的服务品质，赢得了

图 5.12　星巴克社交网络图谱

顾客的信任，尤其建立并提升了星巴克在年轻顾客心目中的品牌形象：关注顾客、聆听顾客、关注服务。

③ 通过免费网络提供上网服务，吸引线下消费。提高顾客黏性是每个企业乐于追求的目标，星巴克在这方面自然不甘落后，开创了一种独特的零售体验，为顾客提供工作场所和家庭以外的"第三空间"，提出了吸引顾客上门和停留更久的前瞻性措施——提供无线上网服务。

④ 移动 APP 会在第一时间传递星巴克新消息。2009 年 9 月，星巴克正式上线了其第一个客户端 MyStarbucks，主要作用是帮助顾客快捷地查询附近的星巴克店铺及星巴克的菜单饮品信息。通过该客户端，星巴克在一定程度上快速提升了顾客对新品的认知速度，同时拓展了促销渠道，降低了新品推广成本。

⑤ 移动支付系统引领便捷支付习惯。2011 年，星巴克在其客户端中整合了移动支付功能。通过 Square 钱包，顾客可直接与信用卡或借记卡账户关联，并通过点击支付或扫描二维码支付。同时，该程序还有一些附加功能：允许顾客搜寻附近的企业；浏览商店和菜单信息；检查交易历史；定位商店；核对返点服务，等等。

⑥ 线上线下融合，打造第四空间"咖快"（见图 5.13）。这是一种全新的零售门店形态，"咖快"概念店集合了"在线点、到店取"的"啡快"服务、"专星送"外送服务和到店顾客体验三大功能。相比于社交和空间化的体验，"啡快"概念店更突出"效率"。这是星巴克（中国）"数字创新"的又一次新的尝试。

截至 2020 年年底，星巴克（中国）数字业务（包括"专星送"外送服务、"啡快"手机点单服务）的营收占比已经超过 26%，并且持续快速增长；2020 年第三财季，星巴克在中国新开了 259 家门店，这些店以"啡快"概念店为主。

图 5.13　星巴克"咖快"店面

⑦ 早安闹钟 EarlyBird 改变顾客生活习惯。EarlyBird 是一款别具匠心的 APP 钟，是星巴克 2012 年在其星巴克 APP 中新添加的一项功能。用打折咖啡的鼓励诱惑顾客起床，顾客在设定的起床时间闹钟响起后，只需要按提示点击起床按钮，就可得到一颗星，同时如果能够在一小时内走进任一星巴克店里，则凭手机应用记录就能买到一杯打折咖啡，迟到作废。之后，还可以将自己的起床信息在脸书、推特上与朋友们一起分享、评论。

⑧ 与微信合作社交礼品体验，打造咖啡版的"微信红包"。2016 年 12 月，星巴克和腾讯宣布达成战略合作，中国大陆近 2 500 家门店接入微信支付。微信用户通过访问社交礼品体验"用星说"，可以在线购买礼品卡送给自己微信上的朋友，受赠方收到的卡片自动存入卡包并可在门店兑换使用。

2020 年 5 月，星巴克上线了全新的星巴克微信小程序，其中涵盖"用星说"体验、"专星送"服务及搜索附近的门店功能。

星巴克微信的社交互动功能带来的趣味社交，数字化体验带来的便捷，让顾客自发地帮助它提升品牌的温度和黏性。顾客在购买卡片并赠送给微信朋友的同时，对附带的祝福语、图片、视频等心意素材可以自由发挥。这种一对一的体验有点类似于微信红包，但形式更多样化，可以说是咖啡版的"微信红包"，既实现了顾客和品牌的连接，也能缩短顾客和门店的距离。

4. 创新与特色

（1）文化理念的创新，星巴克的门店不仅卖咖啡，也传递文化

"来，先让我们享受一杯星巴克"，独特的星巴克体验和"第三空间"是吸引人们迷上星巴克的原因。在专注于咖啡品质的同时，星巴克致力于邀请更多的人来分享这一独特的咖啡体验，创造出一种在家和工作场所以外的"第三空间"，使每个来到这里的人在品味

咖啡的同时，更获得一种咖啡延伸出的情感体验。这正是星巴克咖啡氛围最经典的诠释。

（2）本土化体验，星巴克的粽子入乡随俗，调制"中国味"

星巴克除了卖来自西雅图的咖啡，还卖"中国味的粽子"。星巴克在为顾客提供始终如一的星巴克体验的同时，也强调产品和服务的个性化，以不断给顾客带来愉悦和惊喜。例如，在美国，星巴克的小型门店生意很好，因为办公室职员早上常常会在上班路上匆匆买个培根三明治；在中国，顾客看重的是休闲空间，如可供他们在下午放松一下的沙发，因此星巴克力求加入更多的中国本地元素，在门店设计、地方食品和饮料供应等方面，完美地将当地习俗融合到星巴克体验中。

（3）人文情怀，星巴克的"伙伴"计划将心注入，员工即品牌

星巴克曾经3次被评为"全球最佳雇主"，在员工流失率居高不下的饮食零售行业，星巴克的团队凝聚力和人员稳定性显得比较另类。但这些正是来源于公司对员工的真正尊重与信赖——星巴克的雇员在内部互相不称为员工，也不叫雇员，而是互相称为伙伴。

在中国，星巴克有1.2万名"伙伴"，未来还将增加到3万人。有这么多的员工，意味着要承担责任，而不仅仅以挣钱为目标。星巴克做品牌营销的方法非常不同，不是通过市场营销、不是通过广告，而是通过门店的体验，让顾客获得真正的星巴克体验，激发并孕育人文精神——每人、每杯、每社区，这是星巴克的使命。每一杯小小的咖啡，都承载着舒尔茨先生"将心注入"的理念。星巴克伙伴通过精心制作每一杯完美的咖啡，来传递一种独特的体验和精神，把每一个人紧紧联系在一起。

（4）全渠道融合，引领顾客在社交媒体推广

在英国伦敦市中心的星巴克，有这么一位个性鲜明的咖啡师，他的名字叫Lafitte。在闲暇之余，他会收集顾客喝完留下的纸杯并带回家中，然后在纸杯上画出精美的涂鸦并且附带上顾客的名字，当顾客有幸再回到店内的时候，Lafitte会亲手将这件艺术品交还给那位顾客。欣喜若狂的顾客会直接将这些杯子的照片上传到不同的社交平台，久而久之，光顾这家星巴克门店的顾客越来越多。

顾客主动上传这些杯子的照片到社交平台，成功地引发了品牌营销，似乎是星巴克和其他零售商在社交媒体战略上的不同之处。利用顾客的主动性来传播品牌，会走得更远更广，因为星巴克懂得顾客的心态。

（5）个性化优惠和会员积分奖励，增加顾客忠诚度

星巴克通过手机应用这个渠道与自己的顾客沟通交流，不断发放优惠信息，提供免费饮料和一些生日礼物，以增加顾客黏度和互动性。

通过植入移动端的积分奖励措施，成功地替代了传统的星享卡。星巴克除了能够不断地保持与顾客的黏度，还能从顾客使用的手机应用中来获得更多的数据。

5. 经验要点

星巴克积极探索O2O取得了巨大成就。品途咨询2013年4月发布的文章《美国餐饮企业O2O化排行榜星巴克居首》里，美国餐饮新闻网（NRN）以美国主流的三大社交媒体及社交网络（脸书、推特和YouTube）为衡量指标，对各大餐饮企业的社交化程度进行了排名，星巴克以107.09的总分高居美国餐饮企业社交化排行榜榜首。

① 星巴克的O2O实践的成功首先依赖于线下建立好的强大品牌优势。星巴克在40

多年的发展历程中一直坚持为顾客提供最好的咖啡和最佳的服务，其品牌美誉度受到各方高度肯定。

② 星巴克善于积极主动地尝试新事物，敢于用新技术去改造和提升其传统服务。与其他传统企业相比，星巴克的创新意识更强，其管理者直接参与和推动线上线下融合。

③ 星巴克利用互联网进行品牌营销和推广的优点：在进行互联网营销推广时不是以增加新顾客为第一出发点，而是更加重视维护已有的顾客关系；通过与互联网和线下已有良好关系的顾客建立新联系，依赖忠实顾客在网络上宣传星巴克的理念进行口碑营销，最终达到增加新顾客的目的；举办线上创意活动（如个性签名饮品），通过星巴克的奖励项目（My Starbucks Rewards），鼓励顾客积极分享，以加大网络传播广度；星巴克一向坚持公益，在网上推广时注重把品牌营销与公益紧密结合，号召网民在参与的同时提高自己的美誉度。

④ 星巴克采取全平台营销，而且根据脸书、推特、Pinterest 等平台的不同特点来进行对应的运营并开展有针对性的活动。

相比星巴克线上高效承担了品牌营销、产品销售及顾客关系管理三重作用，中国绝大多数餐饮企业并没有从战略上重视线上的作用。虽然很多中国本土餐饮企业已经开通了相关的社交媒体及社交网络账号，但与国外餐饮企业相比，中国本土餐饮企业利用社交媒体或社交网络的能力还非常弱。观察中国 Top 30 本土餐饮企业的官方微博发现，绝大部分企业的官方微博还处于摆设阶段，粉丝少、微博数量少、与粉丝沟通少是它们的共同特点。

O2O 线上线下结合是未来的趋势，中国本土餐饮企业应该积极适应变化，用互联网理念和思维武装自己，尽早建立专业团队，统筹企业的线上营销和销售业务；积极学习和适应社交网络及社交媒体，确保企业品牌在各大平台上的正面曝光；坚持创新，以创意结合礼品赠送等形式来加强与线上用户及粉丝的交流，根据线上意见反馈来完善线下服务，找到线上和线下的融合点，以 O2O 思维努力打造企业未来的核心竞争力。

案例 5-2 移动餐饮 O2O 之外卖平台——饿了么

分析"饿了么"之前，先认知两个概念，并了解餐饮 O2O 外卖市场的基本概况。

① 餐饮 O2O。餐饮交易和服务同时涉及线上流程（包括但不限于支付、下单等）和线下实体服务或体验，包括商家通过让利，吸引顾客在线下单，然后线下消费；以菜谱为切入点建立社区，锁定目标顾客，通过平台自身的顾客黏度，引导顾客完成线上下单的交易闭环；餐饮商户将产品通过外送的方式销售出去的外卖服务；为餐饮企业提供软件工具类产品服务，等等。

② 外卖 O2O。这是指以互联网为媒介连接顾客和线下餐饮企业，借助互联网信息平台，以外卖资源整合为核心，以顾客需求为导向，为顾客提供丰富的外卖信息及便捷的外卖服务，使顾客可以足不出户地进行线上订餐，从而为餐饮企业提供一个新的销售和营销渠道，使其实现营业规模的扩张。

我国外卖行业自从诞生以来，大致经历了 3 个发展阶段，分别为开拓混乱期（2008 年—

2016年)、精耕期(2017年—2018年)及精细化运营期(2019年至今)。其市场规模从2016年的1 662.5亿元增长至2019年的5 779.3亿元,复合年增长率达到36.55%。大众点评、阿里巴巴、腾讯和美团纷纷布局外卖订餐领域。外卖O2O为何能受到这些巨头的青睐呢?最主要的是外卖O2O是移动互联网高黏性平台,而移动互联网最显著的特征是去中心化,这种特征让移动互联网上很难再有一家独大的平台。正因为如此,各大巨头都在寻找具有高黏性的移动入口。

外卖是我们生活的某种刚需,顾客黏着力足够强,顾客活跃度强及重复使用程度高等指标都昭示外卖平台将有机会成为重要的移动互联网入口,因此各大互联网巨头都在纷纷抢占外卖市场。外卖O2O发展呈现以下趋势。

① 外卖平台差异化发展,规模优势日渐明显。在外卖O2O的战局中,形成了由"饿了么"、美团外卖两大平台组成的综合类阵营,以及一些在垂直细分领域做精、做强、做专的小而美企业。随着互联网巨头的O2O布局、并购和补贴,综合类企业将占据大部分市场。

② 白领为主的中高端外卖市场需求旺盛。外卖白领市场规模已超过学生市场和社区生活市场,未来增长强劲。白领顾客更愿意为高品质和服务买单,顾客忠诚度更高。未来,外卖白领市场的竞争关键点还是要落到店家的正规、卫生,平台的配送效率和顾客体验上,中高端顾客对外卖准时性、品质和服务提出了更高要求。

③ 重视外卖餐饮安全,由烧钱扩展转向品质为先。在"3·15"之后,新闻媒体对外卖平台食品安全的曝光,引发了顾客对外卖安全的担忧,餐饮安全决定着外卖平台的未来发展。外卖平台可通过对入驻商家进行证照审核、资质审查、日常巡查等多种方式保障餐品安全。

④ 外卖配送转向派单模式,更精准高效。服务体验是顾客第一看中的因素,从网约车平台、外卖O2O平台、生鲜配送平台等来看,订单已从抢单转向派单。

⑤ 外卖物流向全品类同城配送发展。随着大数据的应用、技术的进步,外卖O2O平台经过不断发展,其物流配送体系和供应链管理体系将更加稳定和完善,未来可以扩展衍生出更多像生鲜配送、百货、商超、维修、医药、送洗等类的服务。

1. 基本概况

外卖订餐平台"饿了么"是中国目前最大的餐饮O2O平台。它成立于2009年4月,起源于上海交通大学闵行校区,主要业务是线上外卖订餐。"饿了么"整合了线下餐饮品牌和线上网络资源,让顾客可以方便地通过手机、PDA及电脑搜索周边餐厅在线订餐,享受美食,从而为顾客提供一种健康、年轻化的饮食习惯和生活方式,如图5.14所示。店家不仅可以在订餐平台做推广,还可以通过顾客留言等方式与顾客进行沟通和交流,用于改善服务,提高竞争力。

图5.14 "饿了么"APP

作为中国餐饮业的数字化领跑者,"饿了么"秉承激情、极致、创新的信仰,以建立全面、完善的数字化餐饮生态系统为使命,为顾客提供便捷服务、极致体验,率先提出了网上订餐的概念,为餐厅提供一体化运营解决方案,推进了整个餐饮行业的数字化发展进程。

2. 发展历程(大事记)

2009年4月,"饿了么"网站正式上线;9月,推出餐厅运营一体化解决方案;10月,日均订单突破1 000单。

2010年6月,推出超时赔付体系,建立行业新标准;11月,手机网页订餐平台上线。

2014年9月,公司员工超过2 000人,在线订餐服务已覆盖全国近200个城市,顾客量1 000万人,加盟餐店近18万家,日均订单超过100万单。

2015年6月,食材供应平台"有菜"启动,7月试运行,8月正式上线,覆盖全国8个城市。2015年年底,覆盖中国经济活跃的大中城市,并在11月底打通"饿了么"外卖平台商户。

2015年8月,"饿了么"宣布推出网上订餐开放配送平台,主打即时配送和开放平台概念,蜂鸟系统将支持这一平台。即时配送是依托社会化库存,可满足45分钟内送达要求的配送方式,是应O2O而生的物流形态。

2015年11月,"饿了么"自营配送队伍已超过6 000人,标准人效达每人每天35单,蜂鸟团队及众包配送员更是超过50万人,覆盖全国300多个城市。

2015年12月,"饿了么"和阿里巴巴签署投资框架性协议,阿里巴巴投资"饿了么"12.5亿美元,占股"饿了么"27.7%,成为第一大股东。

2016年3月,"3·15"晚会上"饿了么"被曝光。"饿了么"表示,吸取"3·15"曝光事件的教训,将在下阶段采取包括开放监督热线、建立第三方监管在内的多项措施,企业内审核人员弄虚作假一经发现一律开除。

2016年4月,"饿了么"与阿里巴巴及蚂蚁金服正式达成战略合作协议,"饿了么"与手机淘宝、支付宝合作,阿里巴巴集团在云计算和地图服务领域也与"饿了么"开展合作。

2017年1月,"饿了么"联合上海铁路局宣布推出"高铁订餐"服务,全面覆盖上海铁路局辖区内的所有高铁线路。

2017年1月,"饿了么"与Today、上蔬永辉、屈臣氏、7-Eleven四家便利店优质品牌达成合作。

2018年5月29日,"饿了么"宣布获准开辟首批无人机即时配送航线,送餐无人机正式投入商业运营。

2018年4月2日,阿里巴巴集团、蚂蚁金服集团与"饿了么"联合宣布,阿里巴巴已经签订收购协议,将联合蚂蚁金服以95亿美元对"饿了么"完成全资收购。

3. 产品与服务

(1) 打造从外卖配送转型全时段多品类的O2O配送交易平台,形成差异化优势

"饿了么"实现了订餐服务全时段覆盖,品类上包括早午晚餐、下午茶、生鲜水果等。它致力于社区O2O,把更多商超的资源放到"饿了么"的交易平台上。2020年7月10日,"饿了么"宣布全面升级,从餐饮外卖平台升级为解决顾客身边一切即时需求的生活服务平台。

随后,"饿了么"APP 全新改版上线。此次升级涵盖四大方面:从送餐升级到提供同城生活全方位服务;个性化推荐;内容化互动;会员体系升级。经过此次全面升级,"饿了么"从送外卖到送万物、送服务,持续聚焦顾客的"身边经济"。"送万物"的内涵正在被不断拓展,商品和服务都可以外卖到家。除鲜奶、母婴玩具、美妆、书籍文具、体育装备等零售商品外,美甲、美容、家政、保洁等项目也将实现送服务上门。"饿了么"还首次推出"随心订"新服务,顾客在点鲜奶等外卖时,除即时配送之外,还可以享受周期配送——7 天、15 天、30 天可任意选择。

(2) 自建"有菜"原材料采购平台,发力前端供应链

为了打通外卖平台商户,"饿了么"自建"有菜"原材料采购平台,打造 B2B 轻模式运营交易平台——不做自营,品类以蔬菜、禽蛋、水产、调味品、冷冻品等为主,为中餐厅提供食材。"有菜"通过"饿了么"平台上对餐厅的大数据积累,为中小型餐厅提供新鲜食材,涉及从餐厅到"有菜"平台,到渠道批发商,再到物流服务商的整个链条。未来还将有可能开放给 C 端。截至 2016 年 2 月,"有菜"平台已覆盖全国 30 个大中城市,日交易额突破 800 万元,累计合作餐饮商家超过 10 万家、上线供应商 2 万家、SKU 30 万个。

(3) 开放物流平台,解决"最后一公里"问题

"饿了么"一直以开放的心态积极探索与外界的合作,通过自营物流、专业第三方物流、闲散的社会化物流几大渠道共同建立起本地生活服务的即时配送生态系统——在全国范围内邀请第三方物流合作,并向加入蜂鸟配送的伙伴提供标准化流程的系统、补贴(奖励基金)、物资、培训等支持。未来,不仅是送外卖,更多本地生活的配送也将依托于这一物流平台。"饿了么"拥有本地化流量,顾客点餐订单可直接推到蜂鸟系统;订单信息通过蜂鸟系统直接推送给指定的本地第三方配送团队;团队接单后,由后台调度系统派单并规划最佳路线,团队送餐员前往商户取餐;最后完成商品的物理转移,完成整个配送链条,从而完成线上到线下的 O2O 闭环。

(4) 与 360 公司联手打造"明厨亮灶"工程

为打破外卖后厨这个黑匣子,提高餐饮经营者的食品安全意识,在 2016 年的"3·15"晚会后,"饿了么"和 360 公司联手打造了"明厨亮灶"工程,摄像头安装后,将对后厨全程直播——顾客通过高清 360 智能摄像机及云直播平台,可在手机端全程参与监督,对餐饮服务企业的卫生和服务评分,并对优质餐饮服务企业进行奖励。

作为第一家在"饿了么"上直播后厨的餐厅,U 味外卖的直播间在高峰时有 4 000 多名网友观看,成了 360 水滴直播"明厨亮灶"的热门直播间。未来,预计将有万台 360 智能摄像机免费安装到"饿了么"的合作商户后厨,全程直播餐厅的出餐流程,将平台上的餐厅品质直接呈现到顾客眼前,让外卖消费更加安心。"明厨亮灶"工程可以说是外卖行业发展中一个重要的里程碑。

4. 创新与特色

(1) 全方位提升顾客体验,做行业创新引领者

随着竞争格局明朗、顾客群体扩大和细分市场的形成,外卖行业竞争进入新阶段,服务和体验成为两大外卖平台比拼的焦点。"饿了么"从外卖品类、自配送等方面切入,着力构建核心竞争力,更佳的顾客体验成为外卖行业继续领跑的关键。

① 与阿里云合作研发出新的人工智能 ET 调度引擎，全面推行到外卖送餐领域。通过大数据和人工智能技术的应用，外卖平台不断提升其智能配送系统，综合考虑顾客、商户体验，判定最优配送方案，提升外卖配送人员的调度效率，同时借助地理信息、平台累积数据，预测外卖需求，实现精准营销。

② 与国际知名的食品安全机构 Intertek（天祥）集团合作，在全国范围内对"饿了么"平台的线上餐厅进行线下核查。核查员们将通过"明察暗访""神秘买家"等手段，对餐厅进行实地审核，证实餐厅"此地有此店""此店有此证"。

③ 推出"准时达"业务，如果餐品确认送达时间超出承诺时间，则"饿了么"将立刻赔付顾客无门槛红包。"饿了么"也因此成为业内第一个推出类似业务的平台，从而在配送时效上提升了顾客体验。

④ 发力品牌外卖，汉堡王、肯德基、Costa Coffee 等知名连锁餐饮商户纷纷加盟"饿了么"品牌馆，吸引了大批中高端顾客，品牌知名度迅速扩展至更广阔的市场。

⑤ 继续壮大自配送队伍，在全国近 20 个一、二线城市均有分站，基本覆盖了国内主要的中高端外卖消费人群。依靠自主研发的风行者 APP 和帕拉丁配送调度系统，自配送平均送达时间不超过 45 分钟，居业内领先水平，受到广大顾客的赞誉。

⑥ 千人客户服务中心，提升顾客体验。2015 年 3 月，"饿了么"客户服务中心由上海迁至河南新乡，启动千人规模的客户服务中心项目，在全国顾客联络中心的办公室墙上，挂着"充分理解顾客的需求和意见抱怨投诉""我们的责任是向每一位饿货负责！"。作为"饿了么"与顾客沟通的纽带，客户服务中心可以为顾客提供电话、邮件、微博、QQ 等多种服务形式，并提供 7 天 ×24 小时的全天候服务。

（2）引领"即时配送"，从餐饮外卖平台到 O2O 到家服务

移动互联网的普及带来了到家服务的兴起。社会化仓储、45 分钟必达的新型物流——即时配送，正颠覆集约化仓储、按天计时的传统物流，成为城市的一道新风景。作为即时配送概念的提出者和早期实践者，"饿了么"积累了相当多的实用经验，以此打造出网格化的物流体系，让"即时配送＋线下零售业"成为一种重要的新零售形态。

"饿了么"不是一家只做外卖的互联网公司，而是具备更多的延伸空间。这才是平台企业真正的价值所在，外卖只是个起点，因外卖而搭建起来的服务框架，在未来可能因平台效应而不断发酵，衍生出更多的产品和服务，如图 5.15 所示。

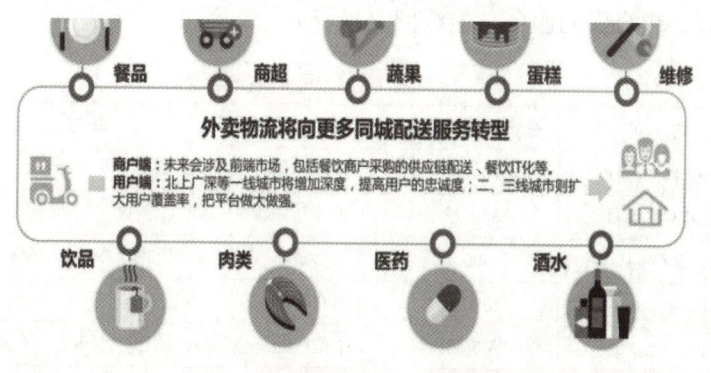

图 5.15　外卖 O2O 行业物流配送发展趋势

(3) 服务场景延伸，开启新的想象空间

"饿了么"联手上海铁路局，把服务场景延伸到高铁上。从 2017 年 1 月春运首日开始，专门负责上海铁路局高铁动车餐饮服务的上海华铁旅客服务有限公司与"饿了么"牵手，在 25 趟高铁上推出"饿了么"平台预订和即时订两种订餐服务，乘客只需要动动手指头，不用离开座位就可以吃上自己合意的餐食。那么，"饿了么"进军高铁市场，传递出了哪些信号呢？

首先，公共服务领域正在逐渐开放、积极拥抱移动互联网，利用技术赋能打破原有的供需信息不对称，优化顾客体验和企业的经营效率。坚持"顾客体验为先"的经营理念，主动升级服务，预示着餐食供给端的竞争升级。

其次，"饿了么"的外卖消费场景进一步延伸，未来不仅可以在家、在办公室，也可以在公共服务领域预订外卖。例如，热门景点、铁路、机场、海运等消费场景让移动互联网的连接价值进一步发挥，尤其是"饿了么"建立的蜂鸟物流配送网络，让外卖连接的门店服务半径拓展了、让餐饮选择的物理距离延伸了。引入更多的供给端竞争，必然能提升餐食的体验，从而让专注口味、服务的优质餐饮商家获得更多订单，脱颖而出。

最后，"饿了么"借助高铁、航空等垂直场景，拓展了极为精准的高价值的商旅人群。结合"饿了么"平台上过去的顾客消费数据，可以深挖他们的消费潜力。例如，提供针对商旅人士的健康餐、专属餐厅推荐、会员卡服务、与银行合作发行虚拟信用卡等衍生服务。

5. 经验要点

外卖 O2O 平台现阶段面临诸多难题，如利润空间紧缩、餐户审核难把控、市场定位不清晰及同质化竞争严重等。外卖 O2O 虽已形成巨大的市场规模，但并没有形成成熟的盈利模式。在外卖竞争激烈的市场下，外卖 O2O 三大平台几乎没有任何行业壁垒，同一商品各平台间的价格几乎无差异，谁代替谁对于顾客来说都没有任何损失，谁能够保证安全且提供更高品质的服务谁就能代替竞争对手取得顾客的信任。

对于顾客而言，互联网的红利已经极大地方便了人们的日常生活，希望通过手机 APP 点餐得到安全可口的食物；对于商家而言，互联网给实体经济带来了冲击和挑战；对于外卖订餐行业翘楚的"饿了么"而言，如何平衡"饿了么"、商家、顾客这三者的关系和利益是一条长远且艰险的路，也关乎外卖 O2O 市场的前景。有超过 7 轮的风投融资（见表 5.2），"饿了么"需要的是稳固并扩大行业领先优势和市场份额，并且进一步提升品质，为顾客和商户提供更好、更全面的服务，最终回报投资方。

表 5.2 "饿了么"风投融资情况

融资轮次	时 间	融资规模/美元	投 资 方
A	2011 年 3 月	100 万	金沙江创投
B	2013 年 1 月	350 万	经纬（中国）、金沙江创投
C	2013 年 11 月	2 500 万	红杉资本（中国）、经纬（中国）、金沙江创投
D	2014 年 5 月 6 日	8 000 万	大众点评
E	2015 年 1 月	3.5 亿	中信产业基金领投，腾讯、京东、大众点评和红杉资本跟投

(续表)

融资轮次	时　间	融资规模/美元	投 资 方
F	2015年8月28日	6.3亿	华联股份、中信产业基金领投，华人文化产业基金、歌斐资产、腾讯、京东、红杉资本等跟投
F	2015年12月	12.5亿	阿里巴巴、蚂蚁金服
战略投资	2017年6月	10亿	阿里巴巴
并购	2018年4月	95亿	阿里巴巴、蚂蚁金服

① 烧钱买顾客是基础，能否黏住顾客才是成败的关键。互联网流量思维的商业模式：第一步花钱买顾客；第二步黏住顾客。"饿了么"超过7轮的风投融资，通过烧钱买顾客，然后再黏住顾客，其实质是用资金换时间，通过补贴稳住顾客，给它时间来改造这个产业。2020年8月，"饿了么"宣布"百亿补贴"计划正式上线，此前该计划已经过近一个月的试点。"饿了么"方面表示，"百亿补贴"将成为常态化补贴行动。外卖订餐行业有个721法则，即顾客体验的70%取决于送餐速度、20%取决于口味、10%为其他。显而易见，送餐速度决定着餐饮外卖的生死，因此有人形容餐饮外卖为"生死时速"。配送是制约餐饮外卖发展的关键问题，自建配送队伍是解决餐饮外卖行业的痛点——配送效率低的最好方式，是决定其成败的关键所在。

② 提升效率或降低成本，是O2O平台的生存之道。顾客使用"饿了么"，是因为习惯吗？习惯的力量的确很强大，但是在商业领域这不过是补充手段或辅助手段，可以锦上添花，却难以构成核心竞争力。降低交易成本、提升交易效率、确保高品质的产品和服务才是O2O平台的生存之道。

③ 连锁门店中央厨房化是外卖餐饮O2O的较佳选择之一。连锁是传统商业的最佳模式，作为O2O平台，如果不能颠覆连锁这种商业模式，那就不如加入到连锁中来——通过互联网的优势在于，从以连锁模式改造传统商业，向以中央厨房为加工、仓储、物流基地，大量的连锁门店作为交易前台的"重资产"商业模式转移。新零售兴起后，整个互联网的趋势是由"轻"到"重"，如阿里巴巴收购三江购物连锁超市、银泰百货商城及百联股份进军上海商业中心就是最好的佐证。

④ 依托阿里系的资源，开辟线下商超外卖服务的新零售领域。从产业链方面来说，"消费者（提供需求）+线下商超（提供产品）+外卖平台（提供顾客）"这种模式是成立的。外卖平台拥有大量真实的强需求、高频次顾客，拥有大量的消费数据，线下超市拥有顾客大量需求的商品，而且线下商超商品更容易被顾客信任和接受。2020年7月，"饿了么"开始从餐饮外卖平台升级为解决顾客身边的一切即时需求。"饿了么"与阿里巴巴集团也已全面融合，不仅在顾客和流量方面与集团打通，其产品技术等基础设施也都上了阿里云。融合完成之后，"饿了么"开始出现"吃货卡""次次省"等诸多差异化产品和服务，其生态增长飞轮已经开始启动。

⑤ 激活下沉市场，服务模式创新。"饿了么"从2020年3月开始，向全国100多个三、四线城市加速布局，培育下沉市场顾客。数据显示，2020年"双十一"期间，"饿了么"在多个三至五线城市实现外卖订单同比增长超过100%，近40个地级市外卖订单同比增长

超过50%。同时，外卖顾客结构也在发生变化，截至2020年12月，三线及以下市场外卖顾客规模较2020年3月增长7.7%，明显高于一、二线市场的增长1.1%，在满足当地市场顾客需求的同时，也有助于推动当地服务业模式转变和数字化升级。

案例 5-3 移动在线医疗之医患交流平台——春雨医生

随着互联网个人健康实时管理的兴起，未来传统的医疗模式将迎来新的变革，以医院为中心的就诊模式将演变为以医患实时问诊、互动为代表的新医疗社群模式。"互联网+医疗"的融合，最简单的做法是实现信息透明和解决资源分配不均等问题。例如，类似挂号网等服务，可以解决大家看病挂号排队时间长、等待时间长、结算排队时间长的问题；而"春雨医生""丁香园"等轻问诊型应用的使用，则解决了部分患者就诊难的问题。截至2020年12月，我国在线医疗用户规模达到2.15亿人，占网民整体的21.7%。

互联网深度介入医疗服务行业是大势所趋。从医院角度看，传统医疗机构效率低下，资源分布极不合理，三甲医院超负荷运转，同时其他医疗机构却无法高效利用，医疗资源浪费严重，而互联网的介入可以大幅提升医疗资源的运用效率；从病患角度看，排队、付费、取单等流程复杂，需要耗费大量时间、精力，体验较差，而互联网的介入能够大幅提升患者的就医体验。我国医疗服务行业市场规模巨大，互联网对于传统医疗服务行业的渗透才刚刚开始，未来增长空间巨大——大多数医疗服务环节可被互联网深度改造。医疗服务产业链庞杂，分类方式较多，我们简单地将医疗服务行业分为院内、院外两大部分。互联网对于医疗服务院内、院外两部分均有深度改造空间。

① 院内部分。医院传统的 HIS、CIS 和 GMIS 分别对应管理财务流程、诊断流程和共享流程，而这些系统目前运作效率并不高，患者真实的就诊体验极差，医生对患者疾病管理的细致程度也较差。互联网对于这些系统的改造能够大幅提升运作效率。

② 院外部分。互联网主要对健康数据监测管理（智能穿戴设备等）及患者自我诊断（医患互动APP等）有所渗透——智能穿戴设备主要体现为运动手环，移动互联网血压、血氧、血糖、心率、体温、体重监测等设备。

移动医疗服务APP主要有以下模式。

① 疾病管理、医患沟通平台，如"好大夫在线"。

② 在线咨询，如"春雨医生"，广告收入是其主要来源。

③ 药物管理，如"丁香园"的用药助手，医生可用来查询药品说明书、查看用药指南摘要和全文，以及使用常用医学计算工具。

④ 通过医学文献向医生介绍新产品，如杏树林的产品"医学文献"，通过医生的使用来为药企产品提供个性化推荐，最终向药企收费。

互联网医疗仍然处于摸索和发展的萌芽阶段，成熟的盈利模式并没有诞生。不管互联网以什么样的形态渗透医疗领域，其最终价值都体现为对患者数据的获取能力。以目前初步产生盈利模式的医疗服务APP和智能穿戴设备来看，前者针对患者个性化数据精准推荐个性化药品，通过药企收费等方式实现盈利，这个盈利模式的基础就是APP上查询、互动的数据；后者主要采用"硬件做入口、APP做连接、云端健康大数据应用"的商业模式，通过连续监测患者健康体征数据，为医院诊疗监测、为保险公司及时干预减少保费支出从而产生价值并从中分成，其盈利模式的核心也是患者数据。

互联网医疗市场在细分领域将会进一步裂变与发展。

① 医疗大数据的价值将进一步放大，医疗体系进入智慧时代。医疗的核心在于数据，随着在线问诊、互联网医院、区域医疗信息化等平台逐步搭建完成，企业将积累大量的医疗基础数据。通过数据挖掘和数据分析进而构建独特的商业模式，将对互联网医疗企业的发展有极大的促进作用。

② 预约挂号和医药服务仍将是移动医疗行业的主要增长点。目前，我国优质医疗资源仍然集中在线下，患者移动端医疗需求仍集中在挂号和日常用药服务方面，未来行业中短期内的患者增长仍将集中在该领域。

③ 针对特定人群的移动医疗细分市场将迎来新一轮爆发式发展。随着人们对自身健康的重视程度和医疗健康支出的不断提高，以及各类慢性病、重疾发病率攀升及年轻化趋势，针对特定人群的移动医疗细分市场将会迎来新一轮爆发式发展。

④ 互联网医疗企业进一步加速布局跨境医疗。随着我国社会人口的老龄化，国人财富的积累与眼界的开阔，赴海外寻求更高质量的医疗服务和海外寻药成为催生跨境医疗发展的主要动因。

⑤ 医药电子商务呈现 B2C 与 O2O 模式融合趋势。随着 B2C 模式和 O2O 模式发展的成熟，患者对于服务完善性的需求将不断提升，传统药企将扩张线上渠道，网上药店则将与传统药企合作，医药电子商务将呈现 B2C 与 O2O 模式融合的趋势。

⑥ 慢性病管理领域将率先形成服务闭环。对于互联网慢性病管理企业来说，深耕慢性病人群是未来发展的重要机遇与趋势，预计服务闭环将在高血压、肝病、心血管疾病、糖尿病及肾功能衰竭五大慢性病管理领域形成。

1. 基本概况

"春雨医生"，原名"春雨掌上医生"，是一个提供真实医患沟通的平台，创立于 2011 年 7 月，11 月份上线。"春雨医生"致力于利用移动互联网的科技手段帮助人们把握健康、延缓衰老、治疗病痛，努力给整个医疗体制建立一个更自由的生态，不仅让个人获得健康，也让老百姓的看病难、药价高、保险亏等问题得到有效解决。

"春雨医生"免费为患者提供了图文、语音、电话等多种方式进行健康咨询，并由二甲、三甲公立医院主治医师以上资格的医生在 30 分钟内为患者进行专业解答。

"春雨医生"采用了流数据健康管理技术，对多来源数据进行采集并以可视化的表现形式，将患者的运动、饮食、体重、血压、血糖等多种人体数据进行全方位汇总，让患者随时随地了解自身的健康状况。

"春雨医生"实用、全面、精准的自我诊断功能可以让患者在没有医生协助的情况下学习医学常识、掌握医学知识。它支持多种查询方式，患者可自行查询疾病、药品和不适症状。而在自我诊断的背后，囊括了最全面的药品库和化验检查库、美国 CDC 40 万个样本库、医院药店地理数据库和"春雨医生"多年以来积累的超千万件资料的交互数据库。为了保证自我诊断的精准度，"春雨医生"采用智能革新算法，支持多症状查询和查询疾病发生概率。

除此之外，医生还可以在"春雨医生"平台上开设自己的个人网络诊所，对所提供的服务项目和服务价格自行定夺。

对于医生而言，"春雨医生"不仅可以帮助医生将碎片时间利用起来，让医生以便捷的互联网沟通方式增加收入、树立个人品牌、积累患者、为个人执业做准备，而且可以在医患互动之外加大数据系统辅助、降低误诊率，还可以打破医院界限、进行学术互动、提高整体诊疗水平。

对于患者而言，患者不仅可以随时随地进行快捷问诊，降低时间、空间及金钱成本，而且还可以预防过度医疗，让小病不大治、大病不耽误，并且利用远程会诊和多方意见大幅度提升患者对病情的知情权。

"春雨医生"已经从一款健康咨询的工具性软件，逐渐进化成了健康管理平台，提供包括免费问诊、付费问诊、线下诊疗、保险报销、私人医生、国际医疗等全系列的服务。从产品进化到服务，"春雨医生"已从一家纯互联网技术公司转变成了一家技术驱动的医疗服务企业。

2. 发展历程

2011年11月，"春雨医生"1.0版本上线，首创"轻问诊"服务。

2013年1月，"春雨医生"3.0版本上线，实现医生自由定价功能。

2013年10月，推出"春雨医生"4.0版本，上线疾病智能搜索引擎。

2014年4月，推出"春雨医生"5.0版本，上线"空中医院"。

2014年10月，推出"春雨医生"6.0版本，上线EHR、医疗咨询开放平台。

2015年2月，"春雨医生"启动服务型电子商务。

2015年5月，春雨私人医生发布会召开。

2015年5月，全国科技周中时任国务院副总理刘延东亲切接见"春雨医生"员工。

2015年5月，"春雨医生"和中国科学院大学共同宣布健康大数据联合实验室正式成立。联合实验室由中科院"百人计划"入选者石勇教授和"春雨医生"创始人张锐联合担任实验室主任。

2016年10月，创始人CEO张锐因急性心梗去世。

2016年12月，"春雨国际"与CHA（Cambridge Health Alliance）合作，引入创新基础医疗模式打造以患者为中心的新型社区诊所（家庭医生业务）。

2016年年底，"春雨医生"与护士上门移动健康服务平台"医护到家"达成双向合作，在"春雨医生"移动端上线护士上门打针、输液、孕妇护理等相关16项健康服务。

2019年7月，"春雨医生"APP上线隐私政策。

3. 产品与服务

（1）春雨计步器

春雨计步器是一款记录每天运动量的免费应用程序，支持记录每日行走步数；根据自身状态，自动测量卡路里消耗，在步行高低峰时段实时显示；与好友比拼步数，并将一天的行走状况通过运动曲线表示出来。它的特点是：耗电量极少，远低于市面上所有计步应用；分时段数据统计，可以更直观地掌握每天的运动状况；独创微信好友PK，每天随时掌控小伙伴的行踪；自动计算卡路里消耗。

(2）春雨空中医院

2014年，"春雨医生"在5.0版本中推出了"空中医院"，这是"春雨医生"2.0阶段。它根据地理位置、科室、医生评价数据去查找患者想要的医生，而医生可以在医院发表话题且开通图文、电话、视频还有私人医生咨询服务，患者可以进行付费咨询，这同时满足了患者和医生的需求。这种模式类似于让医生"开淘宝店"，医生在"春雨医生"上售卖产品、服务，只要患者愿意买就可以了。这样，患者可以准确地找到自己想找的医生，而不是每次网上咨询都是陌生的、不同的医生。

(3）春雨私人医生（线下诊所）

春雨私人医生服务是"春雨医生"3.0阶段，提供"线上+线下"的全流程就医服务。通过"线上咨询+线下就医"的方式，为会员提供持续的健康管理，包括专属家庭医生、三甲专家预约、完善电子健康档案等。

"春雨医生"线下诊所采用"轻资产"模式，即合作医院提供闲置资源，包括场所、硬件设备等，春雨通过网络调配提供医生及服务。线下诊所医生不是全职，但有多点执业资格，医院为流动的医生提供了合法的多点执业场所。"春雨医生"通过"O+O"模式完成"线上健康档案—线上咨询分诊—线下就医"的流程，实现"医院—医生—病人"的精确匹配，能够真正实现医疗资源的合理调配。

线下诊所的坐诊医生均为三甲医院副主任、主任级别的医生，如图5.16所示。患者与其线上私人医生沟通，线上医生建议患者线下就诊时，患者通过线上预约的方式与诊所医生约定时间前往诊所就诊。2015年6月，"春雨医生"已经在北京、上海、广州、杭州、武汉5个城市开设了25家线下诊所。截至2020年，"春雨医生"已拥有1.3亿名注册用户、63万名注册医生和数亿条健康数据，每天有36万个健康问题在"春雨医生"上得到解答，是全球最大的移动医患交流平台。

图5.16　"春雨医生"线下诊所页面

(4）春雨客厅医疗（居佳医生）

2016年4月，"居佳医生"举办了品牌发布会。"居佳医生"原名"春雨客厅医疗"，2015年12月，"春雨客厅医疗"从"春雨医生"中独立出来，由"春雨医生"控股的子公司北京春雨万弘科技有限公司独立运营。该公司成立于2015年5月，创始人兼CEO为谢呈。

发布会上,"居佳医生"公布了此前与歌华有线签署的战略合作协议:通过歌华有线平台走进 560 万户北京家庭,采用线上微信端、电视端与线下社区活动互动,推广"居佳医生"客户端,提供图文咨询、电话问诊、智能自诊、健康助手、健康问卷等形式的健康服务。

开拓慢性病管理这个蓝海,"居佳医生"从一开始布局就提供垂直类的服务,切入点更强调服务的重要性。居家健康主要是采用文章、视频和讲座的形式,通过微信号和电视端来对患者进行健康教育。"居佳医生"的三大优势:团队大部分人有医疗背景,专业性强;团队出身于春雨,互联网意识和能力较好;春雨集团作为公司的母公司,其背后的医生资源、患者资源、品牌资源能为"居佳医生"提供很好的帮助。

(5)春雨健康小站

以社区为依托的春雨健康小站,定位于"春雨医生"的体验店,患者可以体验在线问诊、家庭医生、专家服务、绿色通道等线上服务。春雨健康小站从建立到运营,只需要 15 天左右的时间,是典型的小前端、大后端的系统。相比缺乏温度的社区无人药店和受资质人才等因素制约的社区诊所,线上社区医疗形态的模式更轻、解决问题的方式更灵活、后端提供的服务类型更丰富,能够在社区快速复制。截至 2019 年,春雨健康小站在全国范围内创立 61 家,覆盖全国九省,医务服务覆盖 2 万余户家庭。

4. 创新与特色

(1)从在线问诊到远程诊疗,提升患者体验及在线问诊的精确度

"春雨掌上医生"设计了两种就医方法:一种是自诊,就是患者单击人体图和输入具体症状,手机会自动做出相应反馈;另一种就是核心的在线问诊业务,在线上患者能够与医生实时互动,答疑解惑。

"春雨医生"是业内第一个做在线问诊的团队,探索并制定了业务标准:速度要快,医生的响应速度一定要有保证;服务态度要好,制定的激励机制要保障患者能够享受到优质的服务;医生专业度要高,有专业的仲裁团队来为平台的医生做评估,供患者参考。

"春雨医生"对不同的就医场景进行了深度挖掘,以提升产品的患者体验。它主要解决的是在线寻医问药的精确性和匹配度问题,从"搜索获取海量真假难辨的信息"升级到"真实医生实时问答",释放医生的生产力;通过更合理地分配医生时间,增加医疗资源供给,提升医疗系统的效率。

"春雨医生"上线 5 年后,在线问诊依旧是其核心业务,同时从"看病"升级到"治病",实现了从在线问诊到远程诊疗的跨越。"春雨医生"在现有简单的医患实时互动基础上,逐步引入可穿戴/可植入的医用智能健康硬件监测、医学人工智能辅助和 POCT(及时检验)等循证医学证据,以提升在线问诊的精确度和患者满意度。

(2)打造"'云医院'+免费开放导流"的全新移动医疗商业模式

2016 年下半年,"春雨医生"联合贵州省普安县政府、普安县人民医院共同建立了"普安春雨云医院"。普安春雨云医院主要提供在线问诊和会诊功能,将进一步完善远程实时诊断、电子处方流转、电子病历等功能;"春雨医生"的线下诊所是从线上导到线下,而云医院是让优质医疗资源下沉到线下。"春雨医生"整合已有的大量医生资源,推出互联网"云医院"来实现首诊咨询服务。

"春雨医生"进行了重大战略调整，对外免费开放其服务，即所有有在线问诊需求的服务商，包括硬件厂商、APP、网站、微信公众号等都可以免费接入"春雨医生"的在线问诊服务。"春雨医生"的免费开放策略，给有在线问诊需求的服务商提供了增值服务。百度医生、阿里健康、华为、三星、中英人寿、中意人寿、阳光保险等多类企业、平台相继接入了"春雨医生"的在线问诊服务。

"春雨医生"打造的是一个全新的移动医疗商业模式，开办线下医院实现业务落地，免费开放则直接把平台用户导流到自己的医院转化为客户，形成"咨询—分诊—诊疗"的完整闭环。

（3）携手商业保险，探索与患者、保险、医疗机构合作共赢的商业模式

"春雨医生"于2015年7月正式推出了"私人医生健康管理"服务，借助平台上40余万名医生资源，希望逐渐将患者的健康习惯由"治病"转向"治未病"，即通过日常动态的健康监测、健康体检和健康咨询，实现对患者的健康管理，防患于未然，降低疾病风险和患病支出。

"春雨医生"联合人保寿险，推出了专属私人医生高端健康管理增值服务。"春雨医生"旗下的私人医生服务团队，借助移动医疗技术，为人保寿险客户提供持续、全面、个性化的高端健康管理服务——通过线上专属私人医生服务，解决客户日常健康咨询、专科疾病就诊、诊后复查等问题，并为客户建立全面的EHR健康档案，帮助客户掌握自身的健康状况，缩短就医、就诊时间，减少医疗费用。

春雨私人医生产品在慢性病管理、亚健康人群健康管理、女性健康保健、育儿健康等领域有着广泛的人群覆盖，加上"春雨医生"线下诊所的运营，覆盖诊前、诊中和诊后的健康服务闭环正在形成；借由健康管理，患者、保险、医疗机构的多赢模式也正在逐步实现。

5. 经验要点

（1）互联网医疗现阶段面临医疗政策、专业资源等多方面的困难

首先，国家关于互联网医疗的政策尚未明确，如互联网医院电子处方的认可和医疗数据的监管等，还有待于试点后的政策推动才可真正解决——以互联网医疗企业线下开办医院为例，目前审批手续非常烦琐、严格，推进缓慢。

其次，由于医疗资源分配不均衡，目前互联网医院仍然很难吸引优秀医生，服务质量不易提高，与线下医院相比在医疗质量上没有优势。虽然国家出台了医生多点执业政策，但实际上大医院的好医生还是没有足够的时间和动力来兼职。

再次，互联网医疗硬件设备尚处于起步阶段，很多疾病必须到线下医院检查就诊，从而使得互联网医疗目前可以开展的诊治范围比较有限。

最后，互联网医疗是个新鲜事物，整个医疗体制内的思维是偏好医疗技术，瞧不起非医学的互联网技术。移动医疗的相关流程标准仍在制定之中，其医疗安全问题尚未得到完全检验，加上之前网络医疗广告事件的不良影响，民众接受起来还需要较长的过程。

（2）移动医疗的盈利模式和商业模式还需要进一步探索

移动医疗在盈利上存在"先天不足"，国内医疗在门诊费用上与国外相比要低很多，利润微薄，但许多APP恰恰是把盈利重心放在诊疗环节。另外，有些移动医疗企业试图在药品上寻找突破，但药企和医院两方都很难接受。政策支持不够，三甲医院与基层医院

存在着利益分配的矛盾,是移动医疗难以实现盈利的主要问题所在。

(3)"春雨医生"后张锐时代的挑战

"春雨医生"几乎成为移动医疗的代言人,也替行业做了无数的免费模式验证。张锐是"春雨医生"的灵魂,他的离世对春雨的打击无疑非常沉重——无论是品牌代言、战略方向,还是融资效果,都有不可估量的损失,同时对整个移动医疗行业而言也是个巨大损失。好在"春雨医生"的品牌声誉和线上业务已经站稳脚跟,庞大的C端用户不会因此离去,业务收入也持续增长,所以生存不是问题。真正的挑战在于线上生态的拓展、与线下医疗的融合及探索更好的盈利模式。

以移动医疗为代表的新医疗行业仍处在市场培育期,患者就医习惯、支付习惯、配套的保险等支付环境还在缓慢改变,预计真正达到市场爆发点还需要几年的时间。这个过程也需要各个参与主体的信心和耐心。移动颠覆传统医疗,其实颠覆的是传统医疗中落后的技术、流程、思维和封闭的利益集团。传统医疗的互联网化在加速,互联网医疗企业也在更多地介入到传统医疗的创新中。两者正在加速融合,新医疗最终会得以构建——医疗整体的信息化、去中心化、移动化是趋势,而不是"春雨"或"秋雨"革了传统医疗的命。

案例 5-4 家装 O2O 行业的领导者——土巴兔

1. 基本概况

土巴兔——互联网装修领导者,创立于 2008 年。土巴兔致力于为顾客提供省钱、省心、省时间的一站式家装服务,顾客可享受在线报价、免费验房、免费设计、免费监理、建材特卖、优质施工、家居电子商务等服务,如图 5.17 所示。

图 5.17 土巴兔 APP

截至 2020 年年底,土巴兔业务覆盖了国内 347 座城市,在北京、上海、深圳、广州、南京、杭州、苏州等城市设置了分公司。平台已累计入驻 11.4 万家家装企业、0.9 万家家具建材供应商、130 多万名室内设计师,成功匹配业主与家装企业 771.8 万次。TalkingData 2020 年发布的一份数据报告显示,在对互联网家装人群装修 APP 的使用倾向中,土巴兔用户占比 23.6%,排在第一位。

2. 发展历程

2008 年,土巴兔装修网成立。

2009年，土巴兔旗下产品"设计本"上线，注册设计师超过10万人。

2010年，土巴兔推出装修招标，线上月交易额超200万元。

2011年，土巴兔装修招标额全年超过12亿元、注册设计师突破40万人、合作装修公司超过5万家，同年获得经纬创投A轮数百万美元的融资。

2012年，推出"装修保"服务，同年在深圳、广州、北京、南京成功试行，服务顾客超10万户。同年多款移动端应用全面上线。

2013年，土巴兔日均独立访问量突破30万人，土巴兔移动端应用累计下载量突破200万次，累计开通全国城市分站114个。

2014年，土巴兔获得红杉资本和经纬创投共同投资的B轮上亿元人民币融资。

2015年，获得58同城、红杉资本、经纬创投等机构C轮联合投资2亿美元，是迄今为止泛家居领域规模最大的一笔融资。

2015年，土巴兔和招联消费金融有限公司共同合作推出"装修贷"。这是一款专门为顾客解决装修资金周转难的装修贷款分期产品。

2016年6月，土巴兔"云工长"服务正式上线，标志着土巴兔正式进入家装3.0生态时代。

2016年，土巴兔日均独立访问突破400万人，累计服务顾客1 400万名。

2017年，入选商务部2017年至2018年度电子商务示范企业。

2017年，获评"2016深圳互联网十大品牌"。

2017年12月，根据艾瑞咨询的资料，MUV（月活跃用户数）连续3年位居前列。

2018年06月，累计为超过2 600万名业主提供服务。

2019年10月，胡润研究院发布《2019胡润全球独角兽榜》，土巴兔排名第224位。

2019年11月，胡润研究院发布《世茂海峡·2019三季度胡润大中华区独角兽指数》，土巴兔以100亿元人民币估值上榜。

3. 产品与服务

（1）装修保

"装修保"相当于装修界的支付宝，是土巴兔装修网为保障顾客和装修公司双方共同利益而推出的一项"装修款项托管"和"第三方工程监理"的完全免费保障性服务，为顾客装修款和工程质量进行双重保障，同时解决装修公司尾款难收的问题。

"装修保"规范了鱼龙混杂的装修市场，保障了装修公司和顾客双方的利益，促进了行业更积极、更健康的发展，赢得了业界的一致好评。随后，土巴兔开始投入大量的精力，着手改变装修过程中施工环节的生产方式，为装修公司和施工队制定了统一的行业标准，提供了统一的生产材料，以重度垂直模式最大限度地确保装修场所的质量，为顾客提供标准化的家装服务。

（2）设计本

"设计本"是土巴兔旗下较早成立的一个平台，顾客主要是一些个性化业主及设计师、设计公司。"设计本"主要打造的是一个顾客、设计师、设计公司和商家的交易平台，汇聚了95万名设计师，是目前中国较优秀的设计师交易平台。

（3）图满意

"图满意"致力于让顾客找到靠谱的装修公司，在装修过程中为顾客保驾护航。在"图满意"上找装修公司可以享受申请免费上门量房、专业设计师免费设计和免费预算报价的专业化服务,且"图满意"可以为业主提供资金保障,装修完成满意后付款。

（4）云工长

土巴兔创新推出的"云工长"服务,以创新模式减去了装修当中各种中间环节的费用,实现了顾客与工长的直接对话,进一步将信息透明化,同时能够更好地管控线下施工流程,保障服务质量。

4. 创新与特色

（1）打造一站式互联网家装全产业链平台

土巴兔通过产业链上1 400万名顾客服务数据的积累,成为中国最大的家装需求入口,从2012年开始发力家装产业链的改造:上游,汇聚了装修公司、工长工人等多层次的优质家装服务者;下游,对内整合各环节,实现供应链闭环的深度改造。以顾客为核心,通过内容、产品、服务、供应链等板块,打通一站式优质家装服务入口,实现顾客、设计师、装修公司、工长、建材家居商家的真实互动和共享多赢的家装生态链。土巴兔从互联网家装精准流量平台率先升级为国内最大的一站式互联网家装全产业链平台,如图5.18所示。

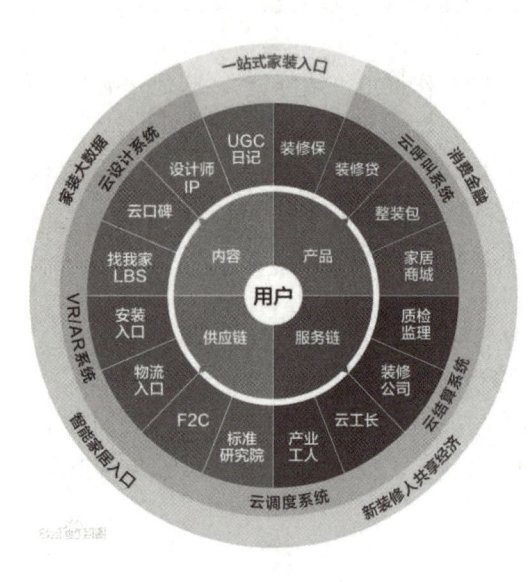

图5.18 土巴兔一站式互联网家装全产业链平台

① 丰富的内容入口。土巴兔目前已经掌控了包括家装UGC、设计IP、找我家LBS、评价体系及云口碑在内的家装大数据。对于家装顾客来说,可以依靠这些内容帮助决策;而对于企业而言,可以随时了解顾客满意度、搜集顾客需求信息。

② 创新的产品体系。土巴兔创立以来,相继推出了"装修保""装修贷""整装包"等创新产品,扩展了自身的服务领域,增强了竞争力。这些产品一方面解决了顾客装修资金短缺的问题,另一方面通过"装修款项全额托管"和"第三方独立监理"等服务,增强了对工长和工地的管理与把控,保障了装修的工程质量。同时,土巴兔的家居商城还为顾客提供高品质的家居建材一站选购、配送、安装等服务,让顾客不再为建材烦心。

③ 升级的服务链。土巴兔通过不断创新技术实现了施工项目管理的自动化和精细化。具体来说,就是依靠搭建云设计平台、完善质检监理系统和精选装修公司与工长。引进互联网技术,对服务链上的每一个环节都进行优化与升级,以提高施工的标准化和专业化程度,为顾客提供高品质的装修服务,土巴兔会成为汇聚服务者的生态平台。

④ 完善的供应链。土巴兔一方面从施工和设计管控体系选拔大量的干部;另一方面,跨界引入大量的供应链专家,完善供应链系统设计,打通安装入口、物流入口,建立标准研究院,从而实现F2C的直接供给,提高了供应链的资源配置效率,降低了行业成本。

（2）模式创新——云工长，共享经济——提升效率

"云工长"通过大数据、评价、监管等一系列机制，使工长与顾客直接对接，优化产业链供给，免除了传统家装各个环节的加价，为顾客提供了更透明的服务体验，满足了顾客多样化的需求，如图5.19所示。土巴兔将进一步打通全产业链，重新定义行业标准，建立严格的行业标准和制度。

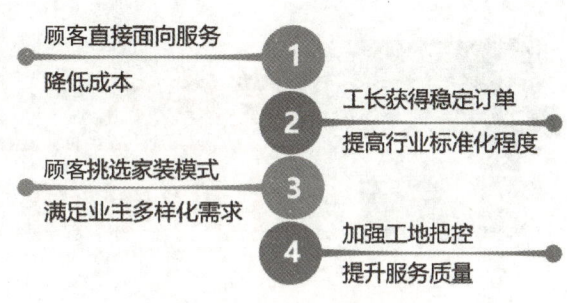

图5.19 "云工长"模式的优势

① 工长的筛选。汇集来自全国各地的一线资深工长；进行互联网操作、职业道德、职业规范培训，培训通过考核才能正式上岗。

② 工长的管理。对工长，要定期考核服务态度、装修技艺、工程质量、管理能力、顾客口碑等方面，并进行属性划分和评级，形成有效的激励机制。

（3）从家装入口迈入消费金融领域

互联网家装消费信贷服务能带来单价提升、获客能力提升、资金回流快三重利好。土巴兔联合中国建设银行、招联金融等打通金融和家装领域，利用互联网金融的大数据能力，建立循环、开放、共享的市场生态；推出装修消费贷款，让顾客享受先装修后还款的优质服务，全程资金托管和全程质检服务对装修资金安全与工程质量进行了双重保障。

5. 经验要点

纵观土巴兔的创业史：第一步，创业前3年走好流量入口；第二步，利用"装修保"和质检监理模式改造服务链；第三步，加强供应链，打造行业生态。

土巴兔的"云工长"模式，在"装修保"和质检员管理下，形成了一个集装修公司、工长和工人为一体的服务生态，为顾客提供更垂直的家装服务。"云工长"不仅让工长和工人拥有了一份稳定的收入，也在很大程度上杜绝了业内多年来增项、漏项的积弊。同时，通过这种更为直接和垂直的业务模式，工人从过去的传统家装压榨式的合作中解放了出来，不但获得了更多的回报，也为顾客节约了大量成本，是一种两全其美的新商业模式。

家装行业的链条复杂性衍生出更多的服务项目，土巴兔一方面从施工和设计管控体系选拔大量干部，另一方面跨界引入大量的供应链专家，完善供应链系统设计，打通物流和安装入口，建立标准研究院，从而实现F2C的直接供给，提高了供应链的资源配置效率。土巴兔自主研发的智能家居控制和接入系统实现了智能家居在中国家庭的全面落地，为中国家庭提供了更具人性化和智能化的家。通过土巴兔智能家居平台，顾客可以享受到智能电器调控、安防报警、健康监测、家庭娱乐等服务。土巴兔绝不仅仅是做一家全国最大的网络家装平台，更应该成为一个智慧家庭的入口和最大的智能家居运营机构。

模块六
生鲜电商

本模块知识要点

1. 生鲜电商的概念。
2. 生鲜电商的运营及发展趋势。
3. 生鲜电商的模式及其典型案例。

移动互联网的迅速发展,改变了人们的生活方式,出行、购物、吃饭,甚至买菜都有了网络化的趋势。现代社会,人们的工作节奏很快,通勤时间加长,对上班族来说,傍晚到传统的菜市场往往已经没什么新鲜的菜可选了,下班之后想自己做顿像样的晚餐成了一种奢望。电商与生鲜配送的结合,正好满足了这部分消费者的需求,成为电商领域的又一个亮点。

任务一　生鲜电商的兴起

任务引入

2009 年,当张晔的"易果生鲜"经过艰难的打拼终于挥军北上,将地盘拓展到北京的时候,主打有机农产品的"沱沱工社"也几乎在同一时间做了同样的战略决定。而此时在上海,王伟创办的"天天果园"才刚刚成立,咨询公司的人告诉他,这一年全国水果电商的市场容量大概是 5 000 万元。

10 年后,生鲜电商的市场规模已经扩张到了数千亿元,甚至万亿元。门店到家、前置仓、社区拼团,生鲜电商的"玩法"日新月异,线上线下的区别日益模糊。

这些模式的区别究竟在哪里? 未来是会共生,还是由某一种模式一统江湖?

一、生鲜电商的概念

生鲜产品电子商务简称生鲜电商,是指用电子商务的手段在互联网上直接销售生鲜类产品,如新鲜水果、蔬菜、生鲜肉类等,并且及时为消费者完成配送的商业模式。

生鲜电商与传统电商的根本区别在于商品的特殊性。生鲜一般是指"生鲜五品",包括3类未加工的初级产品——果蔬(水果蔬菜)、肉类、水产品,以及两类加工产品——面包和熟食,熟食又包括冷藏的冷冻食品、乳制品和非冷藏的散装食品,如火腿等。相比其他标准化商品,生鲜商品具有易损耗、低保值、高频刚需、即时需求等特点。

在传统供应链下,生鲜从产地到餐桌需要经过多个环节,过程中损耗巨大,同时在经销商层层加价后,最终零售价格可能达到地头价格的3~10倍。生鲜与电商结合的逻辑在于,电商平台可以深入产地源头与基地达成合作关系,缩短交易链条,并依靠成熟的仓配体系,满足消费者需求,从而实现生鲜的保值增值。

二、生鲜电商的发展历程

1. 2005年至2011年:萌芽阶段

2005年,国内第一家生鲜电商企业"易果生鲜"成立,标志着生鲜电商发展历史的开端。

2008年前后,以"三鹿奶粉"事件为代表的食品安全问题频发,使得消费者对于食品安全性和品质的关注度空前提高。"和乐康"和"沱沱工社"以绿色有机食品为主打,趁势进入生鲜电商市场。此时的电子商务行业刚刚起步,物流体系尚未健全、支付系统尚未完善,消费者还没有建立起对电商的信任,生鲜电商大都以小众市场为目标,规模有限,推广难度很大。

2009年至2011年,生鲜电商行业先后涌入了一大批企业,但热闹的场面并未带来真正的繁荣。虽然生鲜电商提供的产品品质优于传统的菜市场,但受制于供应链成本,其价格并不亲民。一线城市竞争激烈,离开了一线城市的企业生存的空间就更小,最终很多企业在竞争中倒闭。北京"优菜网"寻求转让及上海"天鲜配"被转卖,标志着这个阶段的结束。

这个时期的生鲜电商,仅仅只是将互联网模式生搬硬套到生鲜行业上来,并没有自己的核心竞争力,因而发展缓慢、步履艰难。由于模式尚未成熟,因此该阶段被称为萌芽阶段。

2. 2012年至2013年:探索阶段

2002年,褚时健年过七旬二次创业,在1.6平方千米(2 400亩)的荒山上种植橙子。他的创业精神让很多人为之感动,他的橙子也成了励志的图腾,人们称之为"褚橙"或"励志橙"。10年后,"褚橙"首次大规模进入北京市场,生鲜电商"本来生活"获得独家经销权。2012年11月5日,北京的"褚橙"正式发售,凭借"褚橙"进京的报道,以及相关话题在微博上的热烈讨论,"褚橙"开售火爆,5分钟就售出了800多箱。之后,各路互联网大V纷纷把"褚橙"当作礼品送人,再次带火了"褚橙"的销售。在这个过程中,生鲜电商的概念和销售方式也开始被大众所接受。

2013年,"京城荔枝大战"再次成为热点,顺丰优选、沱沱工社、来生活、京东有机频道等多家生鲜电商平台的激烈竞争引起人们的热议。社会化媒体及移动互联网的发展让生鲜电商企业有了更多模式的探索，这个阶段的生鲜电商行业显得更有生命力。

3. 2014 年至 2019 年：洗牌阶段

2014 年初，天猫和京东正式进军生鲜电商，标志着巨头时代的来临，生鲜电商行业竞争不断升级。

2017 年，以顺丰优选、一号生鲜、本来生活、沱沱公社、美味七七、甫田、菜管家等为代表的大小平台都获得了强大的资金注入。各个企业充分发挥自身的行业资源优势，展开了一场生鲜电商备战大赛。在此期间，B2C、C2C、O2O 等各种模式都被演绎得淋漓尽致，越来越强劲的移动互联网工具也为各商家提供了更多的选择。这个阶段的一个特点是生鲜电商的战场由线上延伸到线下，门店模式开始成为主流，如盒马鲜生还增加了堂食区域。生鲜电商的概念被不断刷新。

随着电商行业的不断成熟，人们对生鲜的消费理念也在慢慢向电商转变，生鲜电商从开始的小而美走向大而全。但是生鲜电商与其他零售电商一样，仓储、运输、门店每一个环节都需要大量资金维持。由于生鲜产品的损耗率高，因此这个行业的烧钱程度更是非同一般，很多企业在激烈的竞争中无法顶住高昂的运营成本。

2016 年 4 月，生鲜电商企业"美味七七"倒闭，此后生鲜电商领域"噩耗"频传。潮水退去，越来越多的生鲜电商企业资金链断裂，钱烧完了却拿不到新的融资，只能黯然离场。据不完全统计，2018 年至 2019 年倒闭的生鲜电商仅品牌企业就有 36 家，更有很多不知名的小企业无声地消失，整个行业迎来了重新洗牌。这个时期被人们称为"生鲜寒冬"。

4. 2020 年至今：风口来临

2020 年初，一场肆虐全国的新冠肺炎疫情打乱了众多线下商业的经营节奏，传统菜市场也成了大家避之不及的场所。疫情的出现迫使人们将买菜、购物等日常需求转到网上。在众多转战网上的领域中，生鲜电商受到的影响最为直接，表现也最为突出。在 2019 年一度濒死的生鲜电商，顺势完成了消费者教育的布局，迎来爆发式增长。

根据 Fastdata（极数）数据显示，2020 年上半年生鲜电商交易额达到 1 821.2 亿元，同比增长 137.6%，已超过 2019 年全年。截至 2020 年 10 月，我国在业和存续的生鲜电商主体一共有 1.68 万家。生鲜电商在 2020 年登顶风口，成为一条"拥挤"的赛道。

三、生鲜电商的特点

回顾生鲜电商行业的历史，对于模式的探索从未停止，机遇风口似乎总在眼前，但是直到现在也没有哪一种商业模式真正胜出。作为一个充满吸引力和不确定性的行业，生鲜电商究竟都有哪些特点呢？

（一）储运条件苛刻

生鲜电商与其他电商的一个重要区别是储运的标准更高：一方面，由于生鲜产品的保鲜期、保质期都比较短，产品在收货后一直到配送到消费者家中的整个过程都有保鲜的要求，因此全程冷链物流是生鲜电商的基础；另一方面，生鲜产品容易磕碰受损，在收货后的储存和转运过程中非常容易产生损耗，因此物流周转效率上要求比较高，如果周转中出现大量库存,则不但会使保鲜成本上升,产品也会迅速出现大量损耗,导致巨大损失。但是,由于物流建设投入比较大,并且建设工期比较长,因此目前冷链的覆盖范围还主要集中在一、二线城市,在其他地区还有待提高。

(二)配送效率要求高

生鲜产品的消费需求在一定程度上与外卖行业类似,都带有一定的即时性。因此,生鲜电商配送的时效要求显著高于传统电商,这就导致了传统电商的配送网络无法直接应用于生鲜行业。在这种情况下,生鲜电商要长期运营就一定要具备自己独特的模式。经过多年的探索,到店、到家、社区团购等不同的运营模式都显示出各自的优势和不足,配送效率成为区别生鲜电商平台的重要因素。

(三)流量入口型业务

生鲜电商带有天然的高流量属性,对互联网行业吸引力巨大。生鲜产品包括蔬菜、肉禽蛋、水产、水果等,是人们一日三餐的食材需求,因此采购频率高、需求稳定——虽然不同年龄的人群选择渠道可能会有所不同,但对于生鲜的需求是不可缺少的。从购买频次看,生鲜整体的购买频次达到 51 次/年,高于快消品总体的消费频次。但需要注意的是,消费者在生鲜电商平台选购产品时,很大程度上就是依据方便、价格等因素,因此消费者的忠诚度很低——一家刚上线的平台凭借优惠政策可能会很快吸引一大批消费者,但如果希望持续下单,就需要平台保持物美价廉和优质的服务。

生鲜业务显著的聚客效应,无论是对线下的超市还是线上的生鲜电商而言,都具备成为优质流量入口的潜力。

(四)注重品类和品质要求

当前从我国生鲜电商的消费种类来看,消费者的选择范围越来越广。在过去以主粮、牛肉、羊肉为主要品类的基础上,水果、海鲜等高价值产品的消费比重在不断提高。尤其在新冠肺炎疫情(以下简称疫情)期间,线上购买生鲜产品的需求不断增长,在促进了生鲜电商发展的同时,也向生鲜电商行业提出了问题,即消费者为什么要选择在生鲜电商平台下单,仅仅是因为方便吗?同样是线下渠道,明明附近就有菜市场,为什么还有那么多人选择驱车前往更远的超市和卖场买菜?最显而易见的答案是"品类更全"和"品质更有保障"。因此,对于任何一家生鲜电商平台来说,品种的数量永远是能否满足消费者购物需求的基本标准。那些品类齐全、品质较高、能够一站式满足日常购物需求的平台,自然更有机会吸引消费者重复购买,将"雪球"越滚越大。

任务二 生鲜电商的模式及运营

任务引入

根据艾瑞咨询报告显示,2019 年中国生鲜电商市场交易规模达 2 796.2 亿元,较上一年增长 36.7%。2020 年受疫情影响,消费者对生鲜到家的需求急速增长,生鲜电商市场交易规模有显著的提升。

在这个千亿元级的市场中，叮咚买菜、十荟团、兴盛优选等头部企业勇立潮头，拼多多、美团等巨头也在2018年陆续加入战局。企业采用不同的经营模式，如前置仓模式、社区团购、平台到家等。每种模式都有典型的企业和相应层级的消费人群，每种模式都有明显的优势和劣势；不同模式间存在重叠和互补。

当巨头借助资源优势和补贴吸引消费者时，创业企业用怎样的壁垒迎战？生鲜电商未来将走向怎样的发展格局？

一、生鲜电商的运营现状

从2012年至2020年，生鲜电商经历了多轮换血与调整，相关企业"十死九伤"。在行业处于困局之时，一场突如其来的疫情却让"寒冬"中的生鲜电商逐渐回暖，那些在洗礼之后得以留存的企业迫切地希望抓住疫情带来的机会，行业的主基调也开始由"倒下"切换为"入局"，只是这次"入局"的主角不再是创业公司和风险投资者，而是互联网巨头。2020年，生鲜电商中的互联网巨头开始从幕后走向前台，直接下场参与竞争，美团、拼多多等相继推出美团优选、多多买菜，开始进军社区团购市场；阿里巴巴也宣布成立MMC事业群聚焦社区团购业务，名为"零小哇优选"，整合了零售通的社区团购业务和盒马集市。社区团购迅速渗透，再加上实体超市线上线下融合日趋成熟，生鲜到家领域被推向了一个新的高度，行业势必迎来更加激烈的竞争。随着智能手机的普及、外卖到家习惯的养成及移动支付体系的成熟，生鲜电商创新模式如春笋林立，从传统模式走向前置仓、"到家+到店"新零售、社区生鲜店、社区团购等多种模式并存的新纪元。

疫情期间，生鲜电商陆续推出保供不打烊、无接触配送到家等服务，消费者通过定闹钟去不同平台"抢菜"也已经成宅家常态。那些平时不买菜、不做饭但却具有较强线上消费能力的人群，也纷纷肩负起整个家庭的囤菜重任，成为线上买菜的主力军——"70后"到"00后"人群全覆盖，各年龄层都出现了不同程度的增长。新顾客注册增加、老顾客复购率增长、顾客单价增加，即便没有补贴每天也卖断货，疫情彻底颠覆了传统的流量增长逻辑。生鲜电商平台生意一夜之间回归商业本质，"食材品质与供应能力"才是企业乃至行业可持续增长、发展的根本。不少生鲜电商企业一边布局，一边持续挖掘供应链资源，双管齐下提高平台产品的丰富度和差异化。

从网约车到共享单车，再到如今的生鲜电商，互联网行业一直都在上演从烧钱补贴，到快速扩张、市场洗牌，再到巨头清扫战场的重复剧情。只是对于生鲜电商，这个剧情走得有时快、有时慢，毕竟与网约车、共享单车不同，生鲜电商更"重"，也更"传统"。生鲜电商相对其他电商品类环节层级更复杂，且运输、储存条件更严苛，目前尚未出现成熟的盈利模式，拥有较强供应链管理能力的生鲜电商更有望在突围中胜出。

二、生鲜电商的运营模式

生鲜电商的模式有很多，按照运营品类的不同可以分为垂直型和综合型。但这并不是生鲜电商平台的核心区别，真正能够区分不同平台运营能力的关键，在于供应链和配送方式的不同。对于消费者来说，不同的生鲜电商平台在体验上的差别在于产品品类是否丰富、是否当日送达、是否配送到家及是否需要预订。根据这些区别，我们可以将生鲜电商的运营模式分为以下几种。

（一）传统生鲜电商模式

传统生鲜电商模式是交易和配送方式与普通的电商购物一致，消费者利用电商平台选购生鲜产品，企业通过电商大仓和分仓等传统快递方式配送给消费者的模式。

传统生鲜电商模式的优点是仓储量大、品类多、经营范围面向全网消费者。但是由于上游生产者和下游零售端高度分散，最初为了提升效率、降低成本，催生了很多批发商和经销商，因此导致每个环节层层加价，且整体运转流程时间偏长、配送速度较慢——一般为下单后一两天送达，与当前其他运营模式相比劣势明显。这种模式的代表性平台有天猫生鲜、京东生鲜、天天果园等。

（二）前置仓模式

前置仓模式本质上是一种物流解决方案，是将仓库（配送中心）从城市远郊的物流中心前移到离消费者更近的中心城区，从而实现更快送达的物流模式。

生鲜电商的前置仓模式是生鲜产品销售方利用冷链物流（冷藏车）提前将产品配送至前置仓（一般设置在消费者集中的社区附近）储存待售，待消费者下单后由前置仓经营者组织完成包裹生产和"最后一公里"的上门配送，如图6.1所示。这种模式的代表性平台有每日优鲜、叮咚买菜等。

图 6.1　前置仓模式

在物流圈，前置仓早已被认为是行业发展大势所趋，并且也是电商的一仓发全国向分仓配货演变的标志。前置仓模式在消费者体验上的优势很明显：一般来说，传统电商平台下单后配送时间最快为4个小时左右，而前置仓可以将配送时间压缩到30～60分钟。

对于生鲜电商的平台方来说，前置仓的优势明显，但运营上的困难也很多。

① 辐射范围有限。前置仓在有限的经营范围内，不要求消费者预订，因此订单有很大的不确定性，产生的损耗也无法预测，还会给补货带来很大的困难。

② 运营能力要求极高。不同地段的消费者是存在差异的，严格来说每一个前置仓辐射范围内的消费者情况都不一样。为了满足不同区域的消费者需求，前置仓模式下的各个区域的产品品类、价格都会出现差异。从一个城市的不同区域扩大到全国范围，供应链和管理的复杂度就会大大上升，所以前置仓是强运营项目。

③ 品种数量少。一般来说，大型商超的品种数量可达到2万个左右，天猫、京东生鲜板块的品种数量在4 000个左右。对于前置仓来说，每100平方米可设置约200～300个品种，目前大部分前置仓规模在300～500平方米，也就是说品种数量在600～1 500个。而满足家庭厨房至少需要1 500个品种，所以大部分前置仓的面积是不足的。品种数量能否满家庭需求，直接关系到消费者的忠诚度。

④ 运营成本非常高。前置仓的辐射半径仅为 1～3 千米，为了实现有效运营，需要建立网络进行覆盖。一线城市要达到完全覆盖，可能需要 10 个以上的前置仓，而目前前置仓多以自建为主，所以前期投入非常高。

（三）"平台＋门店"模式

"平台＋门店"模式是电商平台与线下商家达成合作，消费者在平台下单后，由配送员到附近商家取货完成配送的模式，如图 6.2 所示。该模式根据门店类型的不同又可以分为社区门店到家、超市＋餐饮到家及传统商超到家 3 种。

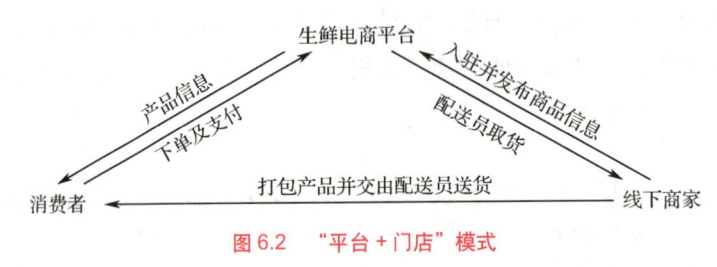

```
                   生鲜电商平台
              ↗                  ↖
      产品信息                      入驻并发布商品信息
      下单及支付                    配送员取货
              ↘                  ↙
       消费者 ←—— 打包产品并交由配送员送货 —— 线下商家
```

图 6.2　"平台＋门店"模式

与其他模式相比，"平台＋门店"模式的品种最为丰富，可以达到上万个。这种模式更适合汇聚流量的大平台而非创业公司。它的优势在于前期投入成本比前置仓模式要低，平台依靠抽取一定比例的佣金来实现盈利，更容易控制成本。但其劣势在于平台到家方式会使生鲜电商的毛利率相对较低，且平台不容易对入驻商家的产品进行品控。这种模式的代表性平台有京东到家、美团、"饿了么"等。

（四）仓店一体模式

仓店一体模式是新型零售商业模式的一种，是通过开设线下门店覆盖周边居民，同时也可以线上购买产品，由平台进行配送的商业模式。线下消费者可以借助线上网络信息获得更多、更方便的线下服务；线上消费者可以在线上平台下单购买产品。

这种模式的优点在于，能够为用户提供线上线下一体化的服务，消费者体验更佳，但通常产品的价格也相对更高，所以更加适合追求品质和品牌、对价格不那么敏感的一线城市的高端消费群体；这种模式的劣势在于，对平台来说这同样是重资产、强运营模式，需要更好的成本控制和忠实消费者培养，才能实现盈利。这种模式的代表性平台有 7fresh 和阿里盒马鲜生。

（五）社区团购模式

社区团购是指社区内居民团体的一种互联网线上线下购物消费的行为，是依托真实社区的一种区域化、小众化、本地化、网络化的团购形式。简而言之，它是依托社区和团长社交关系实现生鲜产品流通的新零售模式。

这种模式以"预售、次日达、自提"为特点，形成线上销售、线下自提的流量闭环。其大致流程：首先由团长在微信群里推广团购产品，群内成员在特定时点前（一般为当晚 11 点）下单，同时选择自提点；平台搜集完订单后，进行加工、分拣、装车和运输，通常在第二天 12 点前将货送至自提点（一般为团长所在门店），由群内成员自行提货，如图 6.3 所示。

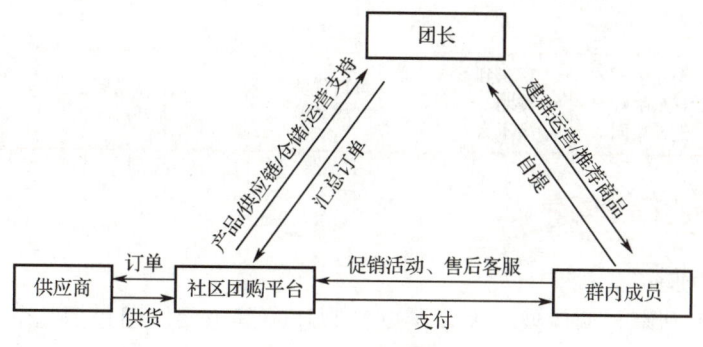

图 6.3 社区团购模式

对追求性价比和依赖熟人社交的下沉市场消费者来说，社区拼团模式充满吸引力。这种模式的优势在于：采用预售方式以销定采降低了生鲜库存损耗，自提的方式也降低了配送成本；对平台团长来说，社区团购模式较少占用资金、店面物理空间，同时自提带来了线下人流，消费者很可能产生附带性购买行为，为店主带来额外收入。但其劣势在于：对团长的依赖度较高，但团长并没有跟平台形成强绑定关系，导致团长的流动性较高；对消费者端来说，社区拼团模式的配送时效性、便捷性不如前置仓模式。这种模式的代表性平台有兴盛优选、十荟团、橙心优选等。

各种生鲜电商模式的对比如表 6.1 所示。

表 6.1 各种生鲜电商模式的对比

生鲜电商模式	传统生鲜电商模式	"平台+门店"模式	前置仓模式	"仓店一体"模式	社区团购模式
模式简介	通过互联网将生鲜产品通过自建物流或第三方物流方式直接配送给消费者	平台通过与线下商超、零售店和便利店等合作，为消费者提供到家服务	在离消费者最近的地方布局集仓储、分拣、配送于一体的仓储点，缩短配送链条，降低电商配送成本	到店消费+线上购物+及时配送，提供线上线下一体化消费体验	团购平台提供产品供应链物流及售后支持，团长负责社群运营，消费者在社区自提产品
布局城市	全国布局	一、二线城市为主	一、二线城市为主	一、二线城市为主	二、三、四线城市
覆盖范围	>10 千米	1～3 千米	1～3 千米	1～3 千米	500 米～1 千米
配送时长	一两天	一两小时	30～60 分钟	30～60 分钟	一两天
优势	① 获客成本低 ② 具有较强的品牌优势和诚信力	分布在消费者周边，满足即时性需求	① 前置仓分布在消费者周边，提升配送时效 ② 降低冷链交付成本	① 线上线下流量形成闭环，减少宣传费用 ② 线上线下结合，可以看到生鲜的质量，降低信任成本	① 获客成本低 ② 轻运营模式，易于规模化扩张 ③ 团长进行线下人际沟通，更容易打入下沉市场
劣势	① 配送时间长 ② 产品损耗率高	与线下商家合作，难以把控产品质量	供应链、仓储前期投入较大	重资产模式，门店及人力成本增加	① 平台产品丰富程度受限 ② 缺乏完善的团长管理模式 ③ 退货不方便

(续表)

代表企业	天猫生鲜 京东生鲜 天天果园	京东到家 美团 饿了么	每日优鲜 叮咚买菜	盒马鲜生 7Fresh	兴盛优选 十荟团 橙心优选

三、生鲜电商的行业痛点

1. 产品毛利率低

生鲜业务毛利率普遍偏低,大多在20%以下。其主要原因包括几个方面:生鲜作为农产品,加价空间有限;生鲜产品缺乏品牌,同质化严重,不同渠道之间主要依靠价格竞争,难以维持高毛利水平;超市将生鲜作为聚客流量入口,会主动控制毛利率,保持价格竞争力,同时也影响了其他渠道;生鲜上游生产高度分散,流通环节众多,层层加价且流转时间长,极易产生腐损。

产品的低毛利导致了大多数生鲜电商企业都无法直接通过业务获利,更无法通过业务本身快速积累足够的资本以完成品牌和上游渠道建设改造。由于生鲜具有易耗性,企业前期需要投入大量资金建设冷链物流体系,以满足单日达或次日达,因此与传统物流相比,成本已是天壤之别。因此,进一步削减了利润空间,如何控制供应链成本就成了摆在生鲜电商面前的第一道难题。

2. 经营品类受限

由于生鲜商品的易耗性和消费需求的即时性,给供应链提出了极高的要求,因此生鲜电商无法像传统电商一样简单突破空间限制。这也意味着其生鲜电商带有强烈的地理属性,而地理属性又进一步决定了其服务范围,"社区"即是其身份象征。那么,如何选择服务"社区"的产品就成为重中之中。

生鲜电商的线下竞争对手有3种相近的形态:菜市场、便利店和商超。这3种不同形态代表了不同的消费需求:菜市场满足了餐饮;商超更倾向于零售;便利店介于两者之间。生鲜电商平台如何既能突破这3种形态所带来的价值,又有盈利空间,决定着生鲜电商平台的发展路径。对于餐饮而言,菜品种类的丰富性最为重要,菜市场与一、二级批发市场已形成成熟的联动分发机制,且菜市场租金更低,在菜品供给的多样性上更胜一筹,生鲜电商如果向菜市场的方向靠近,就需要不断增加盈利空间小的蔬菜品种,但与菜市场的竞争优势并不明显;而对于线下商超而言,零售的需求很大一部分已经被传统电商所侵蚀,在生鲜电商平台购买"生鲜+零售"的可能性已被大大削弱。

整体而言,生鲜电商平台模式接近便利店可能是更好的选择,即选择有限的货品,主打"便捷性"和"即时性",突出生鲜的"标准化+品质化"。

3. 数字化能力有待提升

对于生鲜电商企业来说,数字化能力关系到企业运营中的库存管理、商品流通过程的监测、社区居民的需求预测等各个方面。只有从根本上准确地预测产品,才能从源头上降低供应链的整体费用,包括降低库存和无谓的产品损耗,同时适时推出品质受欢迎的产品是获利的关键。在线下门店中,一方面,在长期经营中掌握周边消费者基本需求来备货;另一方面,更为重要的是通过线下门店的"展示"效果引导消费需求,有效促进产品的销

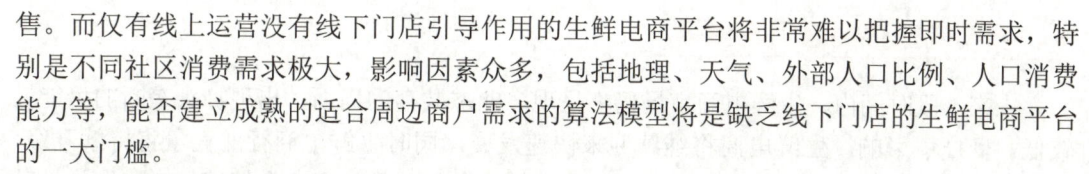

售。而仅有线上运营没有线下门店引导作用的生鲜电商平台将非常难以把握即时需求，特别是不同社区消费需求极大，影响因素众多，包括地理、天气、外部人口比例、人口消费能力等，能否建立成熟的适合周边商户需求的算法模型将是缺乏线下门店的生鲜电商平台的一大门槛。

4. 产品标准化困难

生鲜产品具有农产品的普遍特点——标准化困难。不同于工业产品，农产品因品种、种植环境的不同，品质可能存在很大的差异，即便是统一品种、统一种植的产品，因为储运条件的不同，也会造成品质的差异。因此，生鲜电商要面对的一个重要难题就是产品的标准化。

对于传统的线下交易，生鲜产品的品质和新鲜程度均是可见的，消费者可以即时对产品进行检验和评估，满意再付款，因此线下场景中的生鲜产品即使有一些不足，也在交易环节被消费者接受了，价格与质量可以得到匹配。而电商则不一样，从本质上说电商是一种预售行为，买卖双方不见面，双方都存在对交易的预期，生鲜的品质要靠图片、文字、消费者评价来判断，检验和评估都要靠电商的电子化虚拟工具来实现，一旦出现结果与预期的落差太大，只能投诉退赔。因此，生鲜电商要取得最终的成功，将非标的农产品改造成标准化的农产品是一条必经之路。

任务三　生鲜电商的发展趋势

任务引入

2020年突如其来的疫情，让无接触的生鲜电商体现出优势，逐渐深入千家万户。在后疫情时代，在"懒人经济"的浪潮下，大量消费者已经养成线上购买生鲜产品的习惯，使用频次越来越高。生鲜电商将成为传统线下生鲜门店、传统电商的有力补充，行业增长势头也将持续。

但生鲜电商市场是个数千亿元，甚至万亿元级别的市场，截至2020年年末生鲜电商的渗透率也才3%不到，未来的空间很大。蛋糕这么大，资本的热度不可能降低，随着物流冷链愈加完善、成本降低模式更多、消费人群的变化，生鲜电商的运营模式也在不断变化。

随着我国人民生活水平的提高，生鲜产品的需求也在不断增长。2013年以来，生鲜市场年均增速超过6%。2020年，全国生鲜零售市场规模突破5万亿元，其中电商交易量约占10%，生鲜电商成为电商行业较具增长潜力的细分领域之一。目前，我国生鲜交易仍然以农贸市场为主，渠道份额占比过半。从发展趋势看，农贸市场渠道份额不断萎缩，而超市和电商渠道增速较快，替代效应显著。农贸市场渠道流通效率低，购物环境存在较大提升空间，发达国家农贸渠道份额普遍为20%以下。随着我国"农改超"政策的进一步推进，电商与超市不断融合，新渠道加速崛起成为必然。

一、多模式共存局面仍将持续

未来一段时间内，生鲜电商市场仍将呈现多业态共存的局面，出现寡头垄断的可能性较低。受疫情影响，生鲜电商将继续迎来快速发展，同时生鲜电商行业竞争将持续升级，传统零售商超将加速拓展线上渠道，巨头在生鲜电商领域的布局也在持续扩大。这将推动原有的行业格局加速洗牌。2020 年，美团正式进入社区团购，将原线下生鲜业务"小象事业部"更名为"买菜事业部"，发展美团买菜业务；"饿了么"也从餐饮外卖平台升级成生活服务平台，推出生鲜零售服务；盒马鲜生宣布启动"双百战略"，开设盒马鲜生会员店和盒马 mini 各 100 家；叮咚买菜力争 2022 年年底在 36 个城市全面实现盈利。

由于生鲜电商高昂的物流成本及运营成本，因此整体规模化获利是短期难以实现的目标。要在"混战"中突围，亟需加快实现自我造血能力。

二、半成品菜可能成为生鲜电商新发力点

疫情期间，半成品市场加速发展，"半成品菜+线上销售"打开了餐饮新零售的局面，在众多餐饮企业推出半成品菜的同时，一些主流生鲜电商平台也开始拓展部署半成品市场。半成品菜的线上销售，对于餐饮企业来说，可以通过线上售卖半成品菜而减少因疫情堂食停业造成的损失；对于生鲜电商企业而言，可以利用其社区布局及供应链优势将半成品菜送达消费者。此外，半成品菜的毛利率高于水果蔬菜，生鲜电商可以在拓宽销售品种的同时提高利润率。

总体而言，疫情间接推动了半成品菜的发展。当人们的生活恢复常态后，半成品菜的销量仍会保持一定规模的增长，原因在于疫情的发生提升了消费者对半成品菜的认知。当下，"80 后""90 后"成为市场主流群体，他们对于方便、品质、营养、健康的食品关注度愈来愈高，因而半成品菜仍旧会保持一定的热度。

三、供应链整合及渠道变革速度加快

疫情发生后，"全民线上抢菜"使得生鲜电商的消费者和订单量大幅增长，给供应链和履约能力都带来了巨大的考验。企业要自如应对，就需要不断优化现有的生鲜供应链体系。

疫情期间多地实行交通管制，道路封闭且物流复工率低使得农产品运输受阻。大型农产品交易中心及农贸市场暂时性关闭，导致全国范围内农产品滞销，农民损失惨重。农户依赖的传统线下销货渠道受阻，倒逼农户接触生鲜电商平台，从而从上游供给端推进了生鲜的线上渠道发展。电商平台也根据其供应链及物流能力，通过"绿色通道"、集中采购、减少中间环节等方式助力滞销农产品直达消费者。在政策层面，政府也出台相关政策助力农产品基地与生鲜电商平台的对接，推动"产地直采"。短期内，这将加速供给端的线上渗透，提高生鲜电商的供应链渗透率。

另一方面，疫情过后，生鲜电商对于食品安全会更加看重，意识到加快冷链覆盖面的重要性，消费者也更加愿意为冷链物流服务买单。生鲜电商平台整合供应链后，减少了流

通层级，可使生鲜装卸次数降低。伴随冷链物流基础设施建设的进一步推动，生鲜流通损耗将会降低，产品品质得以保证。

四、产品品种有序拓展

疫情防控期间，消费者对生鲜电商平台的供应商品及服务给予了很大的"容忍性"。但疫情结束，平台用户，尤其是疫情防控期间的新增用户的需求如果无法得到满足，就会造成用户流失。

根据艾瑞网调研结果显示，消费者在疫情防控期间选择生鲜电商平台时，除无接触配送外，最为看重的因素是产品品质和品种丰富度。电商平台通过优化供应链能力，加强上游的标准化建设和冷链物流建设，能够保障新增消费者对生鲜产品品质的需求。拓展平台产品品种进而保障平台产品的丰富性，是生鲜电商下一个阶段的重要命题：根据疫情防控期间新增消费者信息及消费数据，并结合平台自身的消费者定位，筛选出与平台主要消费群体相似度高的人群，有序拓展平台的产品品种，保障新增消费者对品种的需求；针对单个细分人群的精细化需求进行智能化推荐；及时跟进市场营销活动，如老顾客拉新奖励等活动。疫情结束之后，要保持规模化增长，生鲜电商的价格战、补贴、大规模促销等活动不可避免，但想留住消费者，保证产品质量、配送时效和个性化供给才是可持续发展之道。

五、相关政策不断完善

生鲜电商的发展离不开政策支持。2018年，北京市有关部门印发《北京市街区商业生态配置标准指导意见》，明确提出鼓励"互联网+"服务进社区，提升"上门服务""共享服务"效率。生鲜电商依托互联网手段，实现了线上零售服务对线下社区的覆盖，就是对相关政策的积极响应。

国家关于冷链物流的政策不断推出。2020年3月，国家发展改革委员会印发《关于开展首批国家骨干冷链物流基地建设工作的通知》；2020年6月，农业农村部办公厅发布《关于进一步加强农产品仓储保鲜冷链设施建设工作的通知》。相关通知中提出，要建设农产品骨干冷链物流基地、区域性农产品产地仓储冷链物流基础设施、乡镇田头仓储冷链物流设施、村级仓储保鲜设施；加强冷链物流集散中心建设，完善低温分拣加工、冷藏运输、冷库等设施设备，强化城市社区配送终端冷藏条件建设，做好销地与产地冷链衔接，构建覆盖农产品生产、加工、运输、储存、销售等环节的全程冷链物流体系。2021年3月11日，国家食品安全风险评估中心、中物联冷链委等单位共同起草的《食品冷链物流卫生规范》强制性国家标准正式实施。国家对于冷链行业监管力度趋严，标准化体系建设逐步完善。

READ 阅读推荐

上市，能成为生鲜电商的"免死金牌"吗

春风再次吹向生鲜电商。

辛丑开年，每日优鲜、美菜网、叮咚买菜、多点等生鲜电商平台可能IPO（首次公开

募股）的消息不胫而走。

生鲜电商生意九死一生，2016年是其至暗时刻。据中国电子商务研究中心的数据，彼时4 000多家生鲜电商中，88%亏损、7%巨额亏损、4%持平，仅1%实现盈利。历经多年鏖战，幸存下来的"玩家"少之又少，大都经历过大规模融资输血。

相比其他垂直电商，生鲜的高损耗率注定了其重资产的运营模式——当自身盈利不足以覆盖冷链、仓储、运输等居高不下的成本时，只有烧钱铺路才能活下去。一旦企业资金跟不上，前期开疆拓土、艰难耕耘的市场份额势必要拱手相让。

如今各路"玩家"争先恐后成为"生鲜电商第一股"，既是为了自救，也是重生。

生鲜需要一个上市公司

纵观零售电商上市企业，其中不乏综合类电商、奢侈品类电商、汽车电商、社交电商、医药类电商、母婴类电商等，唯独还未曾有生鲜类电商的面孔。

生鲜电商自2014年发展至今，从持续自我造血的角度看没有一家企业堪当"成功"的表率。

① 美菜网主要服务B端客户，在农产品流通环节承担一级品批发商的角色，为中小型餐饮终端客户提供食材。据公开数据披露，截至2019年7月，美菜网覆盖全国200多个城市，累计服务商户超200万家，建设有44个仓储中心并自己研究物流系统。

如此庞大的自营物流体系自然离不开资本输血，美菜网融资轮次已达E+轮。近日，美菜网再传计划融资3亿美元，同时有消息人士曝出该公司首席财务官王灿已于近日离职，外界纷纷猜测其内部财务状况堪忧。

② 多点背靠物美集团，定位为生鲜数字零售服务商，运营模式相对轻量化，但也不曾有获利消息传出。香颂资本执行董事沈萌向媒体表示，物美做零售，较大固定成本支出导致其对资金周转的需求非常大，另外人工也是压力。

迄今为止，多点已获4轮融资，最近的一次是2020年10月宣布完成28亿人民币的C轮融资。近日有外媒报道，多点正计划赴美IPO，最快2021年下半年上市，筹资规模为5亿美元。

③ 叮咚买菜和每日优鲜是前置仓模式的代表。据测算，此前生鲜电商每个订单的综合履约成本约35元，而采取"前置仓+O2O社区众包"模式之后，成本能够降至5元左右。

要保持配送时效优势，必然要付出高昂的前置仓建设成本，包括购买冷藏柜、仓库租金、水电费用等。这也决定其只适用于人口密度大、消费群体年轻稳定的一、二线城市，而在下沉市场注定"此路不通"。

④ 每日优鲜CFO王珺曾表示，虽然公司已经在2019年年底实现全面盈利，但每年仍需要超过8亿美元的资金以满足建设前置仓、研发等扩张需求。

不管是否获利，对资金的需求始终是摆在所有"玩家"面前的一道坎。

相比烧钱难以为继，最后被巨头兼并，择机上市引入资本显然是更好的出路。这条路也需要出现一家上市公司，以自证生鲜电商的行业逻辑并非镜花水月。

而对资本市场来说，生鲜品类仍然是一个充满想象力的领域，因为消费者需求是真实存在的，市场需求广阔且长久——无论经济景气与否，人们的生活始终离不开吃穿用度。

艾瑞咨询发布的研究报告显示，2019年中国生鲜电商行业市场交易规模达2 796.2

亿元，同比增长 36.7%；预计到 2023 年，生鲜电商市场交易规模将超过 8 000 亿元。

对综合性电商平台来说，生鲜品类也是其战略性业务布局的重要一环，刚需、持久、抗周期的特征使其在提升综合平台消费者黏性和使用频率上意义非凡。今日资本创始人徐新直言："电商的最后堡垒是生鲜，得'生鲜'者得天下。"

"目前宅经济正处于爆发阶段。"中南财经政法大学数字经济研究院执行院长盘和林表示，"因此，当下也是生鲜电商能够取得较高 IPO 估值的一个比较好的时间点。"

不断升级的"卖菜"生意

各路"玩家"一直在尽力讲通"互联网菜市场"这个故事。

从投资者视角而言，消费行业的投资逻辑归纳起来无非是产品竞争力和销量两个核心因素：产品竞争力包括但不限于品种丰富度、配送时间、产品新鲜程度等；销量（单量）代表每份毛利能被复制多少遍。

生鲜产品之间没有本质差异，并且利润微薄，一旦在产品质量、产品品钟、配送速度等细节上出现细微"抖动"，消费者流失就是眨眼间的事，实属努力多却回报少的"苦生意"。

热衷用生鲜电商 APP 购买日常食品的"90 后"北京市民小雅就表示："每日优鲜配货和配送都太慢了，品种也不够多，要啥啥没有，果断改用美团买菜。"

对于已经形成使用习惯的消费者来说，在生鲜产品质量没有绝对差异的前提下，加大优惠力度无疑是增加单量的制胜法宝。

在上海地区，叮咚买菜免配送费的单价已经从 38 元降至 28 元；2020 年年底起，大范围铺开推广的美团买菜依然坚持每日首单免配送费，完成下两笔满 29 元订单任务可以获得折扣券等奖励。

为了提升消费者复购和留存率、加速新消费者习惯培养、尽可能提升客单价利润，生鲜电商的姿态放得越来越低。

① 每日优鲜副总裁郭琦曾表示，生鲜市场巨大，任何模式、任何业态都需要遵循一个商业基本规则——服务好消费者、产品质量过关、确保不断提升消费者体验，这是任何"玩家"都无法绕过的事。

② 叮咚买菜 CEO 梁昌霖曾将生鲜电商竞争力比作冰山，海平面上看到的是规模，看不到的是海平面以下的供应链能力，更为深层的是组织能力、财务能力及数据算法能力。这意味着生鲜电商的争夺战将上升到数字化和智能化能力的比拼上。

是否占据大数据决策分析的技术高地、恰如其分地采取运营手段，将更大程度地影响"互联网菜市场"的成败。

多重业态分久必合

生鲜电商格局未稳，融合发展模式在资本的推动下已初现苗头。

据极光数据显示，2020 年生鲜电商行业整体渗透率提升至 8%，这还是受疫情强劲拉动后的数字。地域区隔明显、获客成本高企、客单价和复购率低——生鲜电商面前的阻碍重重。

生鲜电商早期便是以地域性垂直类生鲜平台为主，至今拓宽商业版图的步伐仍稍显谨慎。究其根源，"互联网菜市场"成员还是谋求资金安全和成本可控为宜，一旦扩张步子过大，对供应链能力和履约效率的要求将直线攀升，轻资产运营的期望就会随之破灭。

获客成本的不断攀升，也是生鲜电商一直难以解决的痛点。尤其是不设线下门店的"到家""到柜"模式，因缺乏线下流量入口，只得斥重金砸广告获客、线下送米面粮油做地推、广撒高额补贴引流，很有可能到头来赔钱也买不到吆喝。

社区团购的"现象级"火爆，更是给现有"玩家"带来一大批新的竞争对手。

社区团购的目标消费者群体与生鲜电商多有重叠，并且以"农村包围城市"的策略快速扩张到一线城市，对生鲜电商原有消费者的争夺来势凶猛。除此之外，菜市场、电商超市等多种生鲜电商业态的消费者特征、目标消费者、覆盖城市、适用地域等，均与生鲜电商有所重合但又不尽相同。

要扩大规模、抢占市场，势必加速烧钱，在规模不经济的现状下，单一业态做强实属难事，业内已经开始思考未来多重业态融合发展的可能性。

鲍姆企业管理咨询有限公司董事长鲍跃忠表示："目前生鲜电商市场尚未发展完善，单纯依靠到家或拼团的模式很难走远，未来应该会是多种模式相融合，形成社区团购、即时配送等在同一个主体下的融合模式。"

随着生鲜电商渗透率快速提升、市场进一步扩容，更丰富的购买场景和服务需求被催生，多业态融合并存的趋势将随之日渐展露，线上线下融合也将愈加密切。

正如《人民日报》文中所说："别只惦记着几捆白菜、几斤水果的流量，科技创新的星辰大海、未来的无限可能性，其实更令人心潮澎湃。"

结语

2021年对生鲜电商来说，既是内部分化，又是外部竞争加剧的一年。无论是前置仓模式还是社区团购模式，仍处于苦心经营、前途未卜的状态。

渡过这段艰难又漫长的爬坡期后，生鲜电商的故事还可以更耐人寻味。

Ending

分享与思考

生鲜零售行业一直以来都有菜市场与生鲜电商谁优谁劣的争论。生鲜零售，无论是菜市场还是生鲜电商，都难以覆盖所有客户群体，原因在于定位不同。信息中介职能与空间枢纽职能耦合，菜市场定位在"品类齐全，供应量大"；生鲜电商定位在"缩减中间环节，降低流转成本，满足即时性、差异化的消费需求"。

前置仓、仓店一体、社区团购，生鲜电商的绝大部分模式仍未跑通，行业分歧仍将继续，但是移动互联网技术的长足进步及长期消费者教育，使得生鲜零售市场改造的成效仍然十分显著。

课后练习

1. 名词解释：生鲜电商、前置仓、社区团购。
2. 对比分析生鲜电商当前主要模式。
3. 简述生鲜电商的痛点。
4. 菜市场和生鲜电商谁更有未来？菜市场是否会被取代？
5. 生鲜电商终极业态是否存在？如果有答案，那么究竟哪一个才更具有代表性？

案例 6-1　新零售之盒马鲜生

1. 基本概况

盒马鲜生是阿里巴巴旗下以数据和技术对线下超市进行重构的新零售业态。从外表上看,盒马鲜生既是超市、餐饮店,也是菜市场。但这样的描述似乎又都不准确,其独有的线上线下一体化模式,打造了"生鲜食品超市+餐饮+APP+物流配送"的复合型商业综合体,可以说是新零售的标杆。

盒马鲜生的创始人是原京东物流的负责人侯毅。盒马鲜生起初只是一家开在上海的生鲜超市,在阿里巴巴介入后,盒马鲜生开发了超市配送体系,打出"传统商超+外卖+盒马鲜生APP"的组合牌,提出5千米(目前盒马鲜生的配送范围为门店周围3千米)范围内半小时送达的零售新概念。盒马鲜生的最终目标是为消费者打造社区化的一站式新零售体验中心,用科技和人情味带给人们"鲜美生活"。

2. 发展历程

2016年1月,前京东物流负责人侯毅在上海创立第一家O2O生鲜超市——盒马鲜生。

2016年3月,盒马鲜生获得阿里巴巴融资1.5亿美元。

2016年12月,盒马鲜生二代店"盒马集市"在上海八佰伴开业。

2017年7月14日,时任阿里巴巴董事局主席马云和CEO张勇等人在上海浦东金桥店公开宣布盒马鲜生是阿里巴巴旗下一员。

2019年6月11日,盒马鲜生入选2019年福布斯(中国)最具创新力企业榜。

2020年3月,盒马鲜生在全国搭建完成41个常温和冷链仓、16个加工中心、4个活鲜暂养仓的供应链体系和近500家农产品直采基地,生鲜冷链物流配送网络覆盖全国。

2020年7月,淄博市人民政府与阿里巴巴集团共建数字农业农村示范城市正式启动,这标志着全国首个"盒马市"落户淄博。

截至2021年4月,盒马鲜生在全国开设了224家店面。

3. 产品和服务

(1) 生鲜产品

生鲜是盒马鲜生的主打产品,线下门店食品占比80%,其中,生鲜占比达20%,包括中高端单品帝王蟹、澳洲龙虾等。这一布局迎合了当前日益增长的生鲜需求。盒马鲜生的线上产品主要包括新鲜水果、时蔬净菜、肉禽蛋品、海鲜水产、乳品冻食、云超特卖、餐饮烘焙、休闲零食、酒水饮料、粮油百货等几大模块,种类丰富,可以从各方面满足消费者的日常需求。

(2) 超市门店销售

盒马鲜生的店面与一般超市看起来十分相似,实际上超市部分只占店面的1/3左右,占地面积很小,给人的感觉是比较精细的。商品分块区域很小,在寻找所需商品时比较方便,但在高峰期时段也会因为占地小而显得拥挤。

(3) 餐饮服务

餐饮服务是盒马鲜生的另一个特色。一般的超市并不具备消费者的休息区,盒马鲜生则提供了餐饮区,可供消费者休息就餐,如图6.4所示。如果消费者选购了海鲜,那么可以请店内的厨师现场烹饪。盒马鲜生希望通过聚焦家庭场景，调整产品中半成品的比例，打通合作企业的中央厨房，以档口为前置仓等方式将盒马鲜生的餐饮档口打造成mini中央厨房。

（4）配送服务

盒马鲜生作为新零售业态，配送服务是核心能力之一。消费者在线上下单之后，生鲜产品在门店附近3千米范围内，配送时间不超过30分钟。"盒马云超"的产品品种更加丰富，配送采用"明日达"形式。盒马鲜生在北京、上海的店面还提供"24小时配送服务"，这是全世界第一家24小时配送到家的升级服务，意味着我国新零售业态的一次重大发展。

图6.4 盒马鲜生餐饮区

4. 创新与特色

（1）"重资产、重成本"的业务模式难以复制

盒马鲜生在业内创新地将餐饮与超市相结合，将消费、仓储、配送及物流集于一体，打造出多场景的服务体验区。这种"重资产、重成本"的业务模式很难完全复制，因此形成了盒马鲜生强有力的竞争壁垒。

盒马鲜生的线下实体店采用"餐饮+零售"的经营模式，打造"一店二仓五中心"的经营体系，即以实体店为中心，建立前端的消费区和后端的仓储区，同时门店还承载餐饮、超市、物流、消费者体验及粉丝运营管理五大功能；通过多场景服务满足消费者的需求，提高消费者的到店率和留存率，同时通过提升消费者的线下体验来提高线上销售率。盒马鲜生的线下门店处处体现着"以消费者为中心"的新零售服务理念：首先，在购物区的区域设置上，将门店清晰地进行功能分区，分为消费区、服务区、体验区等——超市内货架的高度约为1.6米且货架之间的宽度超过一般超市，以便为消费者提供一个良好的购物体验环境，方便消费者选购及线上平台的回购；其次，在产品的选购上，消费者可以直接扫描产品的二维码将选定的产品加入购物车，既可以节约时间，又能够实现"所见即所得"的消费需求；最后，盒马鲜生将餐饮引入超市，为消费者提供牛排、海鲜、日式料理等食材，并将一部分餐饮业务外包给一些餐厅加工制作——消费者在选购了海鲜、牛排等食材之后，可以直接交给后厨加工食用。一站式服务不仅可以提升消费者体验，同时有利于提高消费者的留存率和转化率。

（2）多种业态的业务模式扩大覆盖人群

随着盒马鲜生主要模式的日益成熟及生鲜市场需求的不断扩大，盒马鲜生正在不断尝试拓展新的发展业态，针对不同的场景采取不同的业务模式，从广度上扩大覆盖人群，从深度上提高服务效率，努力在竞争激烈的生鲜电商市场中抢占市场份额。目前，盒马鲜生已经布局了盒马F2、盒马菜市、盒小马、盒马mini等新型业态，将消费者群体从盒马鲜生的一、二线中高端城市拓展到了更多的三、四线城市，根据不同商圈、不同场景、不同消费人群的特点采用不同的业态模式以满足消费者的多样化需求。

另一方面，盒马鲜生通过线上APP在实现导流、获客目的的同时搜集消费者数据，通过大数据对消费者偏好、习惯进行分析，从而勾勒出清晰的消费者画像，进行精准营销。

（3）科技赋能的运营模式拥有先天优势

盒马鲜生将自己定义为以数据和技术驱动的新零售平台。依托阿里巴巴大平台，盒马鲜生在大数据、人工智能等新技术研发及应用方面具有先天优势，智能操作系统、智能结账系统、自动化配送系统等的开发和运用在提高门店运营效率、降低成本的同时，还可以提升消费者体验，提高消费者留存率。

盒马鲜生的供应、销售、物流履约链路是完全数字化的，产品的到店、上架、拣货、打包、配送等作业人员都是通过智能设备去识别和作业，简易高效且出错率极低。整个系统分为前台和后台，消费者下单 10 分钟之内分拣打包，20 分钟实现 3 千米以内的配送，实现店仓一体。盒马鲜生运用大数据、移动互联、智能物联网、自动化等技术及先进设备，实现了人、货、场三者之间的最优化匹配。从供应链、仓储到配送，盒马鲜生都有自己的完整物流体系，因此能够做到 30 分钟配送到位。

在消费者数据的搜集上，阿里体系的数据协同及共享也为盒马鲜生提供了其他平台无法比拟的优势。盒马鲜生线上线下相融合进一步激活了消费者数据，通过技术和模型刻画消费者画像，分析消费者习惯、偏好等行为模式，根据消费者的具体需求打造"爆品"，灵活调整线下产品库存及陈列，从而实现精准营销、以销定产。

另外，盒马鲜生采用 APP 统一结账方式，消费者买单时需要下载盒马鲜生 APP，而只要用 APP 消费过的消费者就会自动成为盒马鲜生会员。这一统一的消费者管理体系不仅可以避免再单独设立会员中心的管理成本，更重要的是可以完全打通线上线下消费者数据搜集的渠道，从而深度挖掘消费者需求，实现精细化运营和数字化管理。

5. 经验要点

随着盒马鲜生模式迭代的日益成熟，其经营规模越来越大，但是在盒马鲜生快速占领市场的同时，关于盒马鲜生模式所存在的风险也日益暴露，伪造食品标签、出售过期食品等负面新闻也逐渐引起舆论关注。盒马鲜生的发展模式无疑是新零售行业的一场变革，但是对发展中所存在的潜在风险也不容忽视。目前来看，盒马鲜生在发展过程中主要存在以下风险点。

（1）员工素质难以跟上快速扩张的步伐，影响消费者体验

新零售的核心理念是"以消费者为中心"，要提供的是"所想即所得"的无微不至的服务，要打造的是场景式的消费者体验中心。对于线下门店来说，要让消费者通过线下体验来提高线上销售或回购，服务尤为重要。但是盒马鲜生的门店服务长期以来都有较大争议，大多是对服务态度、服务用语等方面有负面评论，2018 年曝出的"标签门"事件更是把盒马鲜生推向了舆论的风口浪尖。员工的不合规操作暴露了盒马鲜生在快速扩张的背后对员工管理及培训的忽视或不到位，对于消费者的体验自然会造成影响，甚至有可能会上升为信任危机。这对于一个企业来说是致命的。因此，以服务立足的新零售只有踏踏实实地紧抓每一个环节的服务细节，方能在激烈的市场角逐中赢得消费者的青睐。

（2）餐饮外包造成餐品质量难以保证，食品来源的安全性把控仍需提高

在超市设置餐饮区，将餐饮与零售相结合是盒马鲜生的一大创新之举，但是这一举措的背后同样存在一定的潜在风险。

一方面，食品安全越来越成为影响消费者选择的重要因素。根据艾瑞网的消费者调研显示，当前消费者生鲜消费最在意的排名前三位的因素分别是安全性、品质和口味，价格则居于品牌之后排在第五位。近两年来，部分盒马鲜生门店被曝出售过期食品、部分产品有害残留物超标等负面新闻，对整个供应链环节食品来源的安全把控和门店零售产品的管理等亟待整改与加强监督，以避免类似情况再次出现。

另一方面，盒马鲜生将牛排、日料、海鲜等食品的制作加工外包给其他餐厅，对制作出的餐品味道及质量存在不可控的风险。盒马鲜生提供的可供现场制作的食材大多都属于中高端消费品，而这部分消费人群对菜品的口味要求相对较高，如果制作出来的餐品没有特色，与外面其他餐厅相比一样或还不如，那么就会存在一定的期望落差，从而影响整体体验。因此，如何在保证生鲜产品安全的前提下将后端的餐饮制作打造成真正具有特色的好口碑，以进一步提高消费者的依赖度，也是值得盒马鲜生认真考虑的服务细节。

（3）仓储及配送体制的限制可能会影响其线上履约能力

盒马鲜生"仓店一体"的经营模式虽然能够有效地保证近距离快速配送，但仓储面积和配送人员都是有限的，这在一定程度上会对门店的订单处理能力产生制约。根据公开资料显示，盒马鲜生单店的线上订单处理量不超过5 000单，这与每日优鲜、京东到家等竞争对手相比相差甚远，如果订单大量涌来，就有可能无法及时履约。虽然可以通过增开店铺来提高"盒区房"的覆盖密度，但是由于盒马鲜生的人群定位，店铺选址多选在核心商圈及CBD，所以高昂的租金成本、店铺建设成本也是盒马鲜生需要考虑的因素之一。因此，"盒马云超"的上线或许不失为一种对现有物流体系的有效补充手段。此外，盒马鲜生"前置仓"的建设和探索也将是一种行之有效的解决措施。

案例 6-2 中国式菜场之变局——叮咚买菜

1. 基本概况

叮咚买菜成立于2014年，主打"前置仓"生鲜电商模式。叮咚买菜拥有自营的生鲜平台，主要提供蔬菜、豆制品、水果、肉禽蛋、水产海鲜、米面粮油、休闲食品等产品，在有效地保证了菜品的"鲜"的同时涵盖了3 000多种生鲜菜品，满足了消费者的多样化需求。作为生鲜电商领域的一匹黑马，叮咚买菜在整个生鲜电商尚未成熟的今天得以存活并保持高速发展，其中部分地区已经扭亏为盈，实属不易。

2. 发展历程

2014年3月，上海壹佰米网络科技有限公司成立，叮咚小区APP上线。

2014年4月，叮咚小区获得涌金集团、好未来集团的天使轮投资。

2014年7月，首个叮咚线下服务站建在了消费者家门口，在全球率先提出了"即需即达"的快送服务，成为中国最早的社区前置仓。

2017年5月，"叮咚小区"正式更名为"叮咚买菜"，成功转型到家庭买菜业务上。

2018年5月，叮咚买菜获得高榕资本领投的pre-A轮融资。

2019年3月，叮咚买菜日单量突破20万单，被上海商务委评为2018至2019年度电子商务示范企业。

2019年5月，叮咚买菜共有345个线下服务站，全年GMV超过50亿元。

2021年4月，叮咚买菜已完成7亿美元的D轮融资。

3. 产品和服务

（1）前置仓＋数字化运营

叮咚买菜主打前置仓生鲜电商模式，如图6.5所示。相比传统生鲜电商模式，前置仓在选址灵活度和规模效应上具有明显优势。从配送时间来看，叮咚买菜承诺的最快送达时间较短，意味着前置仓的选址和数量对运营效率要求更加苛刻。

图6.5 叮咚买菜前置仓

前置仓模式的支持基础是数字化，通过电子标签实现生鲜产品库存数据化；通过后台大数据的精确预测，来给出合理的库存水平；通过大数据分析揣摩消费者的偏好，进行精准推荐，提高购买率；通过"履约准时率""提前送达单"等关键数据的公示进行实时数字化管理。基于人工智能的预测系统，叮咚买菜可以根据消费者喜好和仓储数据做智能推荐——通过销量预测智能算法系统，叮咚买菜订单的整体预测准确率达到90%以上，高效单品的整体预测准确率达到95%，极大地提高了运营效率，减少了流程损耗。叮咚买菜的产品滞销损耗只有1%，远低于传统菜市场30%和商超的10%的损耗率。

目前，叮咚买菜在北上广深等20余个城市开设了超过800家前置仓，日订单量超80万单，次月复购率达60%，服务全国近3 000万名用户。

（2）产地直采

叮咚买菜在全国各地不断投资建设"叮咚买菜种植/养殖合作基地"，加固产业供应链，并实现其数字化。其自主开发的智慧供应链系统，对每一件产品从产地到消费者手中的整个过程进行"7+1"的全方位品控——透明、可溯源，有力地保障了产品质量。目前，叮咚买菜生鲜产品品种已超过2 000个，80%以上源自产地直采，直供产地达到350个，产地直供供应商超过600家。

4. 创新与特色

叮咚买菜发展速度迅猛，2018年7月，叮咚买菜成立一周年，日单量突破3万单。2019年12月，叮咚买菜在全国已有550个前置仓，日单量突破50万单。

（1）注重服务，提升消费者体验

叮咚买菜最大的优势就是服务。很多消费者感受到使用叮咚买菜速度快、菜品新鲜，价格还不贵，体验非常好，相当于使用"淘宝"的价格享受了京东的服务。叮咚买菜注重贴合消费者的线下消费场景。例如，购买鱼时，会提供杀好（不要内脏）、杀好（要内脏）、不杀等处理方式；买甘蔗时，会提供削皮切断、不削皮切断等处理方式。在下单结算前，系统还会提示是否需要免费小葱。在上海，这句话可能是"上叮咚，送小葱"，类似的话在其他生鲜平台上是看不到的。

叮咚买菜总部对配送的要求是29分钟送达，北京南三环一家叮咚买菜的店长对其配送员的要求是"27分钟送达"，而其他平台一般是30分钟送达。叮咚买菜对员工的管理十分严格，配送员除消费者差评之外，早晨打卡迟到也会被处罚。

(2) 强化品控，保证产品质量

为确保生鲜品质，很多生鲜电商企业都会设置品控环节，而叮咚买菜更是采用了"7+1"品控流程——产地开始，产品的种植过程、收获过程，到仓库的收货、分选，再到前置仓的巡检、打包，最后送到消费者手里，一共7个环节。最后，如果消费者不满意，那么秒退秒换就是"7+1"的品控环节。叮咚买菜将产品的品控由一个点变成一条线，实现了产品源头可溯，满足了消费者对生鲜产品优质、实惠的诉求。

(3) 关注产地源头，供应链全流程管理

叮咚买菜采用的是前置仓模式，但并没有将目光完全落在前置仓上，而是盯着整个供应链。叮咚买菜直接与农业合作社签订意向协议书，由农业合作社直接向平台供应农产品，将小市场与大市场直接对接，构建起产销一体化链条，拓展了农产品销售渠道。同时，通过直接向农业合作社采购，也避免了产业链上下游高度分散、流通环节多等问题，从而有效降低了采购成本和产品流转时间。截至2020年6月，叮咚买菜销售的80%生鲜食材为产地直采，分别来自山东、云南、宁夏等全国各地的超过350个直供基地和500家直供供应商。据估算，叮咚买菜的毛利率为32%，来自3段低毛利率的总和：从产地采购获取6%的毛利率；从大仓的加工、生产、运输获取8%的毛利率；从前置仓获取18%的毛利率。

5. 经验要点

产地直采与技术赋能是叮咚买菜在生鲜电商领域里打出差异化的根本战略，这个战略背后不仅是互联网企业给市场讲述的"故事"，更是真正落到实处的战略行动。结合叮咚买菜发布的《2020年产地笔记》数据报告，平台的生鲜农产品基地直采占比达80%，这意味着战略的落地率很高——想象空间立足于真实的市场实践，叮咚买菜让"买菜""卖菜"这件事变得更简单。

产地直采供货，实质解决的是供应链问题。国内生鲜行业5万亿元的市场规模，真正能有效解决供应链的平台极少：一是因为生鲜市场看似没有门槛，实则供应链门槛极高；二是生鲜供应链长期以来被固化于传统信息传播方式与物流调配模式下，人、货、场三大要素的分配效率极低。叮咚买菜要撬动的，与其说是一个市场，不如说是一种生产关系。叮咚买菜充分发挥"互联网+"的先进供应链优势，有效推动了生鲜数字化基础设施升级和生鲜供应链完善，助力农业供给侧结构性改革升级。

在疫情防控常态化的形势下，叮咚买菜构筑了立体、多维的生鲜安全防护体系，采取"7+1"品控流程，走到源头跟产地深入合作，打通生鲜供应链的中间环节，赋能生产基地。

在数字化能力方面，由于消费者猛增，叮咚买菜也对数据算法进行了不断升级——将数据算法应用在订单预测、消费者画像识别、供应链透明化等方面，从而为上游供应商提供及时、准确的市场需求预测信息，指导上游合理化生产，使上游产出与市场需求相匹配。叮咚买菜的智能调拨系统通过对消费者偏好数据的采集、分析，保证前置仓能够更为精准地判断周边3至5千米消费者的反馈情况。叮咚买菜通过数据积累，模型得到大量特征输入，包括时序数据及天气、节气等外部特征，然后机器学习算法，对未来销量做出精准预测。目前，叮咚买菜销量预测整体准确率达到90%以上，热门单品预测准确率达到 95% 以上。

叮咚买菜的战略看上去并不难,但背后是复杂的动力链:首先是数字化能力,其次是市场化能力,最后才是终端消费者看到的营销与服务。三者缺一不可,叮咚买菜的战略没有秘密,却极难复制。

案例 6-3　社区团购模式的生鲜 O2O 平台——兴盛优选

1. 基本概况

兴盛优选是一家扎根于下沉市场的"新零售"平台,主要定位在解决家庭日常生鲜消费需求,提供蔬菜水果、肉禽水产、米面粮油、日用百货等全品种精选产品。兴盛优选依托社区实体便利店,通过"预售+自提"的模式为消费者提供服务,如图 6.6 所示。

目前,兴盛优选已辐射 16 个省 80 多个地级市 200 多个县 5 万多个乡镇。

2. 发展历程

2017 年,湖南兴盛优选电子商务有限公司成立。

2018 年 11 月,兴盛优选日订单量突破 100 万单,月销售额突破 3 亿元。

图 6.6　兴盛优选社区便利店

2019 年,兴盛优选的年度成交金额达到了 100 亿元,估值达 10 亿美元。

2020 年,兴盛优选完成 5 轮融资,融资金额累计超过 10 亿美元,吸引了包括红杉中国、今日资本、腾讯、KKR、钟鼎资本、金沙江创投、真格基金等 10 余家知名投资机构。

截至 2020 年 11 月,兴盛优选订单突破 1 200 万单,平台成交金额约 400 亿元。

3. 产品与服务

(1) 社区团购

兴盛优选是社区团购模式的代表性企业。兴盛优选通过线上招募、线下门店宣传、团长推荐、品牌自传播等方式全渠道营销,可谓是不留余力。兴盛优选通过锁定便利店主,配合强大而便捷的审核渠道,以及体系化的培训,将遍布全国的众多夫妻店、便利店组成了强大的基层体系。在兴盛优选社区团购模式中,大多数社区门店既可以赚得线上收益,又可以让线下生意变得更加火爆——线下门店生意可提升 20% 左右,真正实现了线上线下相互补充。

(2) 自建物流体系

与其他很多生鲜电商企业不同,兴盛优选从来不用第三方物流,原因是目前冷链物流的服务只覆盖了一、二线城市,对于下沉市场第三方物流不仅无法保障消费者体验,还会增加履约成本,影响货物送达。

自创立至今,兴盛优选迭代过 5 次物流模式,已经形成了一套完善的供应链体系。在兴盛优选的供应链体系中,最重要的一环是"阿必达"平台。阿必达是芙蓉兴盛重金打造的 B2B 快消品订货平台,覆盖了 16 个省 80 多个地级市 200 多个县 5 万多个乡镇。"阿必达"

平台连通了近万家上游供应商（工厂＋品牌），基于自控的物流团队，将产品输送给省市、区县、乡镇、村（社区）五级服务网点，搭建了一个高效畅通的快消品供应链。兴盛优选凭借在行业内沉淀了10多年的经验，搭建了"中心仓—网格站—门店"的三级物流配送体系。在"阿必达"成熟供应链模式与供应链的高效流转下，兴盛优选打造出了"双11"的配送模式，即商城当日晚上11点结单，晚上1点前供应商将产品送达兴盛优选仓库分拣，次日上午11点前将产品全部送达团长手中。

另一方面，随着兴盛优选的发展，依靠"B+C"市场两端海量的订单拥有了市场话语权，通过C端庞大的社区KOC（团长）影响千万家庭消费者社群，促进B端供应商适应社区团购模式。

（3）下沉市场

兴盛优选的经营目标是下沉市场。下沉市场是指三线以下80多个地级市200多个县和5万多个乡镇的城市、县镇与农村地区的市场。下沉市场的优势在于地区广阔、交通便利、人口众多。

在下沉市场，兴盛优选的商品价格比市场价低25%左右，通过冷链运输、快速检测等措施，让乡村地区也能享受好商品。下沉市场新消费，也使得兴盛优选的SKU大幅提升，社区电商模式大大提高了到货速度。6亿个下沉用户将是巨大的增量市场，下沉市场也将成为"双循环"新发展格局的重要支撑。

4. 创新与特色

社区团购模式之所以能火起来，其中一个关键是它的业务模式轻——采用"线上预售+门店自提"方式，只需要一个小区团长、一个微信群、一个拼团工具就可以组建。随着拼多多、每日优鲜等电商巨头的入局，社区团购数量超过了百家。

兴盛优选依托供应链、仓储物流、社区小店及社区家庭，深深扎根于中国680万家社区便利店、1亿户社区家庭的庞大市场，通过"预售+自提"方式，将生鲜、水果、地方土特产、纯手工作坊、家居百货等精选产品以限时特卖形式，卖给社区周边的消费者。相比于其他生鲜电商，兴盛优选的社区团购模式有以下几个特点。

① 借助微信的超级流量入口让兴盛优选有了庞大的消费者基础。通过微信群、小程序等工具与小区住户连接、互动，能方便、迅速地找到消费者。相对于其他电商平台面临获客成本居高不下的窘境，兴盛优选的获客成本低了很多，而且很容易靠群用户获得数量不少的订单。

② 货品齐全、价格低廉、次日可达的模式给乡镇居民的生活带来了极大的便利。兴盛优选是目前唯一下沉到农村的社区团购平台。这些地方的基础设施不完善，传统电商到货可能要3天以上，而兴盛优选隔天便可自提。在湖南的一些农村，兴盛优选的团长们甚至要挑着扁担去给顾客提货。这些社区团购隐秘的角落，巨头们鞭长莫及，而起家于湖南的兴盛优选则借助"农村包围城市"的打法将其牢牢把握。

③ 兴盛优选拥有自己社区团购系统，能帮助社区团购企业更好地集中运营管理。该系统包含管理团长、商品、订单、配备货、售后、财务结算等一系列功能，能从实际层面解决订单、配送、备货、提货、售后、结算等环节导致的痛点。

④ 自建的物流体系是兴盛优选的又一加分项。物流是自家所持，因此兴盛优选对产

品的质量、配送的时效性和准确性才更为可控，在消费者体验环节上更胜一筹。

5. 经验要点

兴盛优选是一家依托便利店平台芙蓉兴盛进化而来的社区团购企业，通过"预售＋自提"模式为消费者提供服务的社区零售，打造出了一个本地化的、袖珍版的"拼多多"。其具体品类主要包括蔬菜水果、肉禽水产、米面粮油及日用百货等。兴盛优选是做街边小店的销售增量——把已经在社区扎根的小店发展为自己的"据点"，用来运营、提供仓储和服务，如彩票网点等。合作共赢模式让兴盛优选的加盟与拓展迅速大规模铺开，并解决了流量难题。

在消费群体上，兴盛优选集中在三、四线和更加下沉的市场。

在物流环节上，兴盛优选背靠自己的便利店和超市，有成型的经销商和物流体系。兴盛优选采用自控物流，虽然不是全部自建，但是核心环节一定会掌握在自己手中，以保证时效。物流被认为是兴盛优选的核心竞争力。

兴盛优选也面临很多困难和不足。

首先，平台上的部分货品质量差，如蔬菜水果，影响了消费者的忠诚度，造成消费者严重流失。靠低价和促销聚集的流量难以转化为黏性用户。兴盛优选培养的消费者是典型的冲动型忠诚，要转化为后期的行为型忠诚还有很长的路要走。

其次，随着兴盛优选的规模扩大，兴盛优选与加盟商的非直营、弱管控关系，以及团长运营能力参差不齐、流动性高，很容易导致出现团长转向竞争对手、独立运营等问题。

最后，兴盛优选上的购物场景比较单一，产品结构受限，无法承载更丰富的产品。在湖南地区以外的市场，兴盛优选仍然需要进一步探索。

模块七
社群电商与共享经济

本模块知识要点

1. 社群电商的定义与运营。
2. 网红现象解读。
3. 共享经济模式。
4. 社群电商与共享经济的典型模式与案例。

任务一　社群的兴起

任务引入

中国人最早的社交来自各地的邮政局。1998年中国邮政拆分出电信之前,几乎每个城市都有信息港,作为当年互联网技术水平最高的代表。其次是个人站长,一个门户网站、聊天室和BBS是标配。这也决定了中国的互联网使用场景脱离不了LBS服务。

中国当年最著名的站长王志东、张朝阳、丁磊创立的三大门户网站,是当年的BAT,迄今屹立不倒。社区当中,天涯、猫扑、西祠胡同等都是当年的网红,还有基于区域属性的信息港及个人门户网站形成的区域互联网生态。聊天室的消亡来自网易聊天室、OICQ聊天室的冲击——大公司把聊天场景变得无比庞大,而当年中国网民数也不过百万人,所以很快便被稀释了,聊天室给人带来的新鲜感并没有持续太久。

时间总是过得太快,1998年3月,台湾作家痞子蔡在BBS上敲下了《第一次亲密接触》的第一篇,距离今天已经24年了。男孩"痞子蔡"和女孩"轻舞飞扬"在网上相识,继而在现实中相见,互有好感。但没过多久,"轻舞飞扬"不辞而别,经过多方寻找,才发现"轻舞飞扬"因为身患重症已经去世,留下"痞子蔡"无尽追忆……这便是网恋开始的传说。当年有一句话说,在互联网上,没有人知道你是不是一条狗。网恋几乎是中国社交史上最有诱惑力的一种社交结果,但也仅仅是社交生态的一部分。中国社交与西方互联网社交不同的是，庞大的中国国土，随着互联网的普及，有足够多的用户量能支持基于区域属性的 BBS 发展，并且精细化。

一、社群的概念

"物以类聚，人以群分"，这个自古流传的成语在很大程度上印证了社群的客观存在及其价值。一般社会学家与地理学家所指的社群（community），广义上是指在某些地区或领域内发生作用的一切社会关系，它既可以指在实际的地理区域内发生的社会关系，也可以指较抽象的、思想上的关系。另外，沃斯利（1987）曾提出社群的广泛含义：可被解释为地区性社区；可用来表示一个有相互关系的网络；可以是一种特殊的社会关系，包含社群精神（community spirit）或社群情感（community feeling）。

一群人要形成社群，需要具备两个条件：共同兴趣和沟通方式。具体而言，就是要有稳定的群体结构和较一致的群体意识；成员有一致的行为规范、持续的互动关系；成员间分工协作，有一致行动能力。

随着互联网的发展，消费理念也在发生变化，由过去注重产品功能发展到消费者渴望参与到产品中来。也就是说，有参与度才能提高消费者的兴趣。社群营销就是基于相同或相似的兴趣爱好，通过某种载体聚集人气，通过产品或服务满足群体需求而产生的商业形态。社群营销的载体不局限于微信等各种线上平台，还包括线下平台和社区。艾瑞克·奎尔曼在《社群新经济时代》中提到：脸书、YouTube、推特、Plurk 等社群媒体平台在近年迅速走红，它们不只是聊天、玩乐、打发时间的工具，事实上社群媒体已经彻底颠覆了商业与消费者的行为。

社群是任何时代、所有商业都在追求的终极目标，但只有到了移动互联网时代，有了微信这样的工具以后，社群价值才得以体现。当一个社群的相同属性越强烈、目标越精准时，这个社群产生的裂变价值就越大。一个有价值的社群必须具备 3 个要素：社群的用户群体一定有相同的属性标签；社群的用户必须有相同的目标；社群必须有自己的运营制度。

二、网络社群的发展

国内网络社群历经了十几年的发展，从最初的网络社区逐渐发展成以移动端为核心的，连接人、信息和一切的社群生态。网络社群在内部发展中形成了一套较为固定的模式，即社群从成员聚集、活跃互动，到合理运营再到商业化变现。在这一发展过程中，网络社群也完成了从简单群组到品牌化、专业化群组的过程。网络社群的发展历程如图 7.1 所示。

网络社群1.0 2002—2005年	网络社群2.0 2006—2014年	网络社群3.0 2015年至今
中心化	去中心化	生态化、品牌化

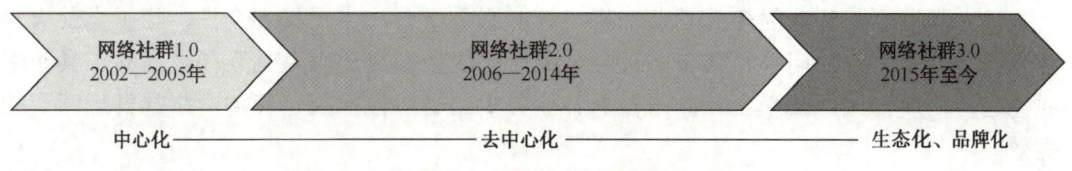

图 7.1　网络社群发展历程

① 中心化的网络社群 1.0 时代。2002 年，QQ 推出群聊功能，使社群形态出现在线上，以人群聚集、信息互通与传递为主要目的。这一社群形态的实质是熟人社群。

② 去中心化的网络社群 2.0 时代。天涯论坛、猫扑、豆瓣兴趣小组等网络社区的出现，使具有相同兴趣的网民聚集，形成了网络社群 2.0 初始形态；人人网、开心网等社交网络的出现，使社群基于兴趣、细分需求的个性化标签更加突出；微博提供了社群内部成员间更多互动的可能性和公共表达空间；微信作为即时通信平台，提高了网络社群的沟通效率，最终使社群电商经济逐步形成。

③ 生态化、品牌化的网络社群 3.0 时代。在移动互联网时代，通过社群内的情感交流和新科技的应用，社群以连接一切为目标，不仅是人的聚合，更是连接信息、服务、内容和产品的载体，呈现生态化、品牌化。

社群电商主要基于社群的商业生态，将社群与交易相结合，满足消费者不同层次的价值需求。这是社会化发展的必然趋势。在商业化方面，网络社群依托较为完善的支付体系、云服务，围绕自身内容、品牌及圈子进行了多样化的尝试。从发展角度来看，社群电商呈现以下趋势。

① 整体品牌化，并向专业化方向发展。网络社群在内部与外部都将更加系统化。从内部而言，网络社群需要从社群成员的需求与兴趣出发，不断加强社群内部的联系与社群文化的建设，在管理与运营层面上向更加专业化、体系化方向发展。此外，从外部而言，更加重视社群品牌的定位和品牌形象建设。社群品牌化是其进行更进一步商业化发展的重要环节。与消费者产生品牌共鸣，进而培养社群用户及外部用户的品牌忠诚度，才是网络社群拓展商业模式的核心与关键。

② 产业链向多维度延伸，社群经济更加多元化。随着网络社群的快速发展，其自身形态更加多元化，涉及产业也更加丰富，产业间的合作与融合进一步加深。社群经济以网络社群自身产业链为核心，在内容、硬件、数据挖掘、支付与金融方面具有较大的发展空间。此外，由于产业环节的增加，因此社群经济产生了更多的新兴模式。例如，项目孵化、众筹、众包、信息对接与深度合作等都将成为新的商机。

③ 社群服务平台更加全面化、场景化。社群服务平台在网络社群发展的各阶段都将制定更加有针对性、个性化的服务方案——从社群入口到交流平台应用，再到营销变现，将社群作为品牌进行整体包装运营，提供全案策划。同时，社群服务平台将结合自身其他业务特色提供更多的拓展性服务，以及更加贴近生活场景与产品使用场景的营销方案与商业变现模式，为社群经济的进一步探索提供更多支持。

从网络社群服务产品与技术的角度来看，网络社群服务的整体水平也将在展示平台、运营工具及基础服务技术 3 个方面有更大的发展和提升空间：网络社群的展示平台从以 APP 为主向微站和应用号发展，甚至不再局限于智能设备，具有更加灵活的形态；在运营工具方面，不同行业的热门功能都将与社群服务平台产生对接和合作，除了当前火热的直播、打赏之外，问答、共享，甚至金融理财服务等更加垂直且互动性高的工具也将成为运营的新形式；云平台在网络社群各业务中的功能性扩展，使得网络社群运营更加高效。

任务二　社群的运营

任务引入

社群，到底是否有如此大的魔力？

刚刚过去的 2020 年不堪回首，在疫情的冲击之下，全球经济蒙尘，堪称全球史上最难的一年——一场疫情，加速了各行业的洗牌。同时，也产生了很多新业态，如直播电商、短视频电商等。在抖音月销 1 000 万元以上的直播间，7 月份 70 个，8 月份就增长到了 130 个，9 月份 160 个、10 月份 206 个，破亿元的有罗永浩、懒猫 nono、ojaer 欧纪尔、罗拉密码、岳老板和衣哥。除了火爆全网的直播和短视频，对于其他人来说有没有一种与互联网彼此连接起来的可能呢？有，那就是社群——任何人都可参与的社群，不论是微商时代还是现在的社交电商、新零售、私域流量等，社群都是最好的成交场合。

在互联网时代，人人都是自媒体，人人都是有价值的核心单元。很多企业也想试水社群，但成效却微乎其微，这终究是社群的锅还是运营的锅？

做社群运营最核心的是 3 个问题：拉新；活跃；变现。社群的本质是连接，它连接人与信息、人与人、人与产品，通过建立成员之间的信任来降低广告成本、搜索成本和交换成本。例如，黑马会社群的定位是"创业者帮助创业者，创业者学习创业者，创业者成就创业者"，这是连接人与人。

做公司要有公司的定位，做产品也要有产品的定位，社群也不例外。如果社群定位不明确，那么后续的规划和运营也一定是不明确的，甚至是无序的。社群可划分为如下 6 类。

① 产品类的社群。类似小米、锤子的粉丝群，社群里的粉丝基本上都是产品粉丝和忠实用户，大家关注的是这个产品和品牌。

② 兴趣爱好类社群。其代表者为十点读书等，社群用户追求的是一种身份认同，一种优越感。

③ 知识类社群。其代表者为秋叶 PPT，社群用户关注的是自身的成长，因此看重的是社群能否有持续干货输出。

④ 资源类社群。像正和岛、长青会这类聚集了行业精英的群体，用户主要是拓展自己的人脉资源，希望能达成合作。

⑤ 项目协作类社群。其代表者是"人人都是运营经理"。它通过人脉关系去建立社群，连接陌生的潜在用户；通过本地消费大数据精准营销完成新用户引流；汇集和运营店铺自有用户数据，自动化营销店铺用户，实现老用户回流。

⑥ 混合类社群。这类社群包含上述各类社群，以职业、行业等划分的社群均属于此类。它以 BD（business development，业务扩展）为导向，这也是大家关注的重点。

一、社群拉新

了解所创建的社群的分类,也就找到了社群的目标群体,如表 7.1 所示。

表 7.1 社群分类

名 称	社 群 定 位	目 标 群 体
正和岛	高端人脉与价值分享平台	知名企业创始人、高管
天马帮	企业家"互联网+"学习型群	传统中小企业老板、管理者
桔子会	社群电商学习平台	致力于社群电商的从业者
罗友会	罗辑思维自媒体粉丝群	罗辑思维粉丝群体
黑马会	创业者分享、交流、互助、资源对接平台	创业者
孵爱代	致力于新型家庭关系的亲子教育机构	青少年及其父母群体
胖岛剧团	用戏剧的力量为深圳文化发声	戏剧爱好者及胖岛剧团的粉丝群体

有了具体目标后,在社群拉新时,就可以根据社群形成价值所需要具备的三要素进行操作。其具体步骤如下。

第 1 步 根据目标群体来确定实施的具体渠道,重点思考渠道与用户、社群定位的关联性,渠道内的潜在用户存量,以及渠道内潜在用户的活跃度等。

第 2 步 分析每个渠道的特性,从而设置不同的推广手段。例如,贴吧论坛是否通过软文来吸引;其他用户社群是否通过大量小号来转化;QQ 群是群发邮件还是群发信息;如何设置邀请机制,等等。

第 3 步 确定渠道如何实施。例如,软文写什么,怎么写;社群怎么包装才能更吸引高质量用户;社群广告写什么;社群服务(价值)怎么包装。这些问题都是需要认真思考的。

二、社群活跃

(一)要有严格的社群门槛和明确的社群规则

筛选社群用户质量很重要,它是保证社群价值的基础。严格的社群用户筛选,可以让社群健康成长,使社群用户价值提高,没有被广告党、灌水党占领社群。

如果一个社群为了扩大规模随意增加新用户,那么这些用户会拉低整个社群的价值,并有可能使那些高质量的用户因为社群价值的降低而流失。提高社群门槛,目的就是降低社群开放度——可以通过限制主题、规定内容,甚至收费来达到。具体来说,加人要有节奏;加人要有门槛;加入要守群规;老人要带新人,将社群文化传承下去。例如,黑马会需要填写入会申请表,由相关人员审核,申请人必须是企业的 CEO 或高管,此外入群需要支付一定的年费;秋叶 PPT 不对外开放,采用群主邀请制,入群有一个条件——才华;大熊会很少直接招募,想进入社群必须经过介绍,并需要支付一定的费用。

(二)高质量的社群有持续的干货输出

没有内容的社群略显空洞,不同类型的社群可以通过不同的方式提供内容。其内容的提供有以下两种形式。

① 聘请同行业大咖、达人分享知识和经验，社群用户从中获得知识、技能上的提升。
② 鼓励社群用户提供优质内容进行分享。

社群用户自发提供内容的优点：一方面社群内的其他用户能够从中获益；另一方面也能满足提供内容的用户的虚荣心及荣誉感，增加社群黏性。

（三）线上内容分享和线下沙龙活动相结合

① 线上内容分享。线上内容分享主要有领域达人分享和用户话题讨论两种方式，具有低成本、易传播的特点，是为社群提供价值、活跃社群用户的主要方式。

② 线下沙龙活动。线上聊得再深，也不如线下见一面更能增加社群用户之间的感情和聚合力。在社群运营过程中要不定期开展线下活动，如同城聚会、大型社群聚会等。通过各种线下活动使社群用户之间产生连接，形成强关系，增加社群的黏聚性，能够非常有效地提高社群的活跃度。

（四）培养社群用户的身份认同感

社群不同于企业组织可以单纯地依靠利益来驱动，社群还有情怀、使命、追求、愿景等人文内容。为了强化社群用户的参与感，社群运营除常规的利益奖惩之外，还需要一套全新的运营机制，如利用 PK 等原则激发社群用户的好胜心，从而活跃整个社群。

（五）社群内部利益共享

社群用户与社群之间，用户为社群付出，社群让用户受益；社群成员之间将各自闲散的资源互换共享，共同获利。这样就会形成一个高凝聚力、高活跃度的社群。

通过提高社群价值、开展线上线下活动、发红包和物质奖励、搞好社群文化建设等方面，将会从物质、精神两个层面激发社群用户的激情，产生社群用户的归属感，并增加社群用户之间的黏聚性，从而打造出活跃度极高的社群。

三、社群变现

运营社群而不追求回报是不可能的，不获利的社群也无法长久地持续下去。

首先，社群运营必须坚持自然而来、自然生长、循序渐进的原则。社群运营要遵循从社群本身特色出发，从拥有社群、发现社群中用户的共同需求出发，满足个性化初级社群需求。形成闭环之后，再决定做进一步的社群运营模式升级，包括借助技术平台实现规模化效益。

其次，要始终坚持 MVP（Minimum Viable Product，最小化可行产品）原则。在未直接打造独立统一技术平台前，需要借助互联网通用的工具平台，进行最小化商业闭环实验，才能够确定社群商业运营需求的刚性和可行性。

最后，要始终坚持社群运营从简单工具开始。用简单工具辅助社群内部需求满足后，再实现工具向平台升级，扩大服务对象范围，增加服务提供商数量，进而实现社群经济商业价值最大化。

社群价值的变现是多元化的，这里介绍如下 5 种变现方式。

① 产品式，就是直接以产品为导向，社群通过产品的不断更新来变现。例如，秋叶 PPT 就是通过不断开发新的课程来产生直接的回报，课程就是它的产品。

② 会员式，是通过直接收取会员费来达到变现的目的，如罗辑思维。
③ 电子商务式，是通过销售商品的方式来变现，也是以罗辑思维为代表。
④ 项目式，是通过各种项目协作，然后推出定制化的产品和服务。
⑤ 众筹式，是利用社群的精准粉丝特性发起众筹。

例如，吴晓波频道社群运营变现流程如图 7.2 所示。

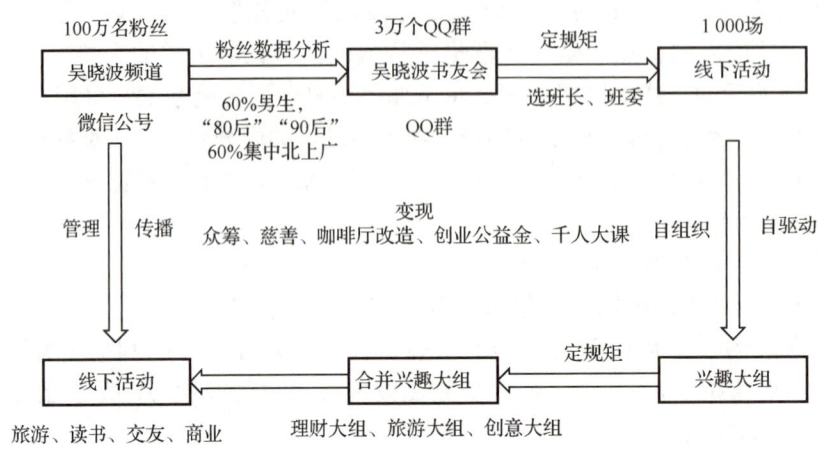

图 7.2 吴晓波频道社群运营变现流程

任务三　解读网红经济现象

任务引入

2020 年 10 月，微博品牌活动"超级红人节"在线上启动，李子柒、李雪琴等数十位网络红人吸引了无数粉丝的目光，大量的粉丝、强大的话题性、资本认可的商业变现能力等让网红经济成为移动互联网时代的一个重要社会现象。一时间，围绕网红经济的口水战此起彼伏。那么，什么是网红？网红经济究竟靠什么持续走红？

一、网红经济的概念

网红经济是以年轻貌美的时尚达人为形象代表，以红人的品位和眼光为主导进行选款与视觉推广，在社交媒体上聚集人气，并依托庞大的粉丝群体进行定向营销，从而将粉丝转化为购买力的一个过程。多个风口产业交织，催生了网红经济的爆发，形成了分工明确、商业模式完善的中国网红经济产业链，如图 7.3 所示。

网红经济模式里有如下 3 个组成部分。

① IP（Intellectual Property，知识财产）工场，也称网红孵化器，或者称 IP 推手、提供商，包括影视投放、红人培训、动漫设计、营销策划、公关推手等。商业孵化能力与资源配套是其核心竞争力，经纪、版权及周边产品收入是其主要收入来源。

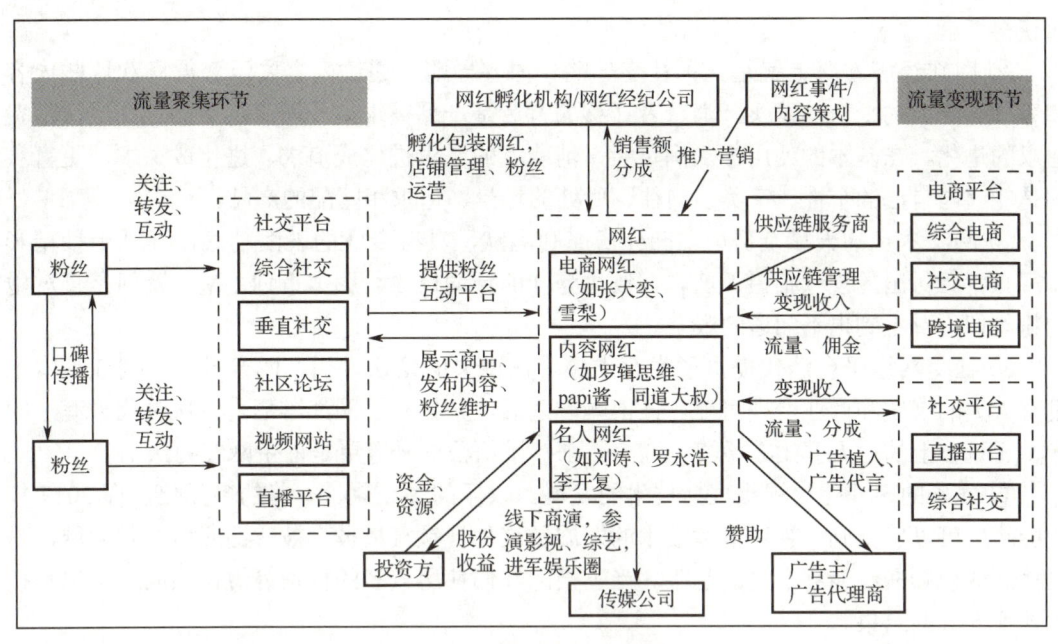

图 7.3　中国网红经济产业链

② IP 手艺人，多称网红，或者称关键意见领袖（Key Opinion Leader，KOL）。其主要的商业模式是代言、打赏供养和产品销售等，其核心竞争力就是具备持续产生圈层内容的能力。

③ IP 支持商，也称平台，或者称卖水者，包括展示平台、电子商务、流量分发、周边产品支持等。

二、网红产生的原因

网红的产生不是自发的，而是在网络媒介环境下网络红人、网络推手、传统媒体及受众心理需求等利益共同体综合作用的结果。

首先从内在因素分析，主要有以下几点。

① 个体表达的需要。随着社会生活中的注意力向网络转移，人们越来越具有展示自己个性、发挥个人才能、实现自我价值等需求。对于许多网红而言，其最基本的动机就是个体表达。

② 个体参与的需要。物质基础决定上层建筑，当人们最基本的生存需要得到满足时，对具有重要社会价值和精神价值的公共事务的重视程度就会增强。

③ 个体成就的需要。人们具有希望成就一番事业、获得荣誉的内在需要。当个体在现代化进程中发展时，其对成就的需要尤为明显。

其次，从互联网发展的外在影响及产品消费环境分析，包括以下几点。

① 从消费性价比到消费认同。以淘宝为代表的电子商务平台本质上是一种比价消费，性价比最高的销售量大，性价比低的被淹没在 10 亿级的库存销售产品里。网红的主要变现渠道是电子商务，通过展示消费者所认同的生活方式、生活场景，引起粉丝的认同，从

而获得订单。

② 网红经济本质上就是一种社交导购、内容导购，通过内容展示获得喜欢这些内容和喜欢这个人的受众的购买。消费者迁移的背后是产品需求被普遍满足后的更高层次消费追求的进化。在基本的使用需求满足后，消费者的需求进化成追求、进化成探求，更喜欢的是能够与自己的个性、审美、向往、所处的场景、追求相匹配的产品。

③ 网红本身的天赋及努力。papi 酱犀利幽默，具有专业的表演功底，其几十秒精彩短视频背后付出的视频拍摄、剪辑，绞尽脑汁的台词修改、剧本策划，毫无疑问是喜欢她的粉丝们所看不到也不知道的艰辛。

④ 社交网络平台迭代提供了生存土壤。在过去的论坛时代、博客时代，网红基本上没有太大的爆发和商业变现可能。微博崛起之后，开始有了网红雏形，论坛时代天涯上的版主、豆瓣上的达人开始在微博上红火起来；微信公众号等更是催生网红的沃土。

⑤ 娱乐的多元化与视频直播技术的发展。娱乐的多元化、审美的多元化，在 2017 年的春晚上可以感受到。视频直播技术的发展及这种视频直播技术被广泛应用在各领域，是直播间或视频网红能够立足的基础。当下被网红们使用较多的秒拍等短视频应用，也是技术迭代升级的结果。

⑥ 网络支付的普及。支付宝有 4 亿多名用户；微信有 2 亿多名绑卡用户。移动支付的普及也是网红能够变现的商业基础。

互联网正处在娱乐互联网向商务互联网转型的大风口。在这样的大背景之下，网民们已经培养起比较良好的付费习惯，愿意为自己的审美、为自己内心的追求付费，既愿意为心仪的偶像买单，也愿意为那些能够很好地表达出自己的内心与情绪的代言人打赏。

三、网红经济的变现模式

① 广告是网红变现最直接的方式。作为内容生产者的网红，对内容有极强的驾驭能力，粉丝对其极易产生共鸣。通过原创视频火起来的网红，在视频中插入广告是很容易让粉丝记住的，其广告的展现方式主要有两种：一种是静态的物体在视频中展现；一种是在视频后期制作中加入广告元素。如果是微信公众号，则在编辑微信时可加入文字或图片广告。

② 微商推送模式。这种模式通过对粉丝的引导来变现。活跃在微博、微信上的网红每天推送一些美妆或知识性的内容，并同时附上一个链接，往往这个链接就是在推送他们卖的产品。只要稍微懂微信、微博电商的操作，变现就不是很难。

③ 卖会员资格、VIP，以及粉丝打赏，也是一种比较直接的变现方式。通常网红会制造许多热点话题，粉丝纷纷参与其中。当一个话题有足够多的粉丝关注时，就会有许多粉丝去购买会员资格、VIP。网络直播、微信、微博开通的打赏功能也是重要的变现方式。网红创作的内容，很容易突破 10 万次的浏览量，至少有 800 人打赏，因此网红收到上万元赏钱也不是难事。

④ 网店卖货，即直接通过电子商务销售产品变现。网红通过直播等方式推销产品，并抽成。这种模式通过"有影响力的个人＋人格化的店铺魅力＋社交工具传播"来获取消费者的喜爱和信任，达到自传播、为网上店铺导流的目的。这种模式不依赖平台搜索规则

和活动、不依赖付费流量,实现了产销闭环。

四、网红经济的持续发展

网红是自媒体时代活跃在网络世界里的明星,他们的出现改变了这个时代的"造星机制",成名的门槛降低了很多。网红经济只是互联网经济的一种形式,对年轻人而言,"高颜值"就可以轻松扬名。赚快钱的范本过多,不加以引导就会影响到年轻人的价值观。对拥有技能或知识的人,可以在时间财富网之类的服务众包平台做任务,在分答 APP 平台做付费知识问答。

网红经济要想持续走红,差异化十分重要。

① 大众网红。大众网红以粉丝规模和流量体现其主要价值,即靠颜值或个性吃饭。其体现了互联网娱乐化,即注意力。例如,真格基金联手罗辑思维以 1 200 万元投资 papi 酱。大众网红的生命周期往往取决于内容的持续性和粉丝的活跃度。大众网红面临的问题:程序化带来的大众审美疲劳;过火的功利化"掉粉";政府监管的影响;商业化过程短暂。大众网红必须有制度约束,遵纪守法。在巨大利益的驱动下,部分网红为了吸引更多粉丝、获得更多利益,不惜迎合低俗趣味、挑战社会公德,这是决不允许的。

② 垂直网红。垂直网红以粉丝黏性和精准营销为主要手段,本质是卖知识与技能。其体现了网红本身的专业权威或职业沉淀,即影响力。例如,头狼资本以 600 万元投资知名车评人颜宇鹏(粉丝称为 YYP)。各行业内的大咖、专家和自媒体人凭借本人的品牌、粉丝积累、移动"互联网+"的连接优势,拥有很强的号召力、变现能力、抗风险能力。垂直网红关键在于创立自己的品牌,增加粉丝对项目的参与感,不仅可以把粉丝由情感支持者转化为利益关系人,还可以把粉丝发展成产品测试的种子用户和市场推广的"死忠粉"。有了自己的产品,才会有持续的生命周期。对于垂直网红而言,人人都可以是自媒体,但是不能信口开河、胡编乱造。

五、直播电商的兴起

中国电商直播起始于 2016 年,从最初以内容建设与流量变现为目的起步,至今产业链已逐步完整化、多元化。目前,行业处于爆发式增长阶段,交易额陡增,头部流量平台和交易平台持续向直播倾斜资源,直播带货几乎成为各大平台的标配。

直播起初是淘宝系提高品牌商平台转化率尝试的手段之一,类似团购与短视频,此后随着直播带来的良好转化效果,其入口的优先级逐步提高。此外,内容平台的入局给直播电商带来了新增流量:抖音快手的用户画像与电商平台的消费主力高度吻合,而电商平台也能弥补内容平台变现时在供应链资源的欠缺,两者的合作更加深入为直播电商蓬勃发展带来契机。

截至 2020 年 3 月,电商直播用户规模为 2.65 亿人,占网民整体的 29.3%。电商直播能拥有如此广泛受众群体的原因,一方面是平台加以引导,增加消费者从被动消费向主动消费转化;另一方面,信息爆炸、消费者时间碎片化、粉丝效应与从众心理等因素导致其倾向做出快准稳的消费决策。直播电商生态图谱如图 7.4 所示。

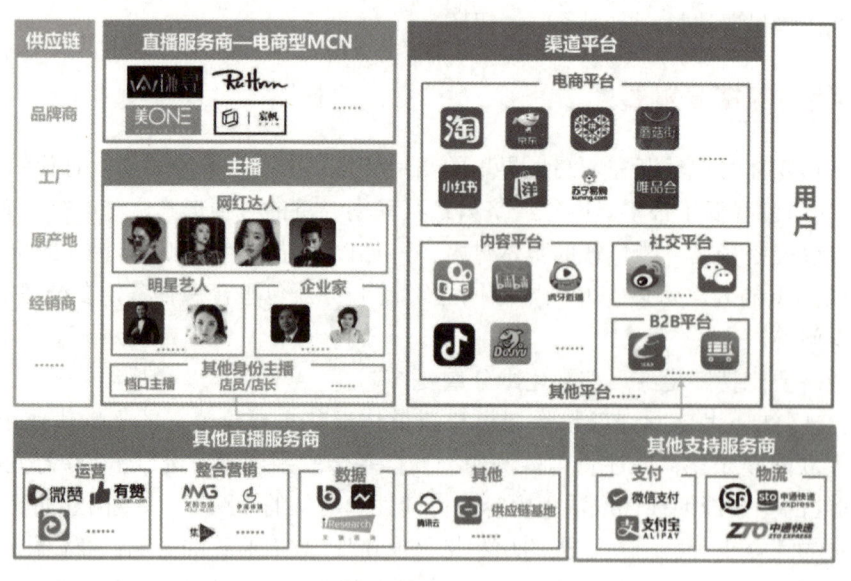

图 7.4　直播电商生态图谱

任务四　共享经济模式

任务引入

"创业前，我曾是一名记者，采访中我发现很多小微企业买不起创意和设计。"猪八戒网联合创始人刘川郁说。从一家大中型的设计企业购买服务是标准化和流程化的，收费动辄上万元。"但是在我们的平台上，有大量初创期的设计团队、设计专业的大学生，设计一个 LOGO 只需要 300 至 500 元，门槛低了自然生意就上门了。"刘川郁说，如今猪八戒网已经聚集了 25 个国家和地区的"共享人才"，共计服务 1 000 多万家企业。人才在共享中凸显价值，人才的孵化也在不断加速。

据介绍，猪八戒网目前可以为企业提供标志设计、软件开发、知识产权、财税等 17 个领域 600 多个品类的全生命周期服务，共计实现了超过 10 亿次商机匹配。猪八戒网计划在四川高校建立 20 个校园工场，其目的是为在校大学生提供实习机会。

共享经济已经深深地影响着人们的观念和生活。在住宿、交通、教育服务、生活服务及旅游领域，优秀的共享经济公司不断涌现——从宠物寄养共享、车位共享到专家共享、社区服务共享及导游共享，甚至移动互联强需求的 Wi-Fi 共享。新模式层出不穷，在供给端整合线下资源，在需求端不断为消费者提供更优质的体验。

一、共享经济的概念

共享经济是指以获得一定报酬为主要目的,基于陌生人且存在物品使用权暂时转移的一种新的经济模式。其本质是整合线下的闲散物品或服务者,让他们以较低的价格提供产品或服务。对于供给方来说,通过在特定时间内让渡物品的使用权或提供服务,来获得一定的金钱回报;对需求方而言,不直接拥有物品的所有权,而是通过租、借等共享方式使用物品。这种共享更多的是通过互联网作为媒介来实现的。

共享经济最早由美国得克萨斯州立大学社会学教授马科斯·费尔逊(Marcus Felson)和伊利诺伊大学社会学教授琼·斯潘思(Joe L. Spaeth)于 1978 年发表的论文 Community Structure and Collaborative Consumption:A Routine Activity APProach 中提出,共享经济现象却是在最近几年才流行起来的。共享经济模式里有三大主体,即产品或服务的需求方、供给方和共享经济平台。由第三方创建的、以信息技术为基础的市场平台作为连接供需双方的纽带,通过 LBS 应用、动态算法与定价、双方互评体系等一系列机制的建立,使得供给与需求方通过共享经济平台进行交易。

二、共享经济的基本特征

(一)借助网络作为信息平台

通过公共网络平台,人们对企业数据采取的是一种个人终端访问的形式,员工不仅能访问企业内部数据,还可将计算机、电话、网络平台全部连通,让办公更便捷。智能终端便携易用,功能越来越强大,让消费者使用这些设备来处理工作的意愿越来越明显。例如,房屋出租网架起了旅游人士与家有空房出租的房主合作的桥梁,用户可通过网络或手机应用程序发布、搜索度假房屋租赁信息,并完成在线预订。

(二)以闲置资源使用权的暂时性转移为本质

共享经济将个体所拥有的作为一种沉没成本的闲置资源进行社会化利用。更通俗的说法是,共享经济倡导"租"而不是"买"。物品或服务的需求者通过共享平台暂时性地从供给者那里获得使用权,以相对于购置而言较低的成本达到使用目标后再转移回所有者。

(三)以物品的重复交易和高效利用为表现形式

共享经济的核心是将所有者的闲置资源频繁易手,重复性地转让给其他社会成员使用。这种"网络串联"形成的分享模式把被浪费的资产利用起来,能够提升现有物品的使用效率,实现个体福利的提升和社会整体的可持续发展。

三、共享经济的存在形式

共享在网络生活中非常普遍,从文字、图片到视频、软件,共享行为无处不在。随着社交网络的日益成熟,当前共享内容已不再局限于虚拟资源,而是扩展到房子、车子等消费实体。哈佛大学经济系的教授威茨曼把共享经济分成三大类别。

（一）基于共享和租赁的产品服务

这种方式实质上是在同一所有者掌控下的特定物品在不同需求者之间实现使用权转移，如拼车网、房屋交换网。从本质上说，金融企业就是基于分享经济理念的经济形态。

（二）基于二手转让的产品再流通

这种方式实质上是同一物品在不同需求者之间依次实现所有权转移。例如，美国的克雷格列表（Craigslist）是一个大型免费分类广告网站，作为全球第一分类广告媒体，目前在 50 多个国家的近 500 个城市提供求职招聘、房屋租赁买卖、二手产品交易、家政、娱乐等服务。

（三）基于资产和技能共享的协同生活方式

这种方式实质上是时间、知识和技能等无形资产的分享。例如，Liquid Space（流动空间）复制 Airbnb 模式，为在外出差者在当地寻找和共享最佳办公空间，并通过 LBS 应用将信息呈现给消费者。这些地点包括办公区、商业中心等许多有 Wi-Fi 但使用率不高的地方，从而低成本地共享工作间和机器设备。此外，这种形式还包括一方利用闲暇时间为另一方提供服务等形式。

四、发展共享经济的意义

随着共享经济的兴起，个别的、细微的消费行为变化经过集聚整合最终将会带来巨大的商业变革和社会变革。

（一）共享经济扩大了交易主体的可选择空间和福利提升空间

在传统商业模式下，人们主要是被动地接受商家提供的产品信息，个别人对产品的体验评价局限于熟人圈子。而基于网络平台的共享经济模式却使供求双方都能够通过互联网发布自己能够供给的分享物品或需求物品，从而增加了特定供给者或需求者可选择的交易对象，并具备了掌握交易对象更多信息的可能。这就避免了带有欺诈性的不公平交易，从根本上提高了交易质量，因而有利于促进双方福利的增加。

（二）共享经济改变了人们的产权观念，培育了合作意识

共享经济将更多的私人物品在不改变所有权属的基础上让更多的人以较低的价格分享，从而压缩了个人用品中私人专用物品的相对空间，扩充了公共物品概念的内涵。这里蕴含着集体经济的发展，要求政府在国家层面上更广泛地渗透和干预居民的私人生活，以推动社会共有形式的跃迁。借助网络平台出租或借东西给自己不认识的人，从根本上扩大了人们分享的交际圈，教会了人们如何分享，从而使得分享成为社会交往中的不可或缺的重要因素。

（三）共享经济改变了传统产业的运行环境，形成了一种新的供给模式和交易关系

传统生产方式是企业家组织生产要素提供产品，在生产环节的组织化程度很高，消费者主要是散客。而网络平台提高了消费者的组织化程度，将每一个消费者的消费需求变得更加精确，"柔性生产"和"准时供给"成为普遍的生产方式，预示着精细生活时代的到来。从整个社会供给来看，共享经济减少了社会供给总量，推动了绿色革命，有可能开启下一

轮产业革命，将成为过度消费的终结者。

（四）共享经济改变了劳资关系

共享经济改变了企业的雇用模式和劳动力的全职就业模式，给那些富有创造力的个人提供了一种全新的在家谋生方式——人们可以自由选择自己感兴趣和擅长的任务，以及工作时间和工资。事实上，大多数参与分享业务的人，都拥有自己的本职工作，只是将这些分享服务看成额外收入。

（五）共享经济有助于解决政府城市管理难题

交通拥堵、生态资源紧张、劳资矛盾、收入分配不公、邻里冷漠是制约多数城市发展的普遍难题。在共享经济理念下，地方政府间可以开展广泛的合作，通过城市间信息共享、政策协调、人力资源共用，有助于缩小城乡差距和区域不平衡问题。共享自行车和汽车改变了城市的交通政策，共享汽车还能减少尾气排放，共享私人住宅还能平衡城市的住房供需关系，共享经济甚至还可以通过稳定社会网络来解决城市犯罪问题。

五、共享经济在中国的发展趋势

2019年，我国共享经济市场交易规模为32 828亿元，比上年增长11.6%。生活服务、生产能力、知识技能3个领域的共享经济交易规模位居前三，分别为17 300亿元、9 205亿元和3 063亿元，分别较上年增长8.8%、11.8%和30.2%。从发展速度来看，共享住宿、知识技能、共享医疗3个领域的增长最快，分别较上年增长36.4%、30.2%和22.7%。

2020年，对于共享经济而言不啻于一场灾难。从诞生至今短短几年间，共享经济已经走过了初兴、热潮、乱象与复归平稳，唯一不变的对于这种模式能否行得通的质疑声从未间断。进入2020年，因黑天鹅事件，共享经济的商业模式无疑增加了更多不确定因素的影响。未来几年，共享经济的发展步伐将更趋稳健，总体来看将表现出以下六大趋势。

（一）共享经济将很快走出疫情冲击并呈现稳定发展态势

2020年，共享经济的发展环境有喜有忧。从行业本身的发展看，在疫情冲击下许多平台企业面临着巨大的经营压力，而且随着移动互联网红利迅速消减，资本市场对互联网等新业态的投资信心仍然低迷，合规压力不断加大，共享经济将面临较大的增长压力。另一方面，未来共享经济的发展仍然存在诸多利好因素：人们在线消费习惯增强，教育、医疗、养老等民生重点领域的共享模式发展潜力加速释放；营商环境、灵活就业和消费等与共享经济相关的政策支持力度加大；新的共享服务和共享模式将不断涌现，如律师、会计等专业化服务共享，空调、无人机等设备共享；平台企业商业模式不断成熟，消费者体验持续提升，共享型消费日益成为主流消费方式，等等。

（二）市场竞争加剧，行业洗牌加速

疫情对共享经济企业带来的"冲击"和"刺激"都是短期的。"冲击"从根本上说是因线下经济活动被迫中止而"传导"到线上产生的，但市场需求和供给能力只是短期消失，长期仍然存在，疫情过后极有可能集中爆发。降本增效和开源节流成为2022年平台企业经营策略的首要选择，从拼规模和速度转向拼品质、服务、安全等的趋势将会更加明显，能否为用户带来更好的体验和更多的价值，也将成为未来市场竞争的关键。拥有较强的技

术支撑能力、更好的用户基础和服务体验、更加完善的生态圈的平台企业有望在新一轮竞争中胜出，头部聚集效应进一步显现；处于行业尾部的数量众多的中小平台，则在日趋激烈的竞争中处于不利地位，面临随时被淘汰出局的风险。

（三）未来几年平台企业上市步伐有望加速

随着共享平台企业规模的扩大和商业模式的成熟，通过上市和公开市场募集资金将成为平台越来越重要的融资方式。

上市的政策环境对共享平台越来越有利。2019年科创板正式开板并开始交易，主要面向高新技术产业，上市门槛更低，极大地方便了许多微利或仍然处于亏损状态的平台企业上市；2019年新三板改革启动，在创新层、基础层之外新设精选层；2021年北京证券交易所获准开设，新三板精选层直接转入北交所。另外，港股也放开了同股不同权的限制。上述政策都为共享平台企业通过上市融资提供了巨大便利。

共享平台企业经历数年发展之后，已积累了丰富的用户基础，形成了较为完善的业务体系，为了进一步提升平台的企业形象、吸纳社会资金，加速上市成为许多共享平台的一项战略选择。另外，近两年一级市场融资难也成为平台选择上市的重要推动因素。

风险投资主要是为各种类型的初创企业提供融资支持，一旦投资对象进入相对成熟状态，风险投资就需要退出以便转向新的创新活动，而平台上市是最为重要的一种退出机制。

（四）资源开放和平台赋能成为共享制造的重要支撑

基于制造资源共享的社会化的研发设计、优化控制、设备管理、质量监控等服务，将成为共享制造体系建设的重要内容。

共享平台对制造企业的赋能作用将日益显现，主要体现在两个方面：一是依托产能共享平台C2M（Customer to Manufactory，顾客对工厂）模式将成为主流，顾客需求可以直达工厂，工厂将根据顾客需求进行设计、采购、生产、交货，从而提升制造业企业适应市场需求变化的快速供应链反应能力；二是共享平台上积累起来的大量采购和消费等数据可以帮助制造业企业分析和预判市场需求变化，从而有针对性地推出新品，创新营销渠道和方式，提升企业的战略能力。

（五）区块链技术应用成为新热点

随着全球性区块链技术热潮的兴起，共享经济领域已经成为区块链技术的重要应用场景，其应用进程将不断加快。领先的共享平台将加快布局区块链相关技术研发，区块链在共享经济活动场景中的应用将进一步加快。

（六）"互联网+监管"进一步加强

2019年，《政府工作报告》中提出要推进"互联网+监管"和信用监管改革。这一改革既是深化"放管服"改革的进一步体现，也是共享经济等新业态监管的重大创新。"互联网+监管"是用大数据、云计算、物联网、人工智能等互联网技术进行监管的一种新模式，有利于监管的规范化、精准化、智能化。

监管部门和平台企业之间的数据共享将加速推进，对平台企业的事前风险预警、事中实时监测、事后追溯问责也将不断加强。在网约车领域，未来将建成以网管网、线上线下一体的"互联网+监管"体系，对网约车运行情况进行实时监控，并对违规运营的网约车进行拦截和管控，以打击违规运营行为。在共享单车领域，各地将加快建立"互联网+监管"平台，对单车进行实时监测、调度与管理，以解决共享单车的乱停、乱放等痼疾。

READ 阅读推荐

直播是走向数字化征程的一个美好过程

2020年的疫情逼得各行各业的企业家不得不走进直播间做起了"导购"，从携程CEO梁建章到格力铁娘子董明珠。这些人中，有一位企业家堪称直播带货的典范，他就是林清轩创始人孙来春。疫情期间，林清轩凭借直播，创造出了销售奇迹，第一季度利润达到去年12个月的总和。

5月26日的新匠人新国货大会上，孙来春和向在场的600多位新匠人分享了自己直播的那些事，用自己的案例向我们证明了直播是企业走向数字化的一个美好过程。

新匠人要学会包容

孙来春曾经坚信酒香不怕巷子深，既不打广告，也对电商平台等比较抗拒，所以错过了很多商业机遇。以前林清轩是一个小众品牌，只开直营店，连淘宝、天猫都不做，甚至因为淘宝上有小C店卖林清轩还告了阿里巴巴7次。但最后还是逃不过真香定律，于3年前做起了电商，孙来春直言很后悔那么晚才开始做。他用自己的经验告诉大家，作为新匠人要学会包容，要敢于拥抱数字化，不要急于否定与排斥它。

直播是数字化的一个点

林清轩诞生于"非典"，成名于"新冠"。2019年新冠肺炎疫情发生之后，关注林清轩的人突然增多了，大家都认为是直播成就了林清轩。孙来春认为大家说的没错，但是关注的重点有问题。孙来春说他能站在直播镜头前纯属偶然，曾经他排斥过电商，所以现在他不敢轻易排斥直播。因此，当天猫直播的店小二教他们做直播的时候，他没有抗拒，而是认真研究与观察。在看过李佳琦的直播后，他觉得自己玩不来直播，再看看员工零星可怜的直播间人数，更是充满了疑问。为了鼓励自己的员工，他用自己的账号看员工直播，当员工看到直播人数从0变为1的时候，眼神就发生了变化，开始拼命地为那一个人讲解产品，完全不知道这个人就是林清轩的创始人。

孙来春曾问过一个员工："直播20多分钟只有两个人看，为什么还要继续？"员工回答说以前在线下门店，一次最多只能服务一个人，虽然现在直播间只有两个人，但是相同的服务时间，完成了业务的翻倍。正是员工朴实的话语打动了孙来春，他当即决定自己也做直播，没有任何经验的他直播完之后没多久就有培训机构总结了"林清轩创始人做直播的6个方式和方法"，开始当作课程来卖。

从0到1，再从1到李佳琦

从1月31日向员工发表"至暗时刻"的一封信，当时公司坚持不了67天就可能破产，到依靠直播实现销售额的逆势增长，林清轩也就用了半个月时间。有一种人像猪，吃饱了睡，睡饱了吃；有一种人像驼鸟，遇到危机，头就插在沙子里；还有一种人像恶狼，即使皮开肉绽，也要拼命往外冲。每个新匠人与疫情期间的林清轩状态一样，必须得冲出来，没有退路可言。

谈及直播那些事，孙来春总结出六个字：有用、有趣、走心。

① 有用。作为一个在化妆品行业坚持了 20 多年的新匠人，孙来春对化妆品还是有深刻认识的，所以他可以给用户讲最实用、有价值的护肤知识，然后完美植入林清轩的产品。

② 有趣。有用的抖音视频可以吸引 5 万人观看，但是有趣、搞笑的视频可以吸引 200 万人观看。孙来春的幽默感也算是自成一派，大家可以回看新匠人新国货上大会的直播来体会一下。

③ 走心。如果你的视频走心，可能会吸引一两千万人。用好的产品、真诚的心来打动用户。

从 0 到 1，再从 1 到李佳琦，其实就是一个企业走向数字化的见证。任何人在 5G 时代都有可能成为主播，有很多人认为直播是扯淡，没啥用。孙来春回应："确实没啥用，就是卖点货。"但是回到现实，他也提醒大家，直播不能只是卖货，因为那样很危险，大家都在"全网最低价"，最后可能低到赔本，这样做对企业就没有意义了。企业应该充分理解直播的三大用处：一是品牌推广和宣传；二是线下引流，拉新客到店；三是顺便卖一点货。

企业都到了生死攸关的地步，活着比一切都重要，所以不要担心直播难看，重点在于它能卖出 40 万元的货，孙来春一个人相当于上海一家门店 5 个人一个月的销售量。还有另外一个很重要的数据，45 分钟吸引 200 万人看，有这么多人看，不卖货也值得，这是品牌推广的一个重要入口。

国货品牌，任重道远

孙来春也提醒新匠人们：国货品牌不建议搞折扣，因为这样会损害品牌力。不如发消费券，林清轩靠着发消费券实现了一周销量破 1 200 万元，关键是这么做的同时也提升了品牌力，算是两全其美。前不久，化妆品领域的一些国际大牌扬言要把全球市场因为疫情造成的损失都在中国的"6·18"和"双十一"赚回来。进口品牌可谓是来势汹汹，与它们比国货品牌如今还缺乏品牌优势，如果我们的新匠人还不抓紧时间提升自己的品牌力，就很容易被这些海外品牌打得无力还手，甚至生存空间被挤压。我们的企业需要增加一些民族自信，增加一些品牌的方法论，拿起数字化武器，直播这事儿别拒绝，拿过来用，不要急于评论直播好不好，说一千遍不如做一遍。

直播不是一棵救命稻草，却是走向数字化征程的一个美好过程。作为新匠人，我们更应该学会感受过程。

Ending

分享与思考

1. 《网络预约出租汽车经营服务管理暂行办法》（以下简称网约车新政）由交通运输部、工信部等七部委联合于 2016 年 7 月 27 日发布，自 2016 年 11 月 1 日起施行。

2. "与世界分享你的知识、经验和见解"，知乎是一个真实的网络问答社区，知乎 Live 是知乎推出的实时问答互动产品。答主可以创建一个 Live，它会出现在关注者的信息流中。用户单击并支付票价（由答主设定）后就能进入到沟通群内，通过语音分享专业、有趣的信息，并通过即时互动提高信息交流效率。

3. "创业的每一天都在面临生死劫，与名声相比，我更看重生死。罗辑思维在业界挖了三个'坑'：第一个'坑'是 U 盘化生存；第二个'坑'是社群；第三个'坑'就是内容电商。"这是站在自媒体创业风口浪尖的罗振宇"抛弃"papi 酱以后一段坦诚的自白。拥有几百万名"拥趸"的他，一言一行都被当成业界的风向标。三个"坑"的理论开始引发热烈讨论，尤其是第三个"坑"——内容电商，前不久还被普遍视为电商升级的大势所趋，怎么到他这里就变成"坑"了呢？

4. 网红经济是以年轻貌美的时尚达人为形象代表，以红人的品位和眼光为主导进行选款与视觉推广，在社交媒体上聚集人气，并依托庞大的粉丝群体进行定向营销，从而将粉丝转化为购买力的一个过程。从"papi 酱""张大奕"到如今的"李佳琦""李子柒"，随着网络事件营销的不断演变，移动运营网络直播迅速崛起，2016 年 5 月 30 日被确定为"网红节"。

课后练习

1. 名词解释：社群、共享经济、网约车、共享单车、自媒体、短视频。
2. 试结合网约车新政的核心内容对网约车现象进行综合评述。
3. 谈谈字节跳动在短视频方面的布局，与腾讯、阿里巴巴等巨头在短视频领域的布局做对比分析。
4. 试从产品服务、创新与特色等方面分析知乎 Live 的模式。
5. 如何理解"内容电商有坑"。
6. 网红直播带货模式如何体现营销优势？对于直播带货与网红满街走的现象该怎么看？网红如何才能保持长久的影响力？

案例 7-1 自媒体先锋——今日头条

1. 基本概况

今日头条是一款基于数据挖掘的推荐引擎产品，旨在为用户提供个性化的新闻资讯，实现内容与用户的精准连接。它由国内互联网创业者张一鸣于 2012 年 3 月创建，于 2012 年 8 月发布第一个版本，是国内移动互联网领域成长最快的产品服务。

今日头条核心功能以技术为壁垒，以海量数据为依托，通过机器学习感知、理解、判断用户的行为特征，如通过用户在新闻客户端的滑动、搜索、查询、点击、收藏、评论、分享等动作，综合用户具体的环境特征与社交属性判断用户的兴趣爱好，为用户推荐个性化的新闻资讯，塑造千人千面的阅读场景。

今日头条针对媒体、国家机构、企业及自媒体推出的专业信息发布平台，致力于帮助内容生产者在移动互联网上高效率地获得更多的曝光率和关注度。截至 2020 年 1 月，今日头条月活跃用户数超过 4.1 亿，日活跃用户数超过 1.3 亿，人均单日使用次数 9.6 次，日均评论数 1 037 万条。2020 年，今日头条创作者共发布多种体裁的内容 6.5 亿条，累计获赞 430 亿次。

2. 发展历程

2011 年，王琼代表投资人海纳亚洲给了今日头条创始人张一鸣 8 万美元的天使投资，连同另外两家天使投资，张一鸣一共拿到了折合人民币 200 万元。很快，海纳亚洲对今日头条（北京字节跳动科技有限公司）A 轮投资 200 万美元。

2012 年 3 月，张一鸣创立今日头条，并于 8 月发布第一个版本。

2012 年年底，海纳亚洲又对今日头条进行了 100 万美元的 A+ 轮投资。

2013 年年中，张一鸣完成了 B 轮 1 000 万美元融资，来自海纳亚洲和 DST（俄罗斯数码天空科技，曾投资脸书、小米、京东）创始人尤里。

2014 年 6 月，今日头条获得 1 亿美元 C 轮融资。C 轮融资的领投方是红杉资本，与今日头条合作密切的微博则进行了跟投。今日头条的估值高达 5 亿美元。

2014 年 6 月，搜狐宣布将对今日头条侵犯著作权和不正当竞争提起诉讼。

2015 年 3 月，今日头条获得 2015 年艾瑞最佳影响力奖。

2015 年 4 月，今日头条被评为 2014 年中关村十大新锐品牌。

2016 年 9 月，今日头条宣布投资 10 亿元用以补贴短视频创作，正式加入短视频领域的竞争。

2016 年 9 月，京东和今日头条宣布，双方达成全面战略合作，双方共同推出"京条计划"。今日头条上将开设购物入口"京东特卖"。同时，双方将在营销和内容变现等领域展开合作。

2017 年 2 月 2 日，今日头条宣布全资收购美国短视频应用 Flipagram。

2017 年 3 月，今日头条正式宣布拿下中超联赛短视频版权，成为 2017—2020 年赛季中超联赛短视频合作方。

2018 年 1 月 27 日，今日头条正式对外宣布，与 BuzzFeed 达成内容授权协议。在达成合作协议之后，今日头条将向用户发布 BuzzFeed 的内容，同时包括一些视频内容。

2018 年 2 月 18 日，今日头条已经完成了对 Faceu 的收购，交易总价约为 3 亿美元。

2018 年 5 月 7 日，今日头条正式成立专家团，邀请学者、媒体人、公职人员参与，监督平台内容与服务。这是继上线反低俗小程序灵犬之后，今日头条引入社会意见优化内容生态的又一举措。

3. 产品与服务

（1）个性化资讯

"你所关心的，才是头条"。传统意义上的头条是指与社会群体密切相关的信息，而今日头条的这句产品口号打破了传统，体现了以用户为中心的理念，凸显了今日头条旨在为用户提供个性化资讯的产品定位。

今日头条的 APP 服务如图 7.5 所示。

① 热点及时搜。首页搜索功能，一键找到所有相关内容，不用再担心错过任何热点新闻。聚合超多家内容站点，热点资讯一手掌握。

② 明星上头条。超多明星入驻今日头条，开通发布账号，更新消息动态。可以直接关注、评论、点赞，不错过他发布的每条资讯。

③ 个性化推荐。5 秒算出用户的兴趣，定制专属资讯，只推荐用户感兴趣的内容，每一次顶踩、收藏、转发都形成个性化用户数据，被今日头条记录学习。每日 1 000 多位工程师精心优化算法，只为每一次推荐都更加精准。

④ 海量内容源。千万条高清视频播放无广告，新鲜内容极速呈现，随时随地省流量。

更有超过 44 万家头条号每日创作新鲜精彩内容。

图 7.5　今日头条 APP 服务

⑤ 精彩问答区。不想只做旁观者？新增"问答"频道——热门话题一起聊，你的答案也能上头条。发起话题或分享见解，参与网友讨论。

（2）开放的内容创作与分发平台——头条号

今日头条的头条号是针对媒体、国家机构、企业及自媒体推出的专业信息发布平台，致力于帮助内容生产者在移动互联网上高效率地获得更多的曝光率和关注度。截至 2020 年，今日头条拥有 "10 万 +" 粉丝数的创作者数增长了 132%。新增创作者数量为 1 566 万，微头条发文量增幅最快，达到了 86%，图文发布量涨幅 25%，直播发布量相比去年涨幅 167%。自媒体内容创作者的扶持计划如表 7.2 所示。

表 7.2　今日头条内容创作者扶持计划

流量平台	扶持计划	推出时间	激励政策
今日头条	头条号"千人万元""百群万元计划"	2015.9	① 在未来一年内确保头条号平台至少有 1 000 个头条创作者单月至少获得 1 万元保底收入 ② 鼓励并扶持"群媒体"，未来一年希望重点扶持至少 100 个群媒体，单月至少获得 2 万元保底收入 ③ 优质自媒体更多曝光率
	头条号创作空间，提供给早期内容创业者的孵化空间	2016.3	① 投资早期内容创业团队（2 亿元规模基金） ② 融资对接 ③ 创业培训
	新作者扶植计划	2020.1	① 提供总计 30 个签约名额，获奖者将与头条号签约 ② 每位获奖者将获得每月最高 10 000 元、最低 2 000 元的保底收入 ③ 官方将助力获奖作者打造个人品牌，成为具备全网影响力的作者 ④ 本次活动中征集的优秀作品将有机会进入今日头条优质内容聚合平台——精选频道

（3）今日头条：算数

2015 年 1 月 20 日，新生代移动互联网企业今日头条在北京国家会议中心举办了"算数•年度数据发布会"。

数据发布会的主题名为"算数",实际上指的是"算法"与"数据"。今日头条能够从门户垄断的格局中脱颖而出,所依托的是其独到的推荐引擎技术,其倡导的"个性化阅读"理念已经成为行业的发展趋势,并且被众多老牌互联网公司效仿。

(4)头条寻人

头条寻人是由今日头条在2016年2月发起的面向全国的公益寻人项目。它借助"互联网+"的精准地域弹窗技术,对寻人或寻亲信息进行精准的定向地域推送,可以帮助家属寻找走失人员,帮助被救助管理机构救助的疑似走失人员寻找家人。截至2018年9月,头条寻人共弹窗推送49 581起寻人启事,找到7 000人,包括2 533位老人、682位未成年人。到2021年5月,已经累计帮助16 000个家庭团圆。

(5)"广告+电子商务营销"的商业盈利模式

互联网产品变现的方式总体上有3种,即广告、电子商务及游戏。今日头条选择了广告变现和电子商务变现。由于掌握了大量的用户数据,今日头条能够根据用户的具体画像来实现广告的精准投放。但是平台无法给用户提供相应的消费场景,电子商务只能作为今日头条次要的变现方式而存在,包括与京东合作的产品导购和互联网理财产品、与格瓦拉合作的今日电影,以及为手机游戏导流。

(6)"头条问答+评论+微头条+短视频+推荐+粉丝必见+大数据匹配+原创保护"的社交布局

今日头条的社交模式如图7.6所示。

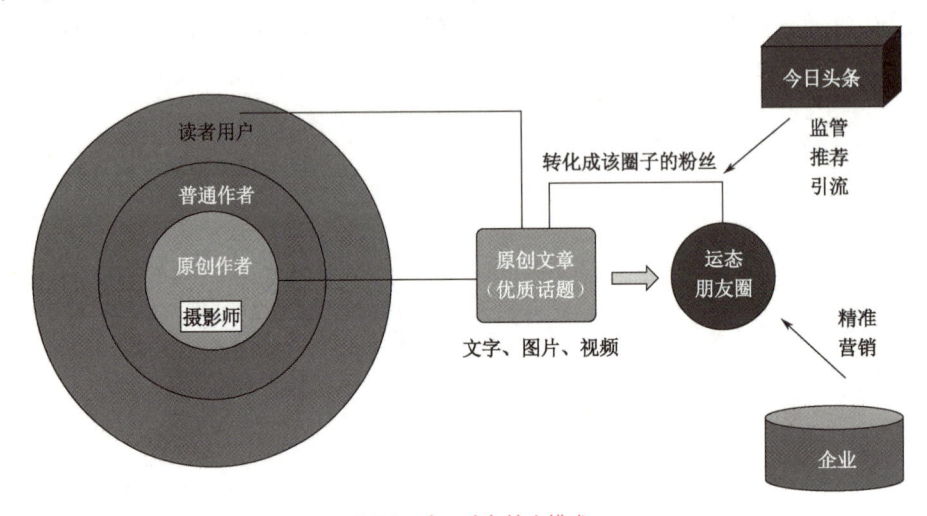

图7.6 今日头条社交模式

4. 创新与特色

(1)个性化的资讯自动推荐运营机制,引领自媒体行业

今日头条是目前运行得最成功的自媒体平台。它最大的特点是从发稿到推送都有一套机器自动推荐运营机制,从而避免了人工编辑的好恶,避免了幕后的规则和人情稿。

① 个性化的内容推荐机制。根据用户的喜好为其推荐个性化的媒体信息,让用户在信息过剩的互联网时代迅速获取自己所关心的内容,而不是千人一面。

②庞大的内容创业者群体。早期的今日头条将自身定位为内容平台,不做新闻生产者,只做新闻的搬运工,通过"爬虫"抓取第三方媒体网站信息。这样的做法让今日头条获取了海量的媒体信息,但也引来了版权之争。而后,今日头条为了减少版权纠纷和加强对平台内容的把控能力,创办了头条号,吸引了大量传统媒体与自媒体内容创作者的加入。

③基于机器学习的推荐引擎风靡全行业。今日头条根据人的特征、环境特征、文章特征三者的匹配程度进行实时推荐:0.1秒内计算推荐结果;3秒完成文章提取、挖掘、消重、分类;5秒计算出新用户兴趣分配;10秒内更新用户模型。今日头条据此成名后,新浪、搜狐等各类新闻客户端,UC等手机浏览器,各类电子商务平台的搜索引擎,甚至BAT,相似的产品陆续上线。

(2)去中心化的广告分发模式,成就移动广告领域霸主

国外的互联网巨头谷歌、脸书的盈利主要靠广告。去中心化的今日头条除信息分发之外,在广告这方面不断探索新的商业模式,核心就是做精准的需求广告。

今日头条精准的需求广告依靠的是个性化推荐算法。每个人的今日头条主页都不一样,可以做到千人千面。例如,家庭主妇会收到家常食谱的信息;体育爱好者会看到足球比赛的推送。今日头条会根据用户特征、环境特征、文章特征等数据进行组合推荐,通过机器智能分发实现去中心化模式的广告分发模式。

①今日头条的信息流广告。这是指生产出来的广告可以像信息一样分发,可以不断刷新,没有展示位数量的限制,更不会像以前那种广告一样打扰用户。广告都很明确地标注了"广告"字样,但是因为推荐系统精准推荐且是有用的资讯,所以转化率都很高,很多用户都不会介意它是广告。

②广告走向个性化。不同的人会看到不同的广告——广告分发更灵活,就像普通内容一样,个性化地展现在每个用户面前。今日头条现在可以根据大数据给同一个广告做几十版素材,真正做到了对不同的人给不同的广告。例如,今日头条与亚马逊在"世界读书日"开展的一场"好书遇见你"的合作就是其中之一。

③广告消费趋向视频化。随着5G和Wi-Fi技术的普及,以及制作门槛低、用户需求旺,短视频消费终于迎来了加速爆发期,视频广告的形式也顺势成了新主流。今日头条的视频数据每天有10亿次播放,每天播放时长达到2 800万小时。在今日头条平台上,用户观看短视频的数量呈现快速的增长,视频流量在不到一年的时间内就赶超了图文流量,信息走向视频化。

在信息视频化趋势下,短视频广告消费无疑将成为移动营销下一站的风口。视频有天然的优势,它比文字和图片具有更好的感官体验,能更高效地传播,而且短视频的制作成本和门槛相对较低。例如,视频的头条号"坤哥玩花卉",坤哥是《中国花卉报》的一名记者,精通花卉养殖,他在头条号上上传的家庭养殖教学视频长度为2~4分钟:45万人学习了如何种菠萝;43万人学习了如何扦插虎尾兰;16万人想学在家种杧果;22万人对种金钱树感兴趣;24万人想要种辣椒;最受欢迎的则是猪笼草,累计有765万人观看了教学视频。

(3)开放的生态体系,打造中国版的脸书

今日头条打造的是一条从技术驱动的资讯聚合到培养自身内容的生态体系之路。

首先是个性化内容推荐算法,接着从头条号开始,通过补贴和广告分层的形式,然后

是先培养文字内容,后推广短视频,整体很注重内在生态系统的建立。通过订阅机制,今日头条完成了社交布局。当订阅具备一定的规模后,对推荐的依赖将会减少,今日头条将会以内容分享的形式切入社交。也就是说,头条号发布的内容将以信息流的形式展现在头条号的"圈子"里面。

通过内容的订阅和分享,今日头条更像是 YouTube 及脸书,而分享的内容是文章、短视频等,甚至与微博形成了竞争对手。所不同的是,今日头条拥有自身的内容体系——平台上拥有大量的内容生产者和订阅用户。

随着平台更加壮大,头条号将引入电子商务,如推出企业号——类似微信公众号,将能够对企业进行宣传,并直接接入电子商务。而订阅的头条号内容将以信息流的形式出现在"圈子"里面。这种现象类似于把微信的公众号文章传播到朋友圈里,并有评论——这就是中国版的脸书。人人都能发布状态的开放式社交,就像是微博和微信的中间形态。

5. 经验要点

(1) 今日头条的内容版权合法性引起广泛质疑

今日头条并不生产内容,只做新闻的搬运工。它做的就是内容分发,没有一个员工做内容的生产和推荐,只有少数几个人负责内容违规审核。"尽量减少人为干预内容"、全部交给算法来解决,是今日头条的目标。今日头条的技术设计是通过搜索链接,转至原媒体网站以规避版权风险,但事实上更多的内容还是来自一些门户网站和纸媒的官网,似乎故意弱化了内容的制作方、来源等信息。最关键的是,也弱化了内容来源方的广告展示。这样难免会有人质疑今日头条窃取了传统媒体生产的内容,侵犯了内容来源方的知识产权。

(2) 新闻媒体移动客户端与搜索推荐引擎类产品之争

在内容为王的时代,当腾讯、ZAKER、鲜果、网易等都在付费签约传统媒体的独家内容时,今日头条重点在于推出头条号。腾讯、新浪、搜狐、网易等移动阅读都在尝试同样的推荐引擎,并且推荐的准确率与今日头条相比有过之而无不及。同时,这些新闻客户端还配有编辑推荐,从而提升了内容的质量与用户的阅读体验。今日头条激发内容创作者,通过补贴和广告分层的形式,先是培养文字内容,进而是短视频。

移动新闻客户端与技术搜索个性化推荐的平台的大比拼,从新闻资讯的及时性、真实性、深度等要素的角度看,今日头条很难乐观。今日头条做的是以娱乐为目的的内容,而非为获取即时、有效新闻的媒体聚合。信息泛滥的移动互联网时代,让用户得到更多精准、丰富、有深度的讯息是新闻资讯类应用所应该做的,满足内容的订阅和分享、多方的参与、娱乐和分享的需求才是今日头条的未来。

今日头条个性化的资讯推荐功能精准地满足了用户碎片化利用时间的需求。拥有先发优势的今日头条掌握了大量的用户与行为数据,如何做到商业变现与用户体验的平衡及寻求多样化的变现形式成为其发展关键。今日头条应加大对内容的监控力度,创造出一套完整的自媒体用户管理体制,提高内容的质量,增强平台的权威性。当然,今日头条是否能够真正独立于 BAT 体系之外,还有待观察。

(3) 让数亿名用户看见更大的世界

年龄、性别、城市层级、消费能力、职业、家庭……背景的复杂化,直接导致内容消费行为的多元化。每个人的阅读都有很多维度:既需要泛娱乐资讯,也需要专业知识;既需要社会商务信息，也需要与家庭生活相关的内容；既需要跟随大众喜好，也需要满足个人的小众兴趣；既需要碎片化的信息扩展认知面，也需要沉浸式阅读进行深度探究。因此，每个人的阅读标签越来越多元化。

个人阅读行为千差万别，但是不同群体也有一些鲜明的特色。报告通过对显著性特征较高的人群进行筛选归纳，将今日头条平台用户大致分为六大类：年轻潮文化追随者、大中城市财富奋斗者、新线城市享受生活的中青年、有一定社会地位的资深中产、新线城市中低消费的稳定生活者、追随时代进步的长者。六大类人群是由无数个个体组成的。不同背景用户的多元化资讯需求都可以在今日头条平台上得到满足，微头条、短视频、热榜、推荐、小说、问答、直播、区域及各个垂直频道，可以从更多维度看见更大的世界。丰富的内容、全天候的资讯场景，使得今日头条沉淀出多元化、高价值的用户群体。

（4）平台生态更繁荣

需求端是不断增加的用户量和日益多元化的内容诉求；供给端是持续新增的各领域内容创作者及层出不穷的优质内容。两者相互拉动、推进，也使得今日头条平台持续升级，形成一个更加繁荣的内容生态。今日头条平台本身也从过去单一的新闻资讯平台，升级成以多元内容、多载体形态、多类型用户为核心优势的复合生态。

随着平台生态愈加丰富、完整，在聚合效应下，今日头条支持"一站式"满足用户信息获取需求，将服务延伸至观影娱乐、知识获取、新闻资讯、生活应用等多元场景。不断丰富的生态如同一个富矿，通过平台数据优势对平台用户内容消费行为进行深度的调研分析，可以激活更大的商业价值。

案例 7-2 社群营销之大咖罗辑思维

以罗辑思维、知乎、分答等为代表的知识电商模式，引领了 2016 年知识经济爆发的风口。进入 2017 年，以今日头条、百家等为代表的内容平台的火爆，激发了以草根为基础的自媒体群体的快速崛起。"忽如一夜春风来，千树万树梨花开"，专家们的知识输出和草根们的内容变现一时成为新潮流，知识和内容成为经济学意义上的商品，借助互联网快速地传播和交易。内容创作者们在享受知识内容变现的喜悦的同时，这一现象也冲击着传统的知识观念。罗辑思维能带给我们什么启示呢？

1. 基本概况

罗辑思维——互联网知识社群，成立于 2012 年年底，是罗振宇与独立新媒体创始人申音合作打造的知识型视频脱口秀节目。半年内，由一款互联网自媒体视频产品逐渐延伸成长为全新的互联网社群品牌，包括微信公众号、知识类脱口秀视频及音频、会员体系、微商城、百度贴吧、微信群等具体互动形态。

罗辑思维的口号是"有种、有趣、有料"，倡导独立、理性思考，推崇自由主义与互联网思维，凝聚爱知求真、积极上进、自由阳光、人格健全的年轻人，是国内微信公众号营销的典范。

2. 发展历程

罗振宇，人称罗胖，1973 年 1 月出生，安徽芜湖人，历任 CCTV《商务电视》《经济与法》《对话》制片人；自媒体视频脱口秀《罗辑思维》主讲人，互联网知识型社群试水者，资深媒体人和传播专家。

罗辑思维的发展主要有 3 个阶段，如图 7.7 所示。

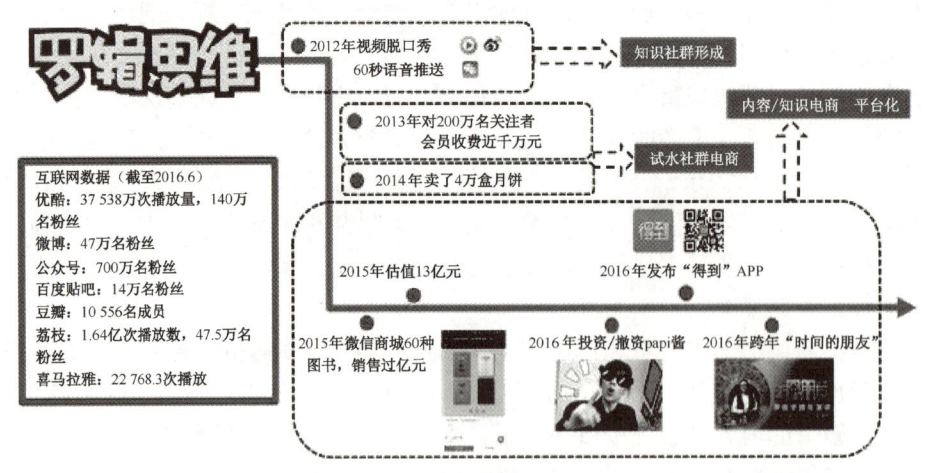

图 7.7 罗辑思维发展历程

① 知识社群的形成期。通过优酷视频、微信等平台，分享知识类内容，吸引了大批粉丝。2012 年年底，确定了社群商业化发展路线。

② 试水社群电商。25 000 名粉丝为罗辑思维核心付费会员，推出中秋月饼卖出 4 万份，超过星巴克同期销售额。从知识分享到做电子商务，粉丝们能接受吗？知识需要付费吗？这些引发了网友争议。

③ 知识电商平台化。基于知识社群强大的影响力，2015 年估值 13 亿元，打造以微信书店为主的知识电商模式；2016 年推出"得到"APP，构建知识电商平台。

3. 产品与服务

（1）《罗辑思维》自媒体视频脱口秀直播

"有种、有料、有趣！"《罗辑思维》自媒体视频脱口秀节目是一场互联网社群试验，罗振宇把自己视为"手艺人"，为大家读书，做大家的书僮，集结一群勇于创新的小伙伴，一起用全新的思维方式重新发现世界。

微信公众号"罗辑思维"语音每天早上 6:30 左右发出，365 天全年无休；视频节目每期 50 分钟，每周五在优酷网播出，全年 48 期；《罗辑思维》脱口秀音频节目在喜马拉雅网上线，截至 2016 年 8 月，专辑播放量逾 3.9 亿次。

2017 年 3 月 8 日，罗辑思维关停自媒体直播，节目转向"得到"APP。节目展现形式由视频、音频全平台分发呈现转变为专注本土音频；播放时间由周播改为周一到周五的日播；内容体量由原来近 1 小时回归到 20 分钟；节目标语由"有种、有料、有趣"改为"和你一起终生学习"。

（2）图书《罗辑思维》系列

罗振宇根据互联网视频知识脱口秀节目《罗辑思维》创作了系列图书。作者对正在到来的互联网时代有深刻的洞察，为我们提供了一种全新的思维。

2015年，罗辑思维微信小书店全年的图书销售额超过1亿元人民币。从不定期上新书，到每周五固定上新书；从开始的三五本书到如今独家在售将近60种图书，而且守住了图书销售不打折的底线。

（3）知识服务类"得到"APP

"得到"是一个提供知识服务的APP，每天为用户提供6条免费语音，每条时长2分钟左右，大都是知名人士的商业观点或科学理论。另外，还提供干货图书（精简版的电子图书）和音频演讲资料。

与iBook、微信读书等电子阅读平台免费试读的机制不同，"得到"APP主要是为用户提供知识服务，而非单纯的阅读平台和工具。这种知识服务包括为用户筛选有价值的书、为用户提炼和精简书中的观点，即"得到"的内容团队把原著里经典的理论和案例做成金句来吸引读者。这种服务是直接收费的，因为它降低了用户的选择成本，降低了严肃阅读内容的阅读门槛，从而节约了时间。

"得到"平台雇用知识买手选书并进行精简呈现，把书里的内容浓缩到1万字以内。这种浓缩并不是机械地缩写，而是对文章内容的要点进行提炼和转述。这些知识买手大都是媒体人，如来自三联生活周刊、财经天下等媒体，有丰富的阅读经验和编辑经验。此外，"得到"的图书内容团队大概包括3类人：原书作者；国外译著的责任编辑；大学教授。

（4）微商城

罗辑思维是基于微信第三方应用的"有赞"微商城首推的典型客户，2014年轰动互联网界的"罗辑思维卖月饼"事件更是移动互联网、自媒体对传统行业进行深度融合的案例，从此拉开了自媒体卖货之路。

随着罗辑思维发展迅速，其经营思路也在快速变化。基于个性化需求，罗辑思维电子商务业务变阵，放弃了原有的标准化"有赞"微商城，通过"有赞"的"大客户定制"服务模式，成立独立电商平台"生活作风"，包括PC端和微信端。

综上所述，罗辑思维的社群运营模式如图7.8所示。

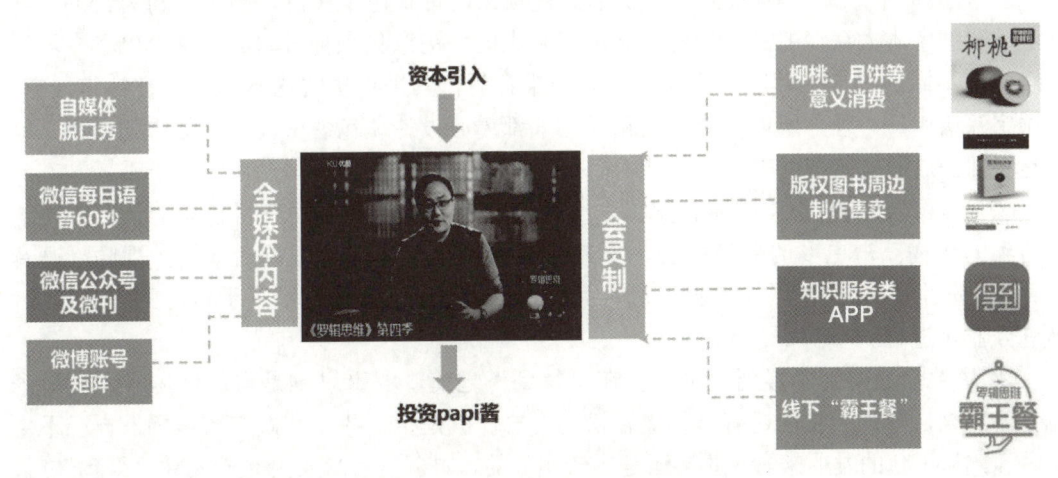

图7.8 罗辑思维社群运营模式

4. 创新与特色

（1）用死磕自己唤醒尊重，用情感共鸣黏住用户

罗辑思维"死磕精神"的最典型体现是每天早上 6:30 的 60 秒语音，很多人无法理解为何非要 60 秒。在罗振宇看来，60 秒代表一种仪式感，代表对用户的尊重，通过死磕和自虐获得用户发自内心的尊重与信任。罗振宇要完全采用纯脱口秀的方式来讲述——节目充满强烈的对话感，出现小错误就立即重录，每期不到 1 小时的节目要花 8 至 10 小时才能录制完成。

在日常的运营中，罗辑思维的创始人团队长期坚持亲自在微博、微信及客服系统中面向用户回复意见、解决问题，与用户直接进行互动。

第一次做线下活动时，罗辑思维设置了两个特殊环节：第一个是爱的抱抱，鼓励人们表达自己的真实情感，结果演讲结束后一群年轻人冲上台去拥抱罗振宇；第二个设计是两个箱子，一个叫打赏箱，一个叫吐槽箱，如果对活动满意可以进行不限金额的打赏，如果不满意可以写下意见以助改进。

（2）用人格思维凝结社群，用社群力量拓展边界

工业社会用物来连接大家，互联网社会要用人来连接大家。要创新，就必须从物化的、外在的东西，重新转变回人的层面来进行思维。因此，罗辑思维一直强调 U 盘化生存，即自带信息、不带系统、随时插拔、自由协作，使大家将来可以用自己的人格、自己的禀赋，为自己创造价值，市场进入万物有灵的时代。

罗辑思维与其他自媒体、互联网产品最大的差异在于：除了数百万名用户，罗辑思维还建立了一个由数万人组成的付费会员群体。这个群体成为罗辑思维不断扩展事业边界的核心力量，而且每年只开放一次招募会员，并明确宣布会员群体最终上限为 10 万人，绝不扩大。在每次招募会员时，罗辑思维都不承诺任何会员物质回报权益，会员更多的是秉持"供养社群"和"价值认同"的理念来支付会员费。罗辑思维会员群体是一个以价值观为基础的创业和知识社群。

（3）从社群到平台的核心价值体现

① 罗振宇本人具备 IP 效应。从初期的视频和语音到跨年演讲，整个罗辑思维的发展打上了罗振宇本人深深的品牌效应，体现了强大的关键意见领袖号召力。举个例子，罗振宇经常在不同的场合推荐图书，往往经过他推荐后，其平台里的这本书就会被销售一空。罗振宇深谙用户心理，所以书店里的精品图书都精心设计和包装——用罗振宇的话说，就算是买回去放着做装饰，也是一件艺术品。

② 千万人级别的粉丝群体。罗辑思维通过知识的提炼和传播获得粉丝的认可，再通过粉丝的传播获得更多的曝光机会，不放过任何一个传播途径，包括微信、视频、语音等。整个粉丝量化的过程，就是罗辑思维品牌成熟的过程。罗辑思维基于粉丝的不同需求，推进商业化进程。

③ 从微信社群到"得到"平台。在"得到"之前，罗辑思维是自己做内容、做电子商务。后来，罗振宇发现还有一种更轻松的方式，就是帮一些专家做内容传播，自己不生产内容。从平台的发展来看，效果还是比较明显的，如李翔《商业内参》入驻"得到"后，两周收获 5 万个订户，收入 1 000 多万元。

5. 经验要点

罗振宇是个颇具争议的人物，他身上贴上了太多的标签：知识贩卖者、网络红人、商人、意见领袖、投资人等。从微信每天早上一段语音到卖月饼、开书店，再到投资又撤资papi酱，罗振宇引发社会热议的风头一时无出其右。然而，不可否认的是，罗振宇确实把知识电商玩转了，而且玩得很好。并非每个人都能像罗振宇这样成为网络热点，且不管有多少争议和粉丝，在研究知识电商的发展中，罗辑思维是一个重要符号，而这个符号的精要之处在于如何让知识变现。这也许是众多知识拥有者想了解的真相或需要的启示。

① 知识经济和内容电商不存在风口，只是现在变现的条件开始成熟起来，只要是优质的内容，就可以通过各种平台变现。

② 不是一定需要像罗振宇这样的超级IP才能快速商业化，只要重在垂直、深耕下去、注重用户体验和阅读感，也能获得粉丝。

③ 在一个领域里方向正确、条件成熟的话，坚持下去就能越做越好，如罗辑思维经历了5年的发展才取得一定的成就。知识电商领域不会有暴发户，只有深耕者。

罗辑思维的社群模式本质上是让用户尝试着去思考。社群定位白领用户，给用户的满足是参与感的打造。在学习知识方面，除了长期提供给用户"高大上"的逻辑思维，有时也会有一些接地气的生活知识传递；在思维共鸣方面，通过60秒的讲故事来占领用户的琐碎时间——故事的逻辑层面简单易懂，最后听完语音还可以回复关键字看文章，来进一步加强共鸣。

罗辑思维主要面临的问题是什么？我们从社群运营的角度做以下探讨。

① 罗辑思维的社群模式更像是一种渠道，一头连接的是强势供应，另一头连接的是人群不同的需求切面。其特点是强连接、弱需求，用户的消费需求大部分都是被"人工创造"的。这种需求的变现就像罗振宇说的"U盘化生存"模式——一种产品卖完就走，下次也很难再有同类产品迭代。为了不断刺激购买，产品线就要越铺越长，最后整体管理成本迅速攀升，对整体的运营构成了巨大压力。

② 罗辑思维通过"贩卖知识""为你读书"的方式吸引粉丝，将人群聚合在一起。就像罗振宇所说，罗辑思维是一个过滤和筛选的渠道，筛选出"爱知求真"的中产阶级，完成了对用户的圈层处理。但实际上，罗辑思维整个社群用户之间的联系和共性很少，罗辑思维聚焦在自己的供给侧，然后推出相应的产品，难以形成稳定的体系。

③ 用户追捧罗辑思维，除了自认为可以提高档次之外，最大的诉求就是节省时间，用最短的时间攫取知识，并养成独立思考问题的习惯。当罗辑思维的新鲜感消失的时候，用户突然发现通过罗辑思维并不能让自己真正拥有自己想要的那种独立思考能力，就会慢慢开始怀疑罗辑思维的效果，罗辑思维社群的运营也就会出现崩盘的危险。这才是真正的危机。

罗辑思维的内容电商本质上依旧是披着聚粉利器的外衣搞着媒体擅长的流量生意。内容电商开始总是纯粹的美好，但时间一长，核心用户需求和电子商务能力缺失等问题就会暴露出来。到了一定阶段，电子商务带来的直接收益容易让平台丧失理智，导致盲目扩张品类，甚至利用粉丝的信任贩卖假货，从而与用户核心需求产生背离。这就是罗振宇演讲中所说的"内容电商有坑"。

案例 7-3 共享单车盛宴谁主沉浮

1. 共享单车现状

共享单车是指企业与政府合作,在校园、地铁站点、公交站点、居民区、商业区、公共服务区等区域提供自行车单车的共享服务。这是共享经济的一种新形态。

2016年年底以来,国内共享单车突然火爆起来,一张手机截屏窜红网络,如图7.9所示。24个共享单车应用的图标霸满了整个手机屏幕,真的是"一图说明共享单车的激烈竞争"。而在街头,仿佛一夜之间,共享单车已经到了"泛滥"的地步,各大城市路边排满了各种颜色的共享单车。

除较早入局的摩拜单车、ofo 外,2016年至少有 25 个新的共享单车品牌汹涌入局,其中还包括了电动自行车共享品牌。这 25 个品牌包括永安行、小鸣单车、小蓝单车、智享单车、北京公共自行车、骑点、奇奇出行、CCbike、7 号电单车、黑鸟单车、hellobike、酷骑单车、1 步单车、由你单车、踏踏、Funbike 单车、悠悠单车、骑呗、熊猫单车、云单车、优拜单车、电电 Go 单车、小鹿单车、小白单车、快兔出行。

图 7.9 共享单车 APP 手机截屏

一年间,共享单车行业融资额超过了 30 亿元。伴随着一轮轮的融资,共享单车行业看起来似乎充满了前景与活力。与此同时,共享单车用户规模持续增长,2016 年共享单车的用户规模达到了 1 886 万人,同比增长达到惊人的 700%。共享单车的风口时期,高饱和的共享单车投放量使得随处可见各种颜色的共享单车,在这个野蛮生长时期共享单车进入泛滥阶段,过多的投入市场导致影响交通。

共享单车市场的获利难题也掣肘着它们的发展。2018 年后,三足鼎立的格局已定,调价也就成为获得盈利的首选措施。2019 年年底三家完成调价,单车市场进入每半小时 1.5 元的时代。从烧钱的共享单车上半场的激烈竞争后的淘汰出局,到后半场逐渐稳定后的三足鼎立,共享单车市场的恶性竞争消失后风口消退,要想长期存在下去的话,就需要找到一个合适的商业运营模式。

2. 共享单车发展历程

2014 年,北大毕业生戴威、薛鼎、张巳丁、于信 4 名合伙人共同创立 ofo,致力于解决大学校园的出行问题。

2015 年 5 月,超过 2 000 辆共享单车出现在北大校园。ofo 也走出北大,在其他 7 所首都高校成功推广,累计服务在校师生近 90 万次。

2016 年 11 月,已经有多家共享单车诞生且都获得了大量的风险投资。

2016年12月8日,ofo在广州召开城市战略发布会,宣布正式登陆广州,将与海珠区政府建立战略合作,2016年内连接6万辆自行车。

2018年3月20日,央视"3·15"晚会点名共享单车押金难退问题之后,"共享单车免押金"再度成为人们热议的焦点。其中,用户对于摩拜免押金的呼声最高。据统计,市面上已经有10余款共享单车品牌实现了信用免押金。

2018年5月21日,北京市政交通一卡通与ofo小黄车共同宣布达成战略合作,并发布了支持北京一卡通的NFC智能锁,首批搭载新款NFC智能锁的小黄车已在人民大学校园内开始路测。

2018年7月5日,摩拜单车宣布即日起将在全国实行零门槛免押。

2018年7月16日报道,澳大利亚本土公司Airbike计划从7月30日开始,在首都堪培拉的部分地区投放共享单车。

2018年12月21日,交通运输部举行12月份例行新闻发布会。根据初步统计,目前全国每天共享单车的使用量仍然在1 000万人次以上。

截至2019年4月底,在京运营的互联网租赁自行车(共享单车)企业共9家,报备车辆规模达191万辆。据市级监管平台监测统计,活跃车辆占比较低,月平均活跃度不足50%。

2019年12月,随着青桔单车的调价,除ofo小黄车外,小蓝单车、摩拜单车(美团单车)、哈啰单车、青桔单车均进入1.5元/30分钟起的骑行时代。

2021年4月,北京市交通委发布《互联网租赁自行车行业2020年运营监管及2021年车辆投放规模的公示》。继续对互联网租赁自行车投放规模实施动态总量调控,2021年中心城区车辆总量控制在80万辆以内。其中,美团40万辆、哈啰21万辆、青桔19万辆。

3. 从彩虹家族到三足鼎立的形成

由于摩拜、ofo、hellobike、小鸣、优拜、骑呗、小蓝7家公司的单车因颜色各异,以及各自的运营特色,所以被合称为单车的"彩虹家族"。摩拜与ofo PK的海报如图7.10所示。

从共享单车玩家的角度看,这场比拼(PK)归根到底是市场占有率、用户数据、扩张速度、技术实力和资本实力的综合较量。资本的加持让技术差距和市场边界越来越模糊。

硬件成本烧钱、运营成本过高、价格战下微薄的收入等原因渐渐让单车企业捉襟见肘;执着于造车占领市场、忽视打造硬件的企业没能给用

图7.10 摩拜与ofo PK海报

户提供更舒适的骑行体验。在这种恶性循环下,共享单车逐渐成了用户和投资方眼中的"鸡肋"。

2017年6月,"彩虹大战"开始出现了退出者——小蓝单车、酷骑单车等相继倒闭;到了2018年,除了实力强劲的ofo单车和摩拜单车之外,大多已经退出市场。从疯狂到沉寂,共享单车仅仅用了一年,橙蓝之争余热散尽,ofo、摩拜合并大计落空之后,共享单车走过

最初的草莽期，格局逐渐趋于稳定。

现在，最先占领共享单车市场的 ofo 和摩拜一个拖欠钱款艰难求生，一个已经被美团并购。共享单车的后半场在洗牌过后，摩拜、青桔和哈罗强势突围。

从资本的宠儿到一地鸡毛，暴露了共享单车行业的局限性。高额的运维成本、激烈的市场竞争，让共享单车理想的商业模式在现实面前显得苍白无力，不堪一击。但另一方面，共享单车具有刚需、高频次消费、高活跃用户等诸多特征，从而在流量增长缓慢的移动互联网江湖中成了笼络用户的利器，最终美团、阿里等巨头的资本意志主导了共享单车的后半场。

2020 年 4 月份美团下单了百万辆以上的共享电单车订单，同时独家买断了富士达一款 Q8 车型。

哈罗在 2019 年年底宣布品牌升级，除单车外，进军四轮车出行市场，哈罗 APP 还上线了吃喝玩乐内容，并试运营跑腿服务。

种种情况表明，摩拜、哈罗、青桔之间又将展开新一轮的较量，防线也不再局限于单车领域，而将延伸至两轮车与本地生活领域。

4. 绕不开的公益模式，撇不掉的人性之争

我们生活的城市，需要的是绿色共享而不是产生垃圾。

从城市环境角度分析，必须考虑到：①空间范围广阔，需要让用户随时可以找到车辆，后台系统也需要定位车辆的位置，便于挖掘数据；②环境复杂，考虑到路况、天气等因素，车辆必须结实不易损坏；③使用场景，要考虑潮汐现象明显的地区、封闭的地区和其他区域的需求情况；④停车规范问题，车辆停放不能占道、违规，不能为城市管理制造问题，带来政府监管的风险。

从人性的角度分析，必须考虑到：①车辆防盗（包括用户私藏等行为）；②规范停车的引导问题；③上私锁；④恶意损坏。

一个城市到底需要多少辆共享单车？共享单车通过信用规范停车的同时，仍然有很多不文明行为产生，共享单车如何共享文明？共享单车是一场文化与信仰的输出，必须解决社交化问题。在城市的抢滩登陆上，谁能抢先占据用户的心智，谁或许就是这场移动互联网时代生意的赢家。

5. 盈利模式

共享单车市场发展至今，如何实现盈利呢？

共享单车行业最流行的盈亏计算公式是：一辆单车平均每天被使用 3 次，一年有 300 天可能被使用，年收入就是 900 元。900 元也是行业平均单车成本线。但上述计算公式没有考虑运营成本。目前行业平均运营成本是 20% 左右，一年一辆车如果只有 900 元收入，那么肯定没法实现盈利。

在国外，很多共享单车的收费标准是半小时 5 美元，所以很多国外共享单车公司靠收骑行费就能轻松实现盈利。但国内共享单车的价格基本都是半小时 0.5 元或 1 元，这个定价跟公交车差不多。公交公司主要是靠政府补贴维持生存；对于共享单车来说，如果不能拿到融资，那么基本很快就会被市场清洗出局。

另一个焦点在押金管理上，即共享单车的押金是否成为金融资产，从而实现互联网金融盈利模式。

摩拜押金为每人299元，2016年12月摩拜的每月活跃用户押金总额超过了9亿元人民币。ofo的押金为99元，小鸣的押金为199元，优拜的押金为298元。多数共享单车都需缴纳数额不等的押金，也有部分单车在用户达到一定信用积分后可以免押金。注册成某品牌的单车用户，需要先向该平台缴纳一笔固定的用车押金，再向平台内预存车费。日后骑车的费用，不会从押金中扣除，而是从充值的车费里扣。

2018年，ofo开始传出资金问题，用户退押金成了一个难题。ofo线上排队退押金人数超过900万人，按每人押金99元来计算，ofo需要退还的押金数量高达8.9亿元，而900万人中，还有一些人需退押金为199元。综合估计，ofo需要处理约15亿元的押金退款。

6. 监管从下半场开始介入

自共享单车出现以来，单车占道、乱停放现象极其严重，2017年以来各地政府陆续出台多项政策对共享单车进行规范管理。2017年5月7日，中国自行车协会在沪召开共享单车专业委员会成立大会，宣布成立中国自行车协会共享单车专业委员会，这标志着共享单车被正式纳入国家自行车行业协会。根据规则，共享单车专业委员会（以下简称专委会）有4项工作宗旨：引导实体经济与虚拟经济相结合、传统产业与互联网产业相结合；引导企业深化供给侧结构性改革；建立和完善行业自律机制，维护成员的合法权益；协助政府部门加强行业管理，共同促进共享单车有序发展。另外，专委会还参与制定《共享单车团体标准》和试点，并推动相关强制性标准的制定。

在投放布局上，圈地者们理应详细规划好每一个投放点，如投放更多的单车到大学城、公园等公共交通不便利的郊区地带，避免市区投入车辆过多、分布不均匀的现象发生。在停放点上，应做详细规划、引导、宣传和教育，让城市少一点硝烟、多一分和谐，如此才能实现共赢。

共享单车是城市慢行系统的模式创新，也是"互联网＋交通运输"的交通方式，对解决人民群众"最后一公里"的交通特别见效。共享单车一出现就受到人民群众的欢迎，应该积极鼓励和支持。共享单车的发展总体是好的，也出现了一些问题，如违规停车和蓄意破坏及服务维修不到位。应采取了一系列措施来改进和完善：第一，政府要主动作为、超前谋划、加强监管，推动新事物发展；第二，运营企业要尊重市场规律、做好管理规范、守诚信，提高服务水平；第三，使用者要增强文明意识，来维护共享单车的运行秩序。

野蛮生长阶段野蛮生长是行业发展的必然规律。在上半场，政府用自由竞争、市场规律来观察市场欢迎的形式是什么；在后半场，应该会以此为基础，来进行调整和规范。

网约车对我国社会生活及行业经济发展等各方面的影响至今还余波未平。抛开利益，从个人角度而言，共享单车改变了不少人的出行方式，它的环保、方便、便宜给很多人带来了很大的便捷，有其存在的合理性。

案例 7-4　内容与直播的结合——抖音

1. 基本概况

抖音是由今日头条孵化的一款音乐短视频社交软件，于2016年9月20日上线。用户可以通过这款软件选择歌曲，拍摄音乐短视频形成自己的作品，并会根据用户的爱好来更新喜爱的视频。

2. 发展历史

2016年09月26日,抖音版本1.0.0上线。当时短视频正处于高热度阶段,这种比文字、图片更加低门槛、低成本分享信息的方式广受用户喜爱。

2017年5月,抖音推出海外版,名为Tik Tok。

2017年11月10日,今日头条10亿美元收购北美音乐短视频社交平台Musical.ly,与抖音合并。

2018年4月,今日头条旗下短视频平台抖音表示,抖音正式上线反沉迷系统。

2018年6月,抖音月活跃用户达到3亿人。

2018年6月,国资委新闻中心携央企媒体联盟与抖音签署战略合作,首批25家央企集体入驻抖音。除了娱乐、搞笑、秀"颜值"、秀舞技外,不少传播社会主义核心价值观的内容开始在短视频平台上流行起来。

2018年7月,抖音宣布启动"向日葵计划",将在审核、产品、内容等多个层面推出10项措施,助力未成年人的健康成长。

2019年1月,中央电视台与抖音短视频举行新闻发布会,正式宣布抖音将成为2019年央视春晚的独家社交媒体传播平台。

2020年1月,火山小视频和抖音正式宣布品牌整合升级,火山小视频更名为抖音火山版,并启用全新图标。

2021年1月,抖音与央视春晚联合宣布,抖音成为2021年春晚独家红包互动合作伙伴。这是继2019年春晚后,抖音第二次与央视春晚合作。

3. 产品与服务

(1)抖音短视频

抖音是一款专注年轻人的15秒音乐短视频软件,用户可以通过抖音短视频分享自己的生活,同时也可以在这里认识更多的朋友,了解各种奇闻趣事。视频时长一般在15秒到5分钟之间。相对于文字图片来说,视频能够带给用户更好的视觉体验,在表达时也更加生动形象,能够将创作者希望传达的信息更真实、更生动地传达给受众。因为时间有限,短视频展示出来的内容往往都是精华,符合用户碎片化的阅读习惯,降低人们参与的时间成本。在抖音中,用户可以对视频进行点赞、评论,还可以给视频发布者私信,视频发布者也可以对评论进行回复。这加强了上传者和用户之间的互动,增加了社交黏性。

抖音视频常常运用充满个性和创意的剪辑手法——或者制作精美震撼,或者运用比较动感的转场和节奏,让人看完一遍还觉得不过瘾,想再看一遍。

(2)剪映

剪映是抖音官方推出的一款手机视频编辑剪辑应用,带有全面的剪辑功能,支持变速、多样滤镜效果,以及丰富的曲库资源。

2019年6月上线的剪映以门槛低、功能强大著称,目前是中国用户量最大的移动视频编辑工具。作为抖音、西瓜视频官方推荐的视频创作工具,剪映一键发布的功能让用户投稿至其对应平台更方便。剪映制作产品的界面中,出现了"直接分享到抖音会携带剪映标签,可获得更多曝光~"这样一行字。这就意味着,在剪映中制作视频分享到抖音中,该视频将会获得抖音的流量加成。抖音作为一款日活跃用户3亿人的短视频产品,拥有的信息曝光度和流量是很多产品无法比拟的。而这次推出这款官方免费剪辑软件，或许是在打造以抖音为主体的矩阵的进一步延伸。虽然抖音当中也有视频处理功能，但操作相对困难。而推出一款视频剪辑软件，不仅能吸引更多的用户下载、双向刺激用户增长，也能在一定程度上抢先占据该细分市场。

（3）抖音电商

2020年6月18日电商大战之日，多家媒体曝出，在经历了内部一轮针对电商业务的组织架构大调整后，字节跳动正式成立了"电商一级业务部门"，统一协调管理抖音、今日头条、西瓜视频在内的多个产品的电商业务运营。2020年，字节跳动在电商领域动作频繁，尤其是旗下的抖音在时下正热的"直播电商"领域不断发力。

从罗永浩高调入驻抖音开启直播带货（见图7.11），到陈赫空降抖音直播间，开启卖货首秀，再到刘敏涛与良品铺子总裁杨银芬一起直播卖零食，"直播＋明星＋CEO"成了抖音直播电商的标配。

这其中有一细节颇值得关注——在抖音与陈赫的抖音合作协议中，增加了一则条款：产品最好来自抖音小店。抖音小店是抖音为商家提供的带货变现便捷工具，于2019年4月上线。用户在抖音平台下单时，如果产品来自抖音小店，则无须跳转至其他电商平台，可在观看直播时同步完成购物。而在此之前，用户在抖音上下单，多跳转至淘宝完成购物。

图7.11 罗永浩抖音直播间

抖音的电商功能按照权限大致可以分为：商品橱窗、抖音视频电商（抖音购物车）、抖音小店、抖音直播电商。

4. 特色与创新

（1）重视内容的建设和种子用户的培养

积累了大量高质量的原创视频是抖音从众多玩家中脱颖而出的关键点之一。抖音通过多种方式来引导用户创作：首先，抖音保持更新模板库，提供有意思的音乐和拍摄示例，在很大程度上预防了用户对相似内容产生倦怠；其次，由于抖音的拍摄视频门槛比较高，因此抖音专门推出APP教学视频，依靠抖音小助手引导教学。

（2）以挑战话题为主，活跃社区氛围

突出专题活动，在抖音社区发起挑战类活动，如拍摄视频发起挑战，优胜方可以获得比赛奖励和视频曝光的机会，产生大量的原创内容。

（3）线上线下、多层次的推广运营

抖音在进行对外传播时，采用的内容形式多样：首先，与热门的综艺活动合作，不断增大产品的曝光量；其次，"公关稿＋日常软文硬广"等形式的传播，可以使成本低、周期长、效果长；再次，通过明星、传播性H5、广告和活动，专注于自己领域的垂直渠道传播，具备高成本、短期性、爆发性的效果；最后，通过与网易云音乐和"中国有嘻哈"一起打造爆点。

（4）打造时间短、内容多、情感共鸣、创意为王的优质短视频体系

短视频的时长一般控制在 15 秒，避免过于冗长而让用户心生反感，甚至直接取消观看。

用户在通过看短视频放松的同时，也希望得到视觉和情感的冲击——一方面可以获得快乐，另一方面可以切实感受到自己有收获。因此，短视频应避免平铺直叙，让用户觉得平淡无奇。

"拍同款"这一功能的开发和应用，满足了大众对风格模仿和跟拍的需要，避免了太多千篇一律的内容。除主题鲜明以外，设置反转性情节，也是吸引用户观看的重要因素之一。

5. 经验要点

抖音 APP 是一款社交类软件，既可以分享生活，也可以在这里认识更多的朋友，了解各种奇闻趣事。抖音实质上是一个专注年轻人的 15 秒音乐短视频社区，用户可以选择歌曲配以短视频，形成自己的作品。抖音上都是年轻用户，配乐以电音、舞曲为主，视频分为舞蹈派和创意派，共同的特点是都很有节奏感；也有少数放着抒情音乐展示咖啡拉花技巧的用户，成了抖音圈的一股清流。

（1）尊重普通人的表现欲，终将赢得这个市场

每个人都有表现的欲望，每个人都有渴望与世界联系的诉求，移动互联网时代的到来让这种表现欲在每个普通群体中都得以释放并得到充分的尊重。同时，人在表现方式和外界感知的敏感度排序上，视频超越语音、图片和文字。这诠释了近几年短视频自媒体火爆的原因。

短视频行业的发展再一次证明了一个产品的价值观：谁能做到尊重普通人的表现欲，谁将最终赢得这个市场。

抖音依赖今日头条强大的推荐技术，加入算法推荐模型，保证了视频的分发效率和去中心化。只要内容质量好，人人都可以被展示在推荐列表中进而获得更多的关注。在这里，明星及大咖的关注度不见得能超过那些生产好内容的普通用户，而这一点正是让用户不断创造的最大动力。娱乐化场景是提高用户黏性的重要手段——加强了社交性质并通过游戏化，可以显著增加抖音的使用时间和打开频次。

（2）从直播带货切入内容电商

2020 年以来，直播带货是电商最热门的话题，视频内容的加持给各电商平台带来了可观的流量，成为电商平台重要的获客渠道。

自抖音直播正式限制第三方链接后，抖音电商已迎来一波入驻热潮，实力不可小觑。2020 年，抖音电商总体成交金额增长 11 倍；抖音小店成交金额增长 44.9 倍。

抖音电商闭环内的供应链还处于初级发展阶段，即使斥巨资构建供应链体系，售后服务、物流体系等多个领域也还未完善。因此，在直播带货的热潮下，抖音主播卖假货事件层出不穷，罗永浩就曾多次陷入假货翻车风波。

（3）社交平台的价值核心依然是内容

短视频确实突然火爆，但是时间一久竞争会越来越激烈，并不断发生兼并、收购等。随着资本大量介入，最终会形成一个成熟的市场而慢慢稳定。短视频将会在互联网板块中占据很重要的一席之地，但不会替代文字——就像书籍一直以来都没有被替代，只是与其他形式的内容载体并行存在而已。

对于抖音而言，无论是优化算法、去中心化还是渠道下沉，都是尽可能地把有意思的排名不靠前的视频或用户推到前台，但核心价值依然是社交内容。

案例 7-5 千万名粉丝的微信公众号年糕妈妈

1. 基本概况

年糕妈妈创建于 2014 年，拥有媒体产品、教育产品、优选电商三大板块，一直致力于"成为 0～6 岁孩子妈妈首选的学习、购物品牌"，已经发展成国内知名的综合型育儿公司。其产品矩阵如图 7.12 所示。

截至 2019 年年底，年糕妈妈微信公众号矩阵总订阅用户已达 1 900 万人，在抖音、新浪微博、今日头条等多个媒体平台用多种形式，向不同的用户传播育儿知识，共产出了超过 1 500 篇 "10 万+" 的专业育儿文章，全网的订阅用户超过 3 000 万人。

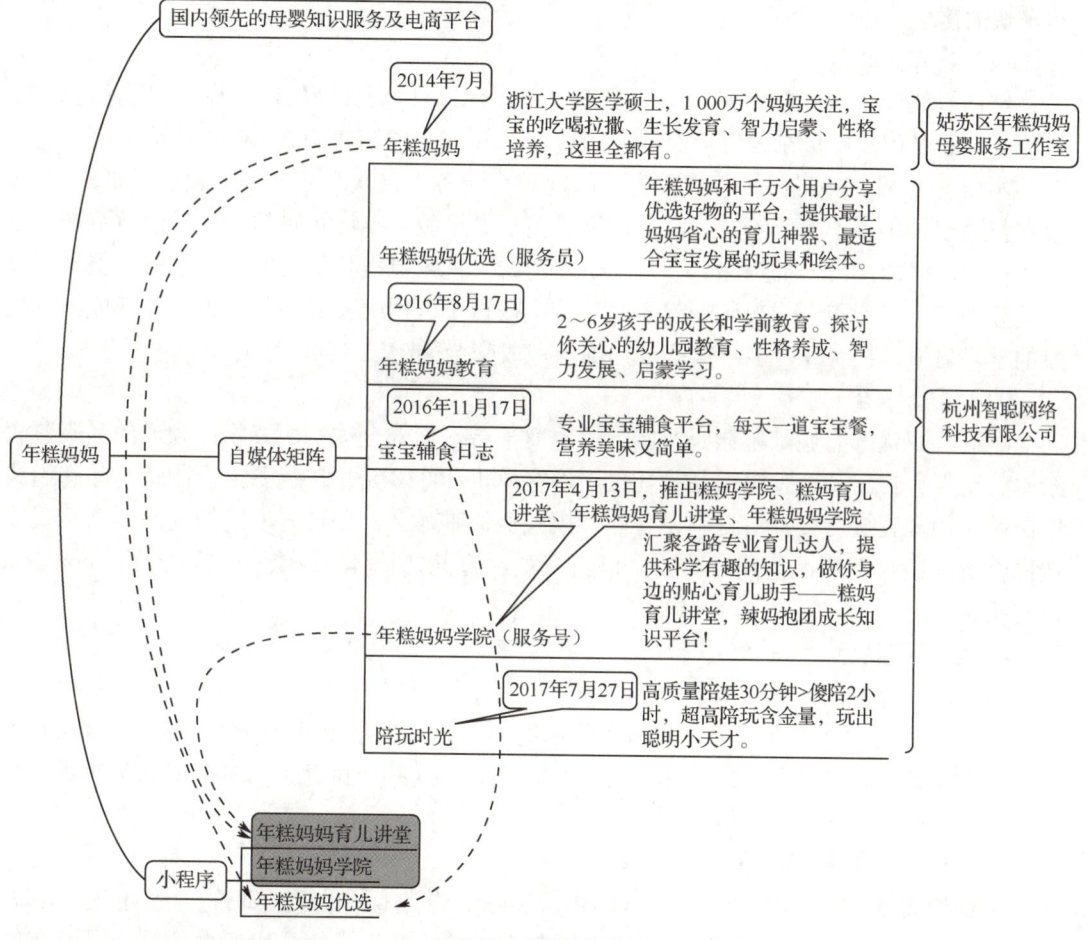

图 7.12 年糕妈妈产品

2. 发展历程

2014 年 7 月，年糕妈妈微信公众号发布第一条图文信息。

2014 年 12 月，公众号粉丝达到 1 万名，年糕妈妈开始尝试电商。

2015 年 2 月，年糕妈妈母婴服务工作室成立。

2015年6月，年糕妈妈获得天使轮投资，成立杭州智聪网络科技有限公司。

2017年4月，年糕妈妈推出亲子学院，聘请专业人士提供育儿课程。

2017年11月，年糕妈妈获腾讯网颁发2017年"最具价值自媒体"奖。

2018年11月，年糕妈妈在电商领域率先通过ISO9001认证。

2020年6月，年糕妈妈入选2020年杭州准独角兽企业榜单。

3. 产品和服务

（1）媒体产品

年糕妈妈的内容载体是新媒体矩阵，分别为微信公众号矩阵、年糕妈妈APP、综合类资讯平台（喜马拉雅与今日头条）、抖音短视频平台。年糕妈妈目前在运营的微信自媒体包括6个公众号（2个服务号、4个订阅号）、2个小程序（年糕妈妈育儿课堂和年糕妈妈学院）。其除基础的文章外，还创作了短视频、音频、母婴课程等多种形式，以迎合用户短平快的需求。

（2）教育产品

年糕妈妈学院是年糕妈妈旗下的知识付费平台，目前已经联合中外近百位育儿专家，打造了100多门高质量在线付费课程。2019年知识产品的销售额近6 000万元。

2018年6月，年糕妈妈正式发力学龄前教育业务，首款产品——早教盒子正式上线，旨在帮助家长用亲子陪伴的方式，在家里给孩子做早教。年糕妈妈的这款学前教育产品主打亲子陪伴概念，由一批资深专家共同研发的线上视频课程和配套的教具组成，倡导父母花几分钟在家陪着孩子一起玩一起学，让孩子在这个过程中发展各项能力，并养成终身受益的学习习惯。已有3万多户家庭成为用户，成交金额超过5 000万元。

（3）电商平台

年糕妈妈优选商城是年糕妈妈旗下的电商平台，优选全球实用好物；频道的品类包含绘本、玩具、日用品、家居用品等几大类，客单价200多元。在货源上，团队与品牌商或中国区总代理直接对接，自身不设仓储，模式类似唯品会。公司有专门的选品团队负责筛选高性价比的母婴产品。同时，团队以自身科学育儿知识体系为指引，开发了nicomama自有品牌。

4. 创新与特色

（1）以妈妈形象，拉近用户距离

年糕妈妈的创始人李丹阳，是浙大临床医学硕士，生了个儿子叫"年糕"。年糕妈妈就是一个普通宝妈的名称，以此作为公众号名称和LOGO，拉近了与备孕或已孕妈妈的距离，有亲切感、共同话题，值得信赖。

（2）原创专业 妈妈受益

年糕妈妈是浙大医学硕士，提供的内容科学、专业且有自己专职的内容团队（40人专职）。其次，每一篇文章内容，年糕妈妈都力求信息准确。年糕妈妈微信公众号发布的内容大部分是从她自己的亲身经历和痛点出发，辅以国外专业理论做支持（如美国儿科学会、世界卫生组织、英国NHS等），再结合中国家庭的育儿特色写出来的。有报道就提到过李丹阳甚至会找权威机构来确认年糕妈妈传递的信息的准确性。

（3）团队建设，内容丰富

要做到百万名粉丝、阅读 10 万次以上单靠一个人是不行的。年糕妈妈除了建立自己的编辑团队，还招了美术指导、视频拍摄、后期制作、绘画师等。在各部门专业人才的配合下，才产出了一篇篇高质量的文章。而内容方面，也从最初的简单分享育儿经验，发展到现今的辅食添加、良品推荐、亲子游等。

（4）人群定位准确

年糕妈妈服务的主要人群定位为 0～3 岁孩子的妈妈。这类人大部分初为人母，对如何养育小孩及如何教育小孩、小孩的吃喝拉撒等各类相关知识都有强烈的求知欲望。

（5）粉丝信任，植入广告

电商最大的痛点之一是从流量到实际购买的转化。很多公众号急于变现，搞几个活动福利，粉丝一多起来就开始接广告、植入产品。这无异于杀鸡取卵。这一点年糕妈妈颇有心得，在看到粉丝的需求和粉丝的信任之后摒弃了传统的广告植入，净化选品环境，做到了真正有利于爸爸、妈妈和孩子。运营一个拥有百万人、千万人的公众号，粉丝的管理尤其是对话互动，是非常棘手的事——私信、评论铺天盖地，有时甚至死机或网页崩溃。但是，年糕妈妈团队会细看每个用户的留言，售后的服务也是细致贴心——针对宝妈耐心讲解使用方法、加好友聊天、为宝妈解答育儿疑问。这些细节促成了用户对年糕妈妈的信任，这是后期用户得以从流量到实际购买转化的关键。

模块八 "互联网+"及互联网思维

本模块知识要点

1. "互联网+"行动计划的含义。
2. "互联网+"的应用领域。
3. 互联网思维解读。
4. 互联网思维在行业中的典型应用。

任务一 认识"互联网+"

任务引入

国内"互联网+"理念的提出,最早可以追溯到2012年11月于扬在易观第五届移动互联网博览会的发言。于扬当时提出移动互联网的本质离不开"互联网+"。孟庆国等在《创新2.0研究十大热点》中提出,无所不在的网络会同无所不在的计算、无所不在的数据、无所不在的知识,一起推进了无所不在的创新,推动了"互联网+"的演进与发展。马化腾在两会上关于"互联网+"的提案进一步将其带入公共决策视野。他认为:"互联网加一个传统行业,意味着什么呢?其实是代表了一种能力,或者是一种外在资源和环境对这个行业的一种提升。"

2015年3月的两会上,李克强总理首次在政府工作报告中提出了制订"互联网+"行动计划,推动移动互联网、云计算、大数据、物联网等与现代制造业结合,促进电子商务、工业互联网和互联网金融健康发展,引导互联网企业拓展国际市场。

"互联网+"是把互联网的创新成果与经济社会各领域深度融合,推动技术进步、效率提升和组织变革,提升实体经济创新力和生产力,形成更广泛的以互联网为基础设施和创新要素的经济社会发展新形态,如图8.1所示。

模块八 "互联网+"及互联网思维

2015年7月4日，经李克强总理签批，国务院印发《关于积极推进"互联网+"行动的指导意见》。这是推动互联网由消费领域向生产领域拓展、加速提升产业发展水平、增强各行业创新能力、构筑经济社会发展新优势和新动能的重要举措。

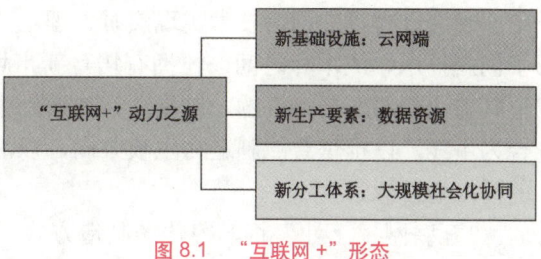

图 8.1 "互联网+"形态

一、"互联网+"行动计划的意义和实施原则

在全球新一轮科技革命和产业变革中，互联网与各领域的融合发展具有广阔前景和无限潜力，已成为不可阻挡的时代潮流，正对各国的经济社会发展产生战略性和全局性的影响。积极发挥我国互联网已经形成的比较优势，把握机遇，增强信心，加快推进"互联网+"发展，有利于重塑创新体系、激发创新活力、培育新兴业态和创新公共服务模式，对打造大众创业、万众创新和增加公共产品、公共服务"双引擎"，主动适应和引领经济发展新常态，形成经济发展新动能，实现中国经济提质、增效、升级具有重要意义。

"互联网+"行动计划着力深化体制机制改革，释放发展潜力和活力；着力做优存量，推动经济提质、增效和转型升级；着力做大增量，培育新兴业态，打造新的增长点；着力创新政府服务模式，夯实网络发展基础，营造安全网络环境，提升公共服务水平。

① 坚持开放共享。营造开放包容的发展环境，将互联网作为生产生活要素共享的重要平台，最大限度地优化资源配置，加快形成以开放、共享为特征的经济社会运行新模式。

② 坚持融合创新。鼓励传统产业树立互联网思维，积极与"互联网+"相结合。推动互联网向经济社会各领域加速渗透，以融合促创新，最大限度地汇聚各类市场要素的创新力量，推动融合性新兴产业成为经济发展新动力和新支柱。

③ 坚持变革转型。充分发挥互联网在促进产业升级及信息化和工业化深度融合中的平台作用，引导要素资源向实体经济集聚，推动生产方式和发展模式变革；创新网络化公共服务模式，大幅提升公共服务能力。

④ 坚持引领跨越。巩固提升我国互联网发展优势，加强重点领域前瞻性布局；以互联网融合创新为突破口，培育壮大新兴产业，引领新一轮科技革命和产业变革，实现跨越式发展。

⑤ 坚持安全有序。完善互联网融合标准规范和法律法规，增强安全意识，强化安全管理和防护，保障网络安全；建立科学有效的市场监管体系，促进市场有序发展，保护公平竞争，防止形成行业垄断和市场壁垒。

二、"互联网+"行动计划的重点领域内容

（一）"互联网+工业"——让生产制造更智能

德国提出的"工业4.0"战略是以智能制造为主导的第四次工业革命，或者说是革命性的生产方法。应用物联网等新技术提高制造业水平，让制造业向智能化转型，通过运用

生产制造过程等的网络技术实现实时管理，形成"自下而上"的生产模式革命，不但节约了创新技术、成本和时间，还拥有培育新市场的潜力和机会。"中国制造2025"规划以促进制造业创新发展为主题，以提质、增效为中心，以加快新一代信息技术与制造业深度融合为主线，以推进智能制造为主攻方向，以满足经济社会发展和国防建设对重大技术装备的需求为目标。

"互联网+工业"将颠覆传统制造方式，重建行业规则。例如，华为、小米等互联网公司就在工业和互联网融合的变革中不断抢占传统制造企业的市场，通过价值链重构、轻资产、扁平化、快速响应市场来创造新的消费模式。而在"互联网+"的驱动下，产品个性化、定制批量化、流程虚拟化、工厂智能化、物流智慧化等都将成为新的热点和趋势。"互联网+工业"的关键在于，在重点领域推进智能制造、大规模个性化定制、网络化协同制造和服务型制造，形成制造业网络化产业生态体系。

（二）"互联网+农业"——催化中国农业品牌化道路

当前，要利用互联网提升农业生产、经营、管理和服务水平，培育一批网络化、智能化、精细化的现代"种养加"生态农业新模式，形成示范带动效应，加快完善新型农业生产经营体系；培育多样化农业互联网管理服务模式，逐步建立农副产品、农资质量安全追溯体系，促进农业现代化水平明显提升。

首先，数字技术可以提升农业生产效率。例如，利用信息技术对地块的土壤、肥力、气候等进行大数据分析，并提供种植、施肥相关解决方案，能够提升农业生产效率。其次，农业信息的互联网化将有助于市场需求的对接，互联网时代的新农民不仅可以利用互联网获取先进的技术信息，还可以通过大数据掌握最新的农产品价格走势，从而决定农业生产重点以把握趋势。再次，农业互联网化可以吸引越来越多的年轻人积极投身农业品牌打造中，具有互联网思维的"新农人"群体日趋壮大可以创造出更多模式的"新农业"。

同时，农村电商将成为农业现代化的重要推手，可有效减少中间环节，使农民获得更多利益。面对万亿元以上的农资市场及近7亿人的农村人口，农村电商的市场空间广阔，大爆发时代已经到来。在此基础上，农民更需要建立农产品的品牌意识，将"品类"细分为具有更高识别度的"品牌"。例如，曾经的烟草大王褚时健栽种"褚橙"；联想集团董事长柳传志培育"柳桃"；网易丁磊饲养"网易味央"黑猪等；也有专注于农产品领域的新兴电商品牌获得巨大成功，如"三只小松鼠""新农哥"等，都是在农产品大品类中细化出个人品牌，从而提升其价值的。

（三）"互联网+金融"——全民理财和小微企业发展

我国促进互联网金融健康发展，全面提升互联网金融服务能力和普惠水平，鼓励互联网与银行、证券、保险、基金融合创新，探索推进互联网金融云服务平台建设；鼓励金融机构利用互联网拓宽服务覆盖面，积极拓展互联网金融服务创新的深度和广度。

从余额宝、微信红包再到网络银行，互联网金融已悄然来到每个人身边。传统金融向互联网转型，金融服务普惠民生成大势所趋。互联网金融——第三方支付、P2P小额信贷、众筹融资、新型电子货币及其他网络金融服务平台，将迎来全新发展机遇，社会征信系统也会由此建立。

(四)"互联网+交通和旅游业"——一切资源共享起来

加快互联网与交通运输领域、旅游行业的深度融合,通过基础设施、运输工具、运行信息等互联网化,推进基于互联网平台的便捷化交通运输服务发展。

"互联网+交通"不仅可以缓解道路交通拥堵,还可以为人们出行提供便利,为交通领域的从业者创造财富。例如,实时公交应用可以方便出行,用户对于公交汽车的到站情况进行实时查询可以减少延误和久等;网约车、共享单车则发挥了汽车、自行车资源的共享,掀起了新时代互联网交通出行领域的新浪潮。而在旅游服务行业,旅游服务在线化、去中介化会越来越明显,自助游会成为主流,基于互联网体验的旅游服务、旅游产品将有较大的发展空间。

(五)"互联网+社会服务"——创新政府服务模式与市场融合

大力发展以互联网为载体、线上线下互动的新型消费,加快发展基于互联网的医疗、健康、养老、教育、旅游、社会保障等新型服务,创新政府服务模式,提升政府科学决策能力和管理水平。

"互联网+服务业"将会带动社会服务行业线上线下大市场融合。互联网化的融合就是去中介化,让供给直接面对消费者需求,并用移动互联网实时链接。它包括发展便民服务新业态,发展体验经济,支持实体零售商综合利用网上商店、移动支付、智能试衣等新技术,打造体验式购物模式;推广在线医疗卫生新模式,发展基于互联网的医疗卫生服务,支持第三方机构构建医学影像、健康档案、检验报告、电子病历等医疗信息共享服务平台,逐步建立跨医院的医疗数据共享交换标准体系;促进智慧健康养老产业发展,支持智能健康产品创新和应用,推广全面量化的健康生活新方式;探索新型教育服务供给方式,鼓励互联网企业和社会教育机构根据市场需求开发数字教育资源,提供网络化教育服务。例如,社区便利服务、移动医疗行业、智慧健康养老产业、移动在线教育等都是直接面对消费者的。

(六)"互联网+文化媒体"——新业态的出现

互联网与文化产业高度融合,可推动产业自身的整体转型和升级换代。互联网对媒体的影响不仅改变了传播渠道,在传播界面和形式上也有了极大的改变。融入互联网后的媒体形态以双向、多渠道、跨屏等形式进行内容的传播和扩散,用户参与到内容传播当中,并且成为内容传播介质。

交互化、实时化、社交化、社群化、人格化、亲民化、个性化、精选化、融合化将是未来媒体的几个重要方向。例如,央视春晚微信抢红包就是交互化、实时化和社交化。社群化和人格化使一批有观点、有性格的自媒体将迎来发展机遇——用人格形成品牌、用内容构建社群将是这类媒体的方向;个性化和精选化的表现则是一些用大数据筛选和聚合信息精准到个人的媒体崛起,如今日头条等新的新闻资讯客户端就是代表。

互联网带来的多终端、多屏幕将产生大量内容服务的市场,而对于内容的衍生产品,互联网可以将内容和衍生产品与电子商务平台一体化对接;一些区域型的特色文化产品,将可以使用互联网,通过创意方式走向全国,而明星"粉丝经济"和基于兴趣细分的社群经济,将拥有巨大的想象空间。

（七）"互联网＋零售"——零售体验、跨境电商和移动电子商务的未来

当前，应巩固和增强我国电子商务发展的领先优势，大力发展农村电商、行业电子商务和跨境电商，进一步扩大电子商务发展空间；利用移动社交、新媒体等新渠道，发展社群电商、"粉丝经济"等网络营销新模式。"互联网＋"的未来：电子商务与其他产业融合的不断深化，网络化生产、流通、消费更加普及，标准规范、公共服务等支撑环境基本完善。

新零售是创新方向，线上线下的未来是融合和协同而不是冲突。跨境电商成为零售业的新机会，在对外贸易中也将占据更加重要的地位，从而有助于将我国产品借助跨境平台推出国门。移动电子商务正在改变整个市场营销的生态——智能手机和平板电脑的普及、大量移动电子商务平台的创建，为消费者提供了更多便利的购物选择。例如，微店、微商城就是移动电子商务的生态系统。移动电子商务将成为很多新品牌借助社交网络走向市场的重要平台。

（八）"互联网＋人工智能"——可穿戴设备、VR、AR

这是指依托互联网平台提供人工智能公共创新服务，加快人工智能核心技术突破，促进人工智能在智能家居、智能终端、智能汽车、机器人等领域的推广应用，培育若干引领全球人工智能发展的骨干企业和创新团队，形成创新活跃、开放合作、协同发展的产业生态。

"互联网＋"推动了视觉、智能语音处理、生物特征识别、自然语言理解、智能决策控制及新型人机交互等关键技术的研发和产业化，推动了人工智能在智能产品、工业制造等领域的规模商用，为产业智能化升级夯实了基础。例如，科大讯飞的智能语音及语言技术研究、软件及芯片产品开发，家电巨头美的以40亿欧元并购全球领先的机器人及智能自动化德国上市公司KUKA。

三、"互联网＋"行动计划的市场考验

"互联网＋"是一个人人皆可获得商机的概念，但"互联网＋"不是要颠覆，而是要思考跨界和融合，思考互联网时代产业如何与互联网结合以创造新的商业价值——企业不能因此陷入"互联网＋"的焦虑和误区，"互联网＋"更重要的是"＋"而不是"－"，也不是毁灭。"互联网＋"被上升到国家战略层面，就如同成了万能的驱动之源，似乎互联网与其他行业只要发生关系就能够带来巨大的市场前景和经济效益。但无论是"互联网＋"、互联网思维概念，还是跨界融合、异业重构等概念，都有风险，存在失败的可能性，依然很难摆脱以线下资源交易执行效果为最终判断标准的命运。时至今日，"互联网＋"行动计划执行了一段时间，正在面临怎样的多方面考验呢？

（一）防止"互联网＋"概念泡沫化

"互联网＋"自概念诞生之日起，就没有离开炒作。"互联网＋"概念炒作的关键在于如何与互联网结合产生新的商业价值。概念的泡沫化在于资本市场追逐利益的推动。从互联网与其他行业相融合的落地实践上，不应过度关注泡沫化的概念，而应该清醒地明白"互联网＋"行动计划所面临的现状。

（二）"互联网+"重在应用而非技术创新

"互联网+"概念上升到国家层面的时候，互联网的发展在技术突破上面临困难。移动终端、智能家居终端设备、物联网等的接入给互联网发展增加了新的创新需求，技术创新也一直都是互联网发展的关键。从互联网本身的技术创新上制造新的经济增长显然不是政府的主要战略方向，更重要的着力点是在互联网的广泛应用上。李克强总理提出"互联网+"的概念确立了其国家战略地位的层面，旨在制造新的经济发展引擎。这是为了使互联网与其他行业有机融合，通过以互联网作为基础设施的广泛应用，促进跨界融合、生产流通模式改变，产生新的经济形态，达到经济增长的目的。

（三）"互联网+"就是知识的再创新

"互联网+"不是简单机械地联合其他行业，而应该被看作知识的再创新。互联网企业在政府政策导向的作用下，被赋予了新型经济发展中的基础设施的角色，互联网与制造业的结合成为国内制造业由大变强的良药。但是，互联网不能简单地与传统制造业相加，互联网和中国传统制造业之间的鸿沟是经过长期的发展形成的，两者在运营方式、经营模式、战略思维等方面都有明显的不同。"互联网+制造业"不仅在于互联网的工具作用，更在于"+"后衍生出的新的业务形式、经营模式、管理方法等，如果仍然以传统制造业的经营理念去管理企业，则这个工具就用不好，甚至会衍生出很多业务经营陋习。

（四）产业生态链是"互联网+"的重要战略内涵

产业生态链是"互联网+"中最具内涵的名词，小米的成功、360的扩张都对外表现出了生态战略。"互联网+制造业"如何打造生态战略呢？事实上，无论是制造业，还是其他传统行业，与互联网融合的目的有两种：一种是通过深度融合，催化出新的经营模式；另一种是进一步与信息化相融合，增强公司的技术创新和产品竞争力。对于制造业而言，产业生态链就是要打破封闭式的生产模式，生产什么不再由生产商自己决定，而是把客户、消费者拉进来，让客户、消费者等参与产品的设计、生产、交付等环节。例如，小米称自己是个平台化的创业公司，实际上就是在打造自己的产业生态链；三大互联网巨头百度、阿里巴巴、腾讯也都在打造产业的生态链。

（五）跨界与融合是"互联网+"时代的趋势

在"互联网+"时代，跨界与融合将成为趋势，但怎么融合是一个大问题。"互联网+"不是颠覆传统行业，而是在改造传统行业——其实也是互联网公司的自我救赎。

"互联网+"并不适用于所有的行业，互联网企业需要考虑到自身的资源优势，拓展自己的业务范围或革新自己的业务模式。例如，阿里巴巴以大数据为主要战略方向，其大数据的价值可以在解决信息不对称方面产生积极影响；腾讯微信业务以"连接一切"为战略方向；京东以自有物流体系的健全进一步扎根农村物流配送。这些独具特色的企业在融合的道路上实际早已前行。

有融合，就有竞争。互联网与传统行业的融合之路，一是来自传统行业观念的阻碍；二是来自新形态业务模式、圈层尚未形成的不确定性；三是来自互联网企业之间的竞争。作为传统行业，越来越多地与社会需要不适应，经济效益、社会效益、环境效益等日趋落后。在互联网企业获得成功的影响下，传统行业慢慢地由原有的抵触、垄断，到接受资源共享、信息公开。例如，餐饮、旅游、酒店、出租车等行业已经在与互联网融合的道路上快速前行；大型工业装备、机械制造、金属加工等行业与互联网的融合度还比较低。

任务二　互联网九大思维解读

任务引入

获得无数好评的《爸爸去哪儿》让英菲尼迪和999感冒灵等广告的植入也带入了一些无心插柳的节奏。这档明星亲子真人秀节目横空出世之后的火爆程度，就连芒果台也未曾预料。在开播前，这档节目几乎很少有人知晓。但开播之后，这档节目在社交媒体上的讨论量直线上升，许多观看过这档节目的观众在各个社交平台上都给予了好评，影响了周围更多的人主动去搜索观看，加上林志颖、田亮、张亮等明星在社交媒体上的互动更是带动了一群粉丝进行讨论，算得上是口碑传播最典型的案例。

《爸爸去哪儿》的成功证明了在这个社会化媒体时代，内容为王这一说法并没有过时，好内容带动的口碑传播依然是最好的营销。

什么是互联网思维？要弄清这个概念，首先来看下面这个例子。

有一个毫无餐饮行业经验的人开了一家餐馆，花了500万元买断了香港食神戴龙牛腩配方；每双筷子都是定制、全新的，吃完饭，筷子和牙签放入一个精致的纸套，可以带回家；专用牛腩面碗还有发明专利，上方很厚重，端着手感好，对着嘴喝汤的地方则很薄、很光滑，嘴感好；每个月都会更换菜单，如果粉丝认为某道菜不好吃，这道菜就会在菜单上很快消失；老板每天花大量时间盯着大众点评、微博、微信，针对菜品和服务不满的声音立即回馈；开业前"烧掉"1 000万元搞了半年封闭测试，测试期间邀请各路明星、达人、微博大号们免费试吃；制造话题——韩寒携老婆到店吃饭，因为没预约而被服务员婉拒；不让12岁以下儿童进入；邀请苍井空到店，被微博大号"偶遇"并发微博；在北京只有两家分店；VC投资6 000万美元，估值4亿元人民币。

这就是互联网思维界"四大天王"之一的雕爷牛腩。其他还有3个：一个卖煎饼的；一个卖充气娃娃的；一个卖玫瑰花的。

互联网思维的定义是：在（移动）互联网、大数据、云计算等科技不断发展的背景下，对市场、对用户、对产品、对企业价值链乃至对整个商业生态进行重新审视的思考方式，如图8.2所示。

模块八 "互联网+"及互联网思维

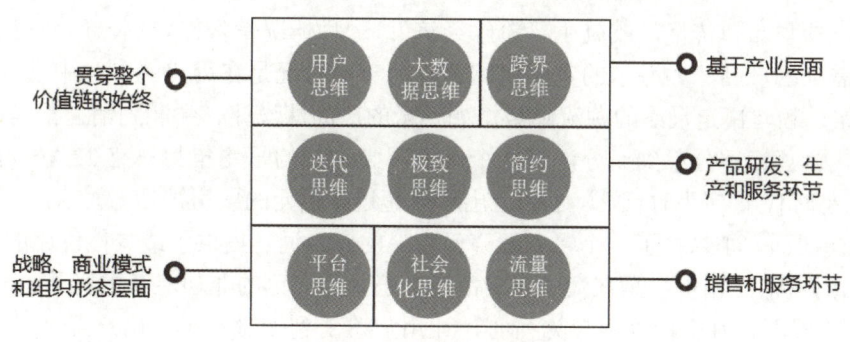

图 8.2 互联网九大思维

一、贯穿整个价值链始终的用户思维和大数据思维

（一）用户思维

互联网思维最重要的就是用户思维。所谓用户思维，是指在价值链各个环节中"以用户为中心"去考虑问题，如图 8.3 所示。从产品设计到服务体验，都要紧紧围绕"以用户为中心"的原则进行。互联网技术使得信息透明化，打破了企业和用户之间信息不对称的格局——用户掌握的品牌、价格等产品信息远超过去。用户思维要求企业改变之前单向听取用户反馈意见的做法，而让用户参与到企业运作的每一个环节中。企业的搜集市场需求、提供产品设计创意、测试产品性能、推广营销等工作都应让用户参与其中，这样才能实现企业和用户的双赢。

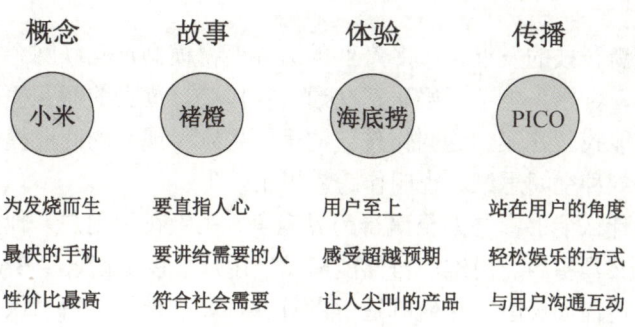

图 8.3 用户思维的层次

用户思维体系涵盖了最经典的品牌营销的 Who-What-How 模型：Who，目标用户——草根；What，用户需求——参与感；How，怎样实现——全程用户体验至上。

成功的互联网产品都抓住了草根一族的需求，也就是非产品功能需求。草根以自我调侃来消解正统、以降格来反对崇高，网络文化本身就具有强烈的去中心化的特点，现实社会中的控制、层级和中心化的结构形式在互联网世界往往沦为被嘲笑的对象。抓住用户的需求、让用户成为产品的一部分、形成粉丝圈，如淘宝的 800 万个草根卖家、QQ 空间和微信超过 5 亿个的活跃账户等都是成功的最重要因素。

好的用户体验应该从细节开始并贯穿于每一个细节，让用户有所感知，并且这种感知要超出用户预期、给用户带来惊喜、贯穿品牌与用户沟通的整个链条。

让用户参与品牌传播，成就了"粉丝经济"：一种情况是按需定制，厂商提供满足用户个性化需求的产品，如海尔的定制化冰箱；另一种情况是在用户的参与中去优化产品，让粉丝投票，粉丝决定最终的潮流趋势，如小米的产品从设计、生产到销售都是如此。电影《小时代》豆瓣评分不到5分，但这个电影观影人群的平均年龄只有22岁。正因为这些粉丝，《小时代1》《小时代2》才创造出累计超过7亿元的票房神话。

① 概念层面。小米打了一个"为发烧而生"的广告词，提供了最具性价比的手机。

② 故事层面。"褚橙"是在卖励志的故事，公众为自己的非功能需求买单。

③ 体验层面。海底捞以用户为核心，让用户感受到无微不至、用户至上、超预期的服务体验。

④ 传播层面。PPAP（生产件批准程序）非常魔性的5个单词小视频用娱乐化的方式，在与用户轻松地沟通和互动当中形成了快速、大量传播的效力。

（二）大数据思维

大数据思维是指对大数据的认识，对企业资产、关键竞争要素的理解。用户在网络上一般会产生信息、行为、关系3个层面的数据，这些数据的沉淀有助于企业进行预测和决策。一切皆可被数据化，企业必须构建自己的大数据平台。

过去企业做市场调查多采用街头问卷等形式，调查样本规模有限且费时费力。互联网技术催生了大数据，让企业能够一次性搜集到海量的市场数据，企业可以针对个性化用户做精准营销。

二、基于产业层面的跨界思维

随着互联网和新科技的发展，很多产业的边界变得模糊，互联网企业的触角已无孔不入，如零售、图书、金融、电信、娱乐、交通、媒体等。过去的商业模式是羊毛出在羊身上，在羊身上当然能找到答案，这叫作传统的平面思维；现在的商业模式是羊毛出在牛身上猪来买单，这是一种空间思维，也叫作跨界思维。

互联网企业为什么能够参与乃至赢得跨界竞争？关键在于用户，他们一方面掌握自身的数据，另一方面又具备用户思维，自然能够携"用户"以令诸侯。BAT巨头形成互联网产业的生态链，渗透诸如金融、传统制造等各行业，如小米做手机、做电视、做米家生态链品牌，都是这样的道理。

李彦宏指出："互联网产业最大的机会在于发挥自身的网络优势、技术优势、管理优势等，去提升、改造线下的传统产业，改变原有的产业发展节奏，建立起新的游戏规则。"

美图秀秀蔡文胜说："未来属于那些传统产业里懂互联网的人，而不是那些懂互联网但不懂传统产业的人。"

金山网络傅盛说："产业机会属于敢于用互联网向传统行业发起进攻的互联网人。"

一个伟大的企业家一定是跨界的，能够同时在科技和人文的交汇点上找到属于自己的坐标；一家真正伟大的企业，一定是手握用户和数据资源敢于进行跨界创新的。今天看一个产业有没有潜力，就看它离互联网有多远。能够真正用互联网思维重构的企业——不仅深刻理解传统商业的本质，而且具有互联网思维，才可能真正赢得未来。

三、专注于产品开发和用户服务的简约、迭代与极致思维

互联网时代，品牌定位要专注、极致，打造出让用户尖叫的产品。专注就是要控制产品数量，集中关注产品质量；极致就是要将产品或服务做到能力极限。例如，iPhone 每年只推出一款新手机，而前些年国产手机每年会推出几百款不同功能、不同型号、不同价位的手机，但两者效益对比，差距一目了然。很多业务线其实都可以砍掉，把最具核心竞争力的产品做到极致，就会发现单品利润反而可能比原来几十条产品线的利润还要高。传统行业是靠体系带单品，而互联网行业却要靠单品带体系。例如，360 做好了 360 安全卫士，才带出了 360 杀毒、安全浏览器等一系列产品。互联网单品极致实际上就是要化繁为简、化简为精。

大道至简，越简单的东西越容易传播。简约即是美，在产品设计方面要做减法——外观要简洁、内在的操作流程要简化。例如，谷歌首页永远都是清爽的界面；苹果的外观、特斯拉汽车的外观等都是基本不变的经典设计。

互联网产品开发的典型方法是一种以人为核心，迭代、循序渐进的开发方法——允许有所不足、不断试错，在持续迭代中完善产品。要及时乃至实时关注用户的需求，把握用户需求的变化，并做出响应。无论是实体还是互联网产品都需要用户参与，让用户持续不断地参与产品的迭代和改良是人气产品诞生的必由之路。

四、平台、流量和社会化思维

互联网平台的思维就是开放、共享、共赢，平台模式最有可能成就产业巨头。全球最大的 100 家企业里，有 60 家企业的主要收入来自平台商业模式，包括苹果、谷歌等。

首先，平台模式的精髓在于打造一个多主体共赢互利的生态圈。平台之争，一定是生态圈之间的竞争。例如，百度、阿里、腾讯三大互联网巨头围绕搜索、电子商务、社交各自构筑了强大的产业生态。其次，当企业不具备构建生态型平台实力的时候，就要思考怎样利用现有的平台。最后，互联网巨头的组织变革，都是围绕着如何打造内部的平台型组织。例如，阿里巴巴 25 个事业部的分拆、腾讯六大事业群的调整，都是旨在发挥内部组织的平台化作用；海尔将 8 万多人分为 2 000 个自主经营体，让员工成为真正的"创业者"，让每个人成为自己的 CEO。内部平台化就是要变成自组织，激发每个员工发挥出最大能量。

互联网时代，流量即入口，流量的价值毋庸置疑。

① 免费是为了更好的收费。互联网产品大多用免费策略争取用户、锁定用户。例如，网店运营中常用免费送产品策略以实现初期流量的积淀；QQ 是免费的、微信是免费的，最终成就了腾讯；360 安全卫士用免费杀毒进入杀毒软件市场，形成了 360 一系列的互联网产品，进而打造成一个生态链。需要注意的是，不是所有的企业都能使用免费策略，而是因产品、资源、时机而定。

② 免费是第一步，要坚持到产生质变的"临界点"。任何一个互联网产品，只要用户活跃数量达到一定程度，就会开始产生质变，从而带来商机或价值。只有先把流量做上去，才有机会思考后面的问题，否则连生存的机会都没有。

社会化商业的核心是网，公司面对的用户以网的形式存在。这将改变企业生产、销售、

营销等整个形态。应利用好社会化媒体，立足于社群圈做口碑营销。另外，就是项目的"众包协作"和产品的"众筹"。众包是以"蜂群思维"和层级架构为核心的互联网协作模式，维基百科就是典型的众包产品。传统企业要思考如何利用外脑，不用招募。例如，魅族的Flyme系统在研发中让"魅友"深度参与，实际上就是一种众包模式，而京东和淘宝的众筹产品都是社会化思维的体现。

阅读推荐

犀牛智造：阿里巴巴的40万亿元想象力

阿里巴巴这家互联网公司做了一件本不需要它这个互联网公司去做的事情——跑到颇为传统的制造业上游，探索数字化融合电商与制造业的方法。

2020年9月16日，阿里巴巴的首个新制造平台——犀牛智造，高调对外发布。同日，承载阿里巴巴新制造落地的"犀牛智造工厂"也在杭州市余杭区正式投产。事实上，这一项目在阿里巴巴内部默默准备了3年。马云在2016年的五新战略中提到新制造，直到2020年才全面落地。

按照阿里巴巴的定义，新制造是从"需求"到"供给"，通过消费洞察"按需生产"，以云计算、物联网、人工智能技术实现柔性化、快速生产。其目标是让制造业拥有"从5分钟生产2 000件相同产品，到5分钟生产2 000件不同产品"的能力，而这其中着重解决中小商家的难题——让拥有创意，但在落地能力上不足的创业者也能拥有与大品牌同样的能力。

新制造的第一步，阿里巴巴选择了服饰，想实现"定制服装的快速小批量生产"。

阿里巴巴为什么要触碰制造业？

作为阿里巴巴的发家品类，服饰目前仍然是淘宝系电商的最大品类，其体量已经能够占到整个线上服饰70%的份额。虽然如今阿里巴巴在线上服饰已经拥有了如此高的渗透，但依然要提高在这一领域的能力，并尝试去打破产业的正常速度，去产业链的上游找方法。这主要与淘宝服饰品类快时尚的属性有关。

快时尚的品类特性要求阿里巴巴必须去推翻自己昨天的领先优势，不断提高自己的天花板。

目前的淘宝服饰品类具备了快时尚的4个基本要素：快速的设计、打样、生产、流转销售。因此可以说，淘宝已经成为快时尚最大的单一渠道，也是快时尚中最快的一个，甚至比以ZARA为代表的快时尚更快。同时，阿里巴巴也是目前唯一一个把服饰这种准耐用品做成了准快消品的线上平台。

淘宝服饰的快，体现在要求每个商家具备从快速上新、快速落地当下时尚潮流到快速生产发货的围绕着服饰产品全链路的速度。这种速度放在淘宝这个大盘子来看其实是两部分能力：一个是前端，卖家和平台形成的快（包括设计、上新、营销、爆款打造等方面）；另一个则是后端，卖家和上游工厂的快。后者的快实际在很大程度上受限于制造业的固有产业局限。

制造业的制造品质、交付时效其实是与订单的规模、商家的综合实力成正比的，也就是说体量越大的商家在制造能力上越强。但对于潮流反应速度很快的商家往往并不是规模大的商家。反过来说，那些对当下潮流做出快速反应的爆款服饰，其实并不适合做大规模的生产。所以阿里巴巴出手了，其逻辑就是把卖家和上游工厂之间的供应链关系接管过来，变成淘宝和工厂之间的关系，去解决快时尚天然存在的问题。其实此前淘宝就已经在设计工厂端，如 B2B 板块的淘工厂——被纳入淘工厂的制造加工企业很多都是为淘宝订单服务的，不过还是停留在简单的订单加工上，而不是专门去适应淘宝卖家的快速反应搭建的生产能力。简单地说，还是用传统的服饰加工制造去承接淘宝卖家的订单。所以我们会发现，做出一定规模的淘品牌以后都会去建设自己的加工中心，如韩都衣舍、茵曼等。一个服饰企业既要拥有设计创意的能力，也需要匹配同样强的供应链加工能力。

淘宝上的服饰商家大多是一些中小商家，在体量的局限下其实是没有能力去建立自己和工厂之间的对等议价权的。而很多淘宝商家又是天然保持着中小型的、小而美的状态。因此，面对这种淘宝卖家面临的共性问题，阿里巴巴这个讲究产业链生态的电商企业选择自己出手，这其中并没有很多人想象的宏大理由，其实就是为广大商家解决供应链效率和品控这个共性问题。

商家生存的好坏与阿里巴巴这个平台有什么关系呢？最直接的结果，就是如果淘宝商家的生命周期不长，则淘宝的生态就不全面。

淘宝的生态其实天然就适合那些体量不大但具有很强创意和打造爆款能力的商家，所以一旦它们存活得不好，就会导致淘宝生态的丰富性受到影响。目前，在服饰品类下的商家有百万家量级，其中 ifashion（即口碑、销量都很好的潮流商家）商家有 3 万家。而商家的丰富性是淘宝平台在服饰品类上最大的优势，所以如果阿里巴巴不去为这些商家解决供应链问题，那对自己来说就是重大损失。二级品类的寡头化（大多数到一定体量的商家都会进化成天猫品牌大卖家）、3 万卖家的生命周期太短都不利于淘宝多年在服饰品类上沉淀下来的优势的延续，所以阿里巴巴也必须出手解决这个问题。

另外一个值得注意的是，阿里巴巴的犀牛智造其实准备了 3 年之久，也就是说阿里巴巴在 3 年前就意识到了这个问题。

新制造为什么准备了 3 年？3 年的筹备期在阿里巴巴内部其实非常罕见，如阿里云一年就上线了，然后慢慢迭代，而盒马鲜生也只筹备了将近一年。相比较来说，犀牛智造的筹备期是很长的。

这背后的原因在于，制造端的优化不是简单的生产力或生产关系。按阿里巴巴犀牛智造首席执行官伍学刚的说法就是：我们做这件事情的深度之深、我们所沉淀的技术之多，通过今天的参观可能只能了解到其中之一二。

此外，也与服饰这个品类的特殊性有关系。也就是过去行业普遍解决不好的问题：小批量订单如何获得与大批量订单同等的制造权益，从而获得同样的成本和效率。谈及为何选择在服饰切入，伍学刚表示："在新制造战略设计之初，制造行业是链路很长的行业，我们必须在行业里真正创造出价值，因此要选一个垂直行业垂直做深，把价值真正做出来。"于是，犀牛智造在选择行业时列了 3 个维度：行业是一个大行业；行业痛点要很深；阿里巴巴做这件事情相对于别人有优势。

阿里巴巴最后选择服饰行业的原因有 3 个。

首先，服饰是一个非常大的行业，在中国已经有3万亿元的规模，是消费品行业中前三大的垂直行业之一。

其次，服饰行业特有的时尚属性特性使其产品生命周期非常长，浪费非常突出。数据显示，商家由于库存造成的浪费通常会占到全年销售的20%~30%。这是一个非常庞大的数字，亟待改变。

最后，对阿里巴巴来讲，服饰品类是目前最大的垂直销售品类，平台销售过万亿元，有机会运用平台的数字化技术进行消费洞察，进行精准地开发和设计。

据阿里巴巴介绍，在过去3年里，犀牛智造与淘宝上200多个中小商家进行了试点合作。不过这还不是阿里巴巴对于犀牛智造构想的全部，阿里巴巴长期目标其实是把犀牛智造沉淀下来的这种模式复制到更多的品牌工厂中，所以这是一个输出新制造标准的业务。

当前，中国的零售总额是30万亿元人民币、制造业是40万亿元人民币、服饰制造是3万亿元人民币，这意味着阿里巴巴犀牛智造的目标并不止于3万亿元（生鲜每年的销售总额也才3万亿元），而是更庞大的40万亿元的市场。

Ending ▶

分享与思考

① BAT是百度（Baidu）、阿里巴巴（Alibaba）和腾讯（Tencent）三大互联网公司的首字母缩写。3家巨头投资了30多家上市公司和几百家未上市的公司——中国互联网未上市的创业公司估值前30名的公司的80%背后都有BAT的身影。继百度、阿里、腾讯三大互联网巨头之后，不少公司也在致力将自己打造成下一个BAT公司。在网友的不记名投票中，小米和字节跳动的成功潜力最大。

字节跳动凭什么将成为下一BAT公司？成为一家BAT公司需要具备的条件：超高的市场估值；深厚的资金力量；强大稳健的互联网服务体系；强劲的关系网；庞大的流量入口，等等。以上种种都是BAT公司的专有特质。字节跳动的市场估值超过百亿美元，甚至远远高于百度的市场估值；月活跃用户数量庞大，远远高于BAT公司。再细观察字节跳动现有的运营模式，其打造的抖音、今日头条等产品与百度搜索、腾讯娱乐有着异曲同工之处，虽然没有涉及电子商务领域，但字节跳动凭借抖音（3.2亿名活跃用户）、今日头条（1.2亿名活跃用户）的超强信息型流量，已经呈现出力压百度搜索的趋势。

以上种种数据都在表明，字节跳动真的将成为下一个BAT公司。

② 如果互联网只是使富人变得更富，而穷人只是在淘宝上买一些便宜的东西，那么请问互联网有什么意义？如果互联网只是使大城市变得更便捷、房价变得更高，而小城市的人只能在互联网上打打电子游戏，那么请问互联网有什么意义？如果互联网只是使城市生活变得更美好，却让我们的农村依然是日出而作、日落而息，还要靠天吃饭，那么请问互联网有什么意义？——白岩松

课后练习

1. 名词解释："互联网+"、互联网思维、用户思维。
2. 举例分析小米的粉丝营销策略。

3. "羊毛出在牛身上，让猪来买单。"试用互联网思维解读这句流行语。
4. 如何理解白岩松的这三问？
5. 如何理解 BAT 现象？

案例 8-1 "互联网+公共服务"的典范——吉林省"互联网+公安"综合服务平台

1. 基本概况

吉林省"互联网+公安"综合服务平台是吉林省公安厅着眼于全省公安工作全局，顺应"互联网+"时代要求而做出的重大战略部署，如图 8.4 所示。平台采取省、市、县和派出所四级联动，采用各级公安服务窗口单位全警触网、在线服务的模式，以"数据多跑腿，让群众少跑路"为宗旨，是深化公安改革、创新社会管理、实施民生警务、打造亲民公安的重要载体。

图 8.4　吉林省"互联网+公安"综合服务平台首页

吉林省公安厅组建"互联网+公安"服务平台领导小组办公室，积极协调金融、电信、邮政快递及互联网公司等相关部门，全方位地拓展平台的各项功能，使平台在登录、申请、缴费、查询、通知和邮件送达等所有环节实现了互通。

吉林省"互联网+公安"综合服务平台有效运用门户网站、手机客户端、微信公众号 3 种使用方式，涵盖六大核心板块，涉及 16 个警种（部门），共 426 项办事服务业务。平台上线 9 个多月时间，全省点击率突破 7 000 万人次，日均访问量 26 万次；注册用户 913 万人，占全省网民总数的 68.59%；实名认证用户 687 万人，占全省人口总数的 25.84%；网上办理各类事项 433 万件，答复群众咨询 19 万件，提供各类查询服务 1 725 万次，推送各类短信 2 201 万条；网上即时办结率达到 99.98%，群众满意率 99.97%，取得历史性

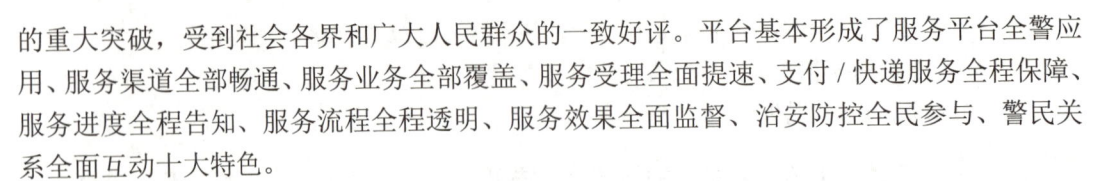

的重大突破,受到社会各界和广大人民群众的一致好评。平台基本形成了服务平台全警应用、服务渠道全部畅通、服务业务全部覆盖、服务受理全面提速、支付/快递服务全程保障、服务进度全程告知、服务流程全程透明、服务效果全面监督、治安防控全民参与、警民关系全面互动十大特色。

2. 发展历程

2015年8月,吉林省副省长、公安厅厅长胡家福明确要求各级公安机关"要注重以创新思维来谋划工作,以互联网思维来开展工作,以法治思维来推进工作",并就如何开展"互联网+公安"调研论证工作提出了具体意见。

2015年9月起,研究制定吉林省"互联网+公安"综合服务平台建设方案。

2016年1月15日,吉林省公安厅正式批准了吉林省"互联网+公安"综合服务平台建设方案。

2016年1月16日,为完成确保平台4月初正式上线运行的任务,吉林省公安厅科技通信处、交警总队、户政总队、治安总队、法制总队、出入境管理局等各业务部门主要领导亲自挂帅,业务骨干全程参与,日夜兼程,攻坚克难。

2016年3月14日,吉林省公安厅成立"互联网+公安"领导小组办公室,正式组建平台管理专职队伍。同时,省、市、县三级均成立平台专职管理机构,组建专业管理队伍。

2016年4月6日,吉林省"互联网+公安"综合服务平台完成全部功能设计和调试连接,正式上线运行,如图8.5所示。整个平台集网上公示、网上咨询、网上办事、网上管理、网上互动、网上监督、网上支付等功能于一体,服务项目为369项。

图8.5 吉林省"互联网+公安"综合服务平台上线运行

2016年6月,在平台上线运行2个月后,针对前期平台运行过程中出现的问题,对平台进行了第一次升级优化、完善,开发了新的功能项,使平台服务项目增加到392项。

2016年6月24日，在吉林省四平市召开全省"互联网＋公安"综合服务平台管理工作四平现场会。

2016年10月27日，下发考评项目计算方法和全流程办事项目一览表的通知，调整考评办法。

2016年12月6日，吉林省公安厅于9月份启动的平台升级版建设工程完成——历时90天时间，完成了162项服务功能的开发工作并上线运行，标志着吉林省"互联网＋公安"综合服务平台全面升级，平台总服务事项达到426项。

2016年12月15日，在北京举行的2016年度政法新媒体峰会上，吉林省"互联网＋公安"综合服务平台入选2016年度"互联网＋法治建设"十大典型案例。

2016年12月27日，由中国互联网协会、新华网、蚂蚁金服集团主办的2016年新型智慧城市峰会上，吉林省公安厅荣获2016年度中国"互联网＋"社会服务最佳创新政务机构奖。

截至2017年3月，吉林省"互联网＋公安"综合服务平台成为全国公安机关上线项目最全、整合业务警种最多、辐射公安机关最广、支付手段最便利、服务渠道最畅通的平台。

3. 产品与服务

吉林省"互联网＋公安"综合服务平台充分体现了一体上线服务、集成规模服务、实时高效服务的特色，如图8.6所示。

图8.6 "互联网＋公安"综合服务平台功能

图 8.6（续）

（1）大平台全网贯通，打破部门间的"信息孤岛"现象

将原来分布在户政、出入境、交警等警种的独立服务平台整合到吉林省"互联网＋公安"一个大平台上，把全省 2 000 多个公安办事服务窗口整合为一个网上服务大厅，相关数据在全网贯通共享。

（2）三级联动全警应用，强化协同效应

省、市、县三级公安机关包括公安派出所全警上线应用，实现一个平台上线、一个窗口操作。

（3）五大载体全面支撑，优化信息共享机制

平台支持门户网站、手机 APP 客户端、微博、微信、短信 5 种使用方式，从而更好地保障群众随时随地在线咨询、办理事项，让群众更多地感受到"指尖"上服务的便利。

（4）6 个中心全时运行，消除"重开发，轻利用"现象

平台设置办事中心、查询中心、咨询中心、投诉中心、个人中心、帮助中心六大功能板块，全天候 24 小时在线运行。

① 办事中心含有户政、治安、交管、出入境、监管、消防、经文保、网安、禁毒、边防等业务的行政审批和办事项目，群众可以根据不同的申报项目选择查看办事指南、咨询问题和预约、申报办件。

② 查询中心设有出入境业务办理进度、户政业务办理进度、执法公开、机动车违法、驾驶证积分、重名、EMS、其他事项办理进度、开锁业公示、印章业公示等查询业务。

③ 投诉中心设有 12389 投诉中心、网上信访、线索举报内容。群众既可以通过该平台对公安机关及民警违法违纪问题进行检举、控告，也可以对其职务行为提出建议和意见。

④ 咨询中心可进行政策咨询、办事流程咨询、平台使用方法咨询、安康医院心理咨

询等。只要对公安机关管辖事项有疑问、需要帮助的，都可以在此提问，民警在线解答。

⑤ 个人中心设有我的办件、我的预约、我的咨询、我的投诉、我的评价、短信通知、个人信息、修改手机、修改密码、实名认证等内容。用户注册个人信息后，网上办理事项的过程和结果反馈都可以在此进行查询。

（5）426个事项打包上网

将全省公安机关所有与百姓生活密切相关、能够形成互动、可以网上公开的16类426项公安业务整体打包上网，基本实现公安行政审批服务全覆盖。

4. 创新与特色

（1）开通微信110功能，报警方式更便捷

群众可以通过微信公众号"微信110"模块，以文字形式提交非紧急警情，并且能够自动定位，从而方便语言、听力障碍人士或其他不方便电话报警的人向警方求助。同时，也使公安机关能够掌握过去许多群众怕麻烦、不报案造成的流失警情。

（2）电信诈骗快速报警，止付破案更迅速

针对电信诈骗高发的态势，开通微信端电信诈骗报警渠道能够快速接收报案人提交的银行转账凭证等重要信息，以便启动紧急止付程序，帮助受害人挽回财产损失。同时，通过微信端及下载APP还能够实现电信诈骗识别、拦截、举报等系列功能。

（3）轻微交通事故快处快赔，事故处理更简易

针对轻微交通事故，吉林省公安厅研发了交通事故"快处快赔"的手机应用程序，并嵌入吉林省公安微信公众号中，事故任何一方当事人可按照程序提示，拍摄相关照片并上传，由事故双方自行定责或交警远程协助定责，实现快速撤除事故现场和恢复交通。同时，经省厅与保险公司协调，可实现线上定损、即时赔付。

（4）派出所证明全流程办理，开具证明更容易

在前期清理派出所开具证明的基础上，将目前保留的9项公安派出所开具证明事项全部上网并移植到移动端，实现预约、申报、EMS邮寄全流程办理，从根本上免去群众开具证明的奔波之苦。

（5）发布交通违法高发区域，行车安全更注意

在移动端的交通违法高发地图上标注了全省范围内交通违章高发路段，对驾驶员起到一定的警示提醒作用，防止因路况不熟悉、疏忽大意等原因引发违章行为。

（6）出租房屋自主登记，租赁登记更便利

房屋出租人通过移动端就可完成出租房屋登记网上办理：只需要提交房屋、出租人、承租人等基本信息，公安机关就可进行网上受理和线下走访，进一步核实承租人的身份信息，从而使房屋出租登记更便捷、房屋出租更安全，同时又有效破解了出租房屋管控难题。

（7）行政复议网上申请，执法公开更到位

公民、法人或其他组织认为具体行政行为侵犯其合法权益的，可以自知道该具体行政行为之日起60日内通过平台在线提交行政复议系统，公安机关在接到申请后，在线告知申请人相关案件的受理情况。

（8）证件到期自动提醒，主动服务更智能

不少群众遇到过身份证到期忘记换领、出入境类证件到期忘记换证等问题，给工作、

生活带来了不少的麻烦。此次升级增加了证件到期提醒功能，运用大数据比对，根据注册用户信息自动检索名下的身份证、出入境证件到期期限，临期前主动提供到期提醒服务。

（9）失散家人网上寻，合家团聚更暖心

将群众在公安机关报备的走失人口信息发布在移动端"寻人寻亲"栏目，包括失踪人口的姓名、年龄、照片、失踪日期、地点及联系方式等内容，形成电子"寻人启事"，借助平台的传播力和影响力，帮助亲属早日找到失踪家人。

（10）社区民警掌上询，警民沟通零距离

将全省所有社区民警信息导入后台数据库，群众通过移动端"我的社区民警"模块，选择辖区派出所，就可以看到所属辖区社区民警的基本信息和联系方式。也可通过输入姓名、单位、职务等方式，进行检索和收藏，充当警民电子联系卡，搭建警民互动的连心桥。

5. 经验要点

（1）互联网思维在电子政务体系中的实践

用户思维在互联网思维中是最重要的。吉林省公安系统时刻贯彻"执政为民"的理念，强调"一切以用户为中心"的用户体验，深化平台业务应用，优化服务办事流程，不断研究人性化设计，持续拓宽在线服务领域，提高服务质量，提升用户体验，精准对接群众需求，以高品质的服务赢得广大人民群众的好口碑。服务平台通过服务的网络化、数字化推动窗口前置、服务前移，有利于构建公安服务新体系，让群众少跑腿、好办事、不添堵；通过警民联系手段的多样化、沟通的实时化，有利于拓展警民联系新渠道，更加有效地拉近警民距离，促进警民关系和谐；通过平台办事项目的全公开、全留痕，有利于打造阳光警务新生态，方便人民群众全方位、全要素、全流程地参与执法监督，推动公安执法更加严格、规范、公正、文明；通过体验馆、演示窗、智能体验等方式，吸引群众体验平台办事的方便和快捷，把每个窗口都打造成一个宣传站，每个窗口单位的民警都是宣传员、引导员。

在云计算、大数据时代，公安机关提供的信息涉及人口、交通、金融、医疗卫生、就业保险、社会管理等方方面面，是最为重要的基础信息。用户在网络上一般会产生信息、行为、关系3个层面的数据，这些数据的沉淀有助于企业进行预测和决策。服务平台充分结合警种业务功能实际和应用群体的特点规律，紧密联系工作实际，全面分析未注册人群的年龄结构、活动规律、居住特点，针对不同群体、不同年龄、不同文化程度、不同职业特点进行"量身定做"和"私人定制"；建立数据分析报告制度，通过对群众较为关注、反映较多的问题进行分析，为下一步工作的开展明确方向；通过对数据关联性进行分析，为领导决策提供依据；通过对平台业务显著变化量进行分析，为创新功能提供支撑。这是大数据思维的具体实践。

吉林省"互联网+公安"综合服务平台通过网上网下联动，人民群众成为公安机关的"千里眼""顺风耳"，有利于完善治安防控新格局，为社会治安防控注入强大的生机活力；通过互联网创新成果与公安工作深度融合，有利于汇聚警务创新动力，推动警力资源全面解放、警务成本全面降低、警务效能全面提升。积极寻求第三方合作，借助第三方平台，借力科研院所，通过与腾讯、阿里巴巴、百度等知名互联网公司合作，借助微信、支付宝、百度搜索引擎等平台开展宣传，借助知名互联网公司等第三方平台的城市服务板块有序推送全省"互联网+公安"综合服务平台成熟稳定的服务项目，扩大受众群体，延伸服务触

模块八 "互联网+"及互联网思维

角。加大科研力量投入,加快与高等院校、科研院所、重点企业合作,确保平台管理始终做到技术领先、理念领先、机制领先,真正用互联网社会化思维和平台思维谋划推进公安改革和电子政务发展。

强化监督考核,通过电子监察系统进行实时监督、动态监管、点对点纠正,实行横向到边、纵向到底的扁平化管理;强化技术支撑保障,建立信用管理制度,对提交虚假材料、恶意差评等行为的用户进行账号冻结、封号管理,规范平台应用,并做到技术措施跟进,利用监控软件进行实时监测,试行红、橙、黄三色预警等方式,对平台受理办件及运行情况进行考核和监控;精准对接群众需求,通过下基层到现场召开座谈会,问计基层民警、群众;在短短的半年左右时间内,两次对平台进行升级优化和创新,服务项目从369项升级到426项。这些都是互联网迭代、简约、极致理念的具体表现。

(2)以"互联网+"为支点,推进电子政务的创新发展

"互联网+"就是把互联网的创新成果与经济社会各领域深度融合,推动技术进步、效率提升和组织变革,提升实体经济创新力和生产力,形成更广泛的以互联网为基础设施和创新要素的经济社会发展新形态。

吉林省公安系统已经在推动公共数据资源开放、公共服务创新供给和服务资源整合,构建面向公众的一体化在线公共服务体系方面,走在了全国电子政务系统的前列。但吉林省"互联网+公安"综合服务平台上线运行时间短,很多工作需要及时跟进,工作中仍存在一些问题和不足:受限于体制机制障碍,一些行政审批业务放得不够开、不够彻底,还有一些应该放开的因为没有政策支持还没有放开;部分基层民警的服务意识不强,习惯于坐堂式办公,不习惯群众通过网上办件来对他们的办事质量进行评价和监督;线上线下对接不畅,线上走得很顺畅,一到线下办理的时候群众还是可能会遭遇民警生、冷、硬、横等。这需要吉林省公安系统进一步探索,如探索建立平台用户积分制;探索借助第三方评价机构的力量开展民意调查和评估,真正把评价权交给群众;发挥媒体监督、专家评议的作用,畅通群众投诉举报渠道,通过模拟办事、随机抽查等方式,深入了解基层服务情况,达到汇聚众智,改进服务的目的,不断提升人民群众的体验感和满意度。

"互联网+"重在应用而非技术创新,"互联网+"更重要的着力点是在互联网的广泛应用层面。"互联网+公安"综合服务平台除了信息共享平台本身,更在于"+"后衍生出的新的业务形式与管理方法,这就更需要积极探索公众参与的网络化社会管理服务新模式。吉林省"互联网+公安"综合服务平台必将在政府与公众的沟通交流,政府公共管理、公共服务和公共政策制定的响应速度,政府科学决策能力和社会治理水平,政府职能转变和简政放权等多方面取得巨大成绩;吉林省"互联网+公安"综合服务平台也将成为全国有影响力的电子政务知名品牌和全国"互联网+公共服务"典范。

案例 8-2 粉丝的力量——小米

1. 基本概况

小米公司正式成立于2010年4月,是一家专注于高端智能手机、互联网电视及智能家居生态链建设的创新型科技企业,如图8.7所示。小米的Logo是一个MI形,是Mobile Internet的缩写,代表小米是一家移动互联网公司;Logo倒

过来是一个心字，少一个点，意味着小米要让用户省一点儿心。

图 8.7　小米官网首页

"让每个人都能享受科技的乐趣"是小米公司的愿景，"为发烧而生"是小米的产品概念。小米公司用极客精神做产品，用互联网模式去掉中间环节，致力于让全球每个人都能享受来自中国的优质科技产品。

小米生态链建设将秉承开放、不排他、非独家的合作策略，与业界合作伙伴一起推动智能生态链建设。

2. 发展历程

2010 年 4 月 6 日，北京小米科技有限责任公司正式成立，并入驻银谷大厦。

2010 年 12 月 10 日，米聊 Android 内测版正式发布。

2011 年 7 月 12 日，小米创始团队正式亮相，宣布进军手机市场，揭秘旗下 3 款产品：MIUI、米聊、小米手机。

2011 年 8 月 1 日，小米社区正式对外上线；29 日，小米手机 1 000 台工程纪念版开始发售。

2012 年 8 月 16 日，小米第二代手机在北京 798 艺术中心正式发布。

2013 年 4 月，小米科技 CEO 雷军在北京国际会议中心连续发布 4 款新品。雷军首先发布最新的 MIUIV 5 手机系统，小米手机 2 增强版 2S、小米手机 2 青春版 2A、小米盒子核心细节陆续曝光。

2013 年 7 月 1 日，小米年度微电影招募百万人监制活动正式启动；2013 年小米年度微电影《1699 毕业季》预告片发布；7 月 5 日小米正式发布了微电影《1699 公里》。

2013 年 8 月，小米已完成新一轮融资，估值达 100 亿美元。

2014 年 3 月 27 日，小米科技和金山软件联合宣布，将在北京市海淀区投资建设科技产业园，共同构建移动互联网生态体系。

2014 年 7 月，小米开始进军印度市场。

2014 年 8 月，小米进军印度尼西亚市场，将在该国网站 Lazada 上独家销售红米手机。

2014 年 11 月 19 日，小米和顺为资本联合宣布，以 18 亿元人民币（3 亿美元）入股爱奇艺，百度也同时追加了对爱奇艺的投资。

2014年12月14日，美的集团发出公告称，已与小米科技签署战略合作协议，小米以12.7亿元入股美的集团。

2015年7月15日，李宁联合小米生态链子公司华米科技正式推出了两家合作的两款智能跑鞋——"烈骏"和"赤兔"。

2015年8月28日，小米进军互联网券商，领投老虎证券。

2016年1月15日，雷军在小米年会上宣布，小米2016年将筹建小米探索实验室，初期重点投入VR和智能机器人等新方向。

2016年3月29日，小米在北京发布全新的生态链品牌mijia，中文名为"米家"。米家品牌首款产品——米家压力IH电饭煲发布。新品牌日后专门承载小米供应链产品，而之前的小米品牌用于专门承载小米自有产品。2017年11月11日，小米数据显示，2017年"双十一"小米天猫旗舰店销售支付金额24.64亿元，刷新历史纪录，比2016年战绩提升近100%。这也是小米连续5年夺得天猫"双十一"销售额冠军。

2018年7月9日，小米集团在香港证券交易所正式挂牌上市。

2018年11月26日，小米武汉总部项目在光谷正式开工。项目紧邻东湖高新区政务中心，定位建成"超大研发总部"，未来业务将围绕人工智能、新零售、国际化、互联网金融等核心领域展开。

2019年3月18日，小米旗下Redmi品牌宣布独立。

2020年4月17日，小米集团战略投资B轮车联网企业上海博泰（Pateo）。

3. 产品与服务

（1）小米的供应链管理

小米从设计到采购、生产安排，到订货、运输、出货、后续的升值服务和免费服务，形成了独特的模式，如图8.8所示。小米生产运营只局限于产品设计与仓储，开模、量产、原材料（配置硬件）等制造过程全部外包给专业的企业负责。小米在一个硬件上选择了多家供应商，一是可以形成竞争以获得更有利的价格；二是可以应对供应商缺货而造成的供货延迟。

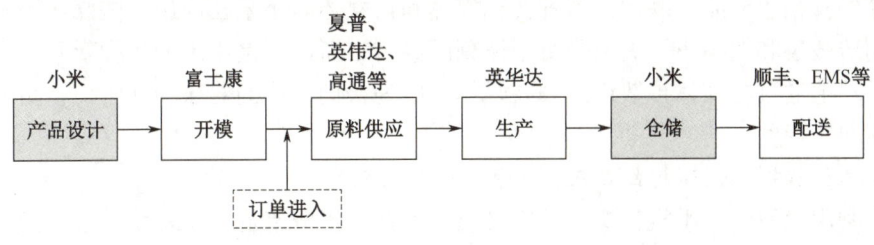

图8.8 小米供应链

（2）"为发烧而生"的市场定位

小米手机的目标市场是喜欢玩智能手机、喜欢新鲜事物又追求便宜实用的年轻人群体。这部分人大部分是"80后""90后"，甚至"00"后，爱玩手机、爱个性、不追求街机的潮流。小米手机自发布以来，其口号一直是"为发烧而生"，其深度定制的MIUI系统也提供了足够的开放性，顶配的硬件也满足了玩机一族的配置要求。小米手机的市场定位：追求廉价高配、可玩性强的年轻人。

（3）饥饿营销与社交网络营销相结合

小米选择社交网络营销手段。2010 年是微博大爆发的时段，小米迅速抓住了这个机会并变成品牌的主战略。利用独特的社交网络销售方式持续炒作，如网络预订销售、与粉丝互动、发布纪念产品、微博推荐及海量的评测等，小米的营销很成功却没有庞大的营销团队。小米所有的工程师都在线上，通过微博、小米论坛、贴吧等社交媒体与用户进行互动，进一步加强了小米的品牌影响力。

所谓"饥饿营销"，是指商品提供者有意调低产量，以期达到调控供求关系，制造供不应求假象，维持商品较高的售价和利润率，维护品牌形象，提高产品附加值的目的。小米手机之所以采用饥饿营销，是为了通过低价缺货扩大小米的影响力，使得小米品牌被更多人记住。同时，饥饿营销能够完全消除需求不确定性带来的损失，因为小米手机每次的产能都远远小于真实的市场需求。

（4）小米之家

小米全民客服的理念就是鼓励大家真正近距离地接触用户。从雷军开始，大家每天会花一个小时的时间回复微博上的评论。所有的工程师是否按时回复论坛上的帖子是工作考核的重要指标。用户甚至可以参与产品研发，直接与产品研发工程师交流。这完全颠覆了传统的研发模式和工作流程，小米为用户提供了全新的交互式服务模式。

小米之家是小米手机公司成立的直营客户服务中心，为广大米粉提供小米手机及其配件自提、小米手机的售后维修及技术支持等服务，是小米粉丝的交流场所。小米之家定期举办活动，小米公司希望更多的米粉能够参与到小米之家的活动中，由此提升米粉的品牌忠诚度，使得小米和米粉之间、米粉和米粉之间发生更多的互动。

4. 创新与特色

（1）消费意见社区化，让用户参与创造，制造营销话题进入公共传播议题

传统企业了解用户需求，往往具有"滞后效应"。小米产品上市后，通过社区快速了解用户是否满意。小米社区每天有大量的粉丝集结，并在上面吐槽，这些吐槽成为小米发现痛点的关键。

小米的营销主要靠互联网，靠社会化媒体和自媒体。小米在应用这些媒体的时候，非常善于制造故事和噱头——无论是雷军被刻画成雷布斯，还是小米的各种新闻。小米将这些故事成功地通过自媒体扩散进入公共媒体，成为人们谈论的对象和话题，让品牌本身带有时尚感和流行度。

（2）抓住族群，制造粉丝效应，扩展"粉丝经济"

小米利用"发烧友手机"概念，定义出一个新的消费族群——米粉。米粉们对产品品牌的吐槽，将成为企业不断完善自己的动力；让用户尽情吐槽，然后根据反馈意见改进自己的产品与服务，使产品赢得用户的好评；采用将用户标签化和族群化的方式，通过粉丝的反响在各网络平台进行口碑营销。

（3）专注精品战略，单品制胜

传统科技企业每年制造若干产品，而产品多样化并不代表有亮点。小米学习苹果公司，每年只做一款产品，并将用户体验做到极致。这种"聚焦精品"的策略实际上是单品带来的聚光灯效应，小米将这点发挥到了极致。

（4）基于体验和服务的生态链模式

互联网经济是体验经济、服务经济，单纯靠功能打动用户的时代已经过去，基于产品构建周边的服务、信息、内容链条才是核心的商业模式，才是互联网时代的商业生态。对于小米而言，手机和MIUI是核心业务，如同腾讯产品中QQ和微信的地位；小米的插线板、净化器、净水器等可被看作如腾讯游戏、腾讯视频一样的外围增值服务；对于服务，讲究用户体验、讲究解决用户痛点。小米推出的产品围绕这些去做，不同的服务相互联结，用户有新需求，下一代产品就往上做（快速迭代），最终形成了小米特有的生态链，即"个人手机＋电视＋路由器＋空气净化器＋家居A+家居B+……"。

5. 经验要点

在小米的商业模式之下，我们看到的是抢购、网络直销、微博营销、饥饿营销当下火热的词语，也看到了名人宣传对品牌知名度所产生的巨大提升作用，更看到了好的定位对于企业的重要意义。一家在2010年才成立的互联网公司只推出几部智能手机就能够超越众多传统手机厂商，实在不容小觑。剖析小米的商业模式，小米取胜的原因是什么？是迎合大众的定价、非传统的销售渠道、广泛鲜明的宣传和独树一帜的销售手段。但低产能、有待提升的质量、单一的销售渠道、覆盖范围较小的售后服务、低端的品牌形象等几个问题确实也是小米的弱势所在。

随着市场的风云变幻，网络直销和饥饿营销不再新鲜，小米必定会遇到更多的问题和更大的挑战。但挑战也是机遇，在2016年1月的小米公司年会上，雷军表示，小米要升级商业模式，把纯线上模式升级为线上线下融合的新零售。小米的销售渠道建设大致分为3个阶段：初期以线上直销为主；2016年之后探索线下小米之家与线上融合的新零售；2020下半年公司以全新的新零售模式推动线下门店规模化拓展，通过"互联网＋数据赋能"提升效率和用户体验，2020年12月门店数量达到2379家，2021年1月9日实现"千店同开"。

小米之前发布了多款智能硬件产品，如小米插线板、小米净水器等，在2016年更是成立了生态链品牌"米家"，用来推广各种供应链产品。从2013年起，小米就开始围绕智能家居建立生态链。时至今日，在小米生态链中成长起来的云米、绿米等品牌，以及这些生态链企业生产出来的各种产品已经受到了广泛认可，在目前的智能家居市场中占据了最大的市场份额。在2020年的小米10周年庆典上，雷军表示：小米IoT平台已连接超过2.52亿台设备，进入超过5500万户家庭，稳居全球最大的消费级IoT智能互联平台宝座。

案例 8-3　人格产生价值的"褚橙"

1. 基本概况

2012年年底，"励志橙"刷爆互联网，"褚橙"品牌引爆了整个生鲜市场，成了名副其实的"网红"，如图8.9所示。

褚橙是冰糖橙、甜橙的一种，云南著名特产，以味甜皮薄著称。甜中微微泛着酸，像极了人参的味道。"褚橙"之名，源自其创始人的姓氏，就是赫赫有名的昔日烟王红塔集团原董事长褚时健。结合褚时健不同寻常的人生经历，因此也叫励志橙。其商业品牌为云冠橙。

图 8.9 "褚橙"官网首页

2. 个人简介

1928 年 1 月 23 日，褚时健出生于一个农民家庭。

1949 年，参加云南武装边纵游击队，任边纵游击队 2 支队 14 团 9 连指导员。

1958—1978 年，红光农场劳动，后任新平县畜牧场、堵岭农场副场长，曼蚌糖厂、戛洒糖厂厂长。

1979 年 10 月，任玉溪卷烟厂厂长。1987 年，玉溪卷烟厂成为中国同行业第一。

1988 年，"红塔山"成为玉溪卷烟厂第一品牌。

1990 年，被授予全国优秀企业家。

1994 年，被评为全国十大改革风云人物。

1995 年 2 月，褚时健被匿名检举贪污受贿。

1995 年 9 月，任云南红塔集团和玉溪红塔烟草集团有限责任公司董事长。

1996 年 12 月—1998 年，被隔离审查。

1999 年 1 月 9 日，云南省高级人民法院宣判褚时健因巨额贪污和巨额财产来源不明罪被判处无期徒刑，剥夺政治权利终身。

2001 年，减刑为有期徒刑 17 年。

2001 年 5 月，因为严重的糖尿病获批保外就医，回到家中居住养病。

2002 年，保外就医的褚时健承包了一片 2 400 亩的荒山，种起了橙子，而这一年他已经 70 多岁了。

2008 年，减刑至有期徒刑 12 年。

2011 年，刑满释放。

2012 年，当选云南省民族商会名誉理事长。

2012 年 11 月 5 日，褚时健种橙的第 10 个年头，"褚橙"首次大规模进入北京市场。

2014 年，"褚橙"庄园修建完成。

2014年11月，传记《褚时健：影响企业家的企业家》正式出版发行。

2014年12月，荣获由人民网主办的第九届人民企业社会责任奖特别致敬人物奖。

3. 成功要素（特色与创新）

（1）一切好的品牌源于品质

一款产品的品质肯定同其品牌团队花的心思是成正比的，在"褚橙"高品质的背后是褚时健近10年的潜心研究。"褚橙"成功的根基：一是认真做事一心钻研的态度；二是果园的流程科学化管理；三是跟果农共同创富。

种不出好果子，再励志也没用，保证"褚橙"品质才是"褚橙"成功的第一要素。褚时健在75岁时二度创业选择了一个长线投资——种橙子。为了种出好橙子，选地、水源、肥料等都是褚时健精心研究的。在种橙子的这10年间，水成了褚时健遇到的最难的问题。哀牢山每年3、4月少水，而到了秋季，水量则变多，为了寻找合适的水源，他走遍了附近的山山水水，用7年时间在2 400亩橙园中修建了大小20个水坝。其中，成规模的蓄水池就有8个，总容量超过20万立方米，前前后后总共花了近1 400万元，终于保证整个橙园都能用上从国家森林公园石缝中流出来的水。不仅如此，在褚时健的橙园里，每棵橙子树的挂果量都会被严格控制，这样不仅是为了让每个橙子都能得到充足的阳光，更是为了保证每一个橙子的质量都值得信赖。

（2）产品的人格化

品牌的承载物是产品和服务（产品品质），支撑点为精神附着力（产品的个性与精神），外化形式为符号。

品牌农业的核心首先是生态化，日本的木村苹果、云南的"褚橙"、新西兰的佳沛奇异果等都是自然农法的代表；其次是农产品的标准化，世界著名的都乐香蕉之所以成为新鲜的代名词，很大一部分原因在于标准化，所有的流程体系都在体现标准；最后是个性化，农产品也有个性，事实证明个性表现出来的差异化直接影响品牌的定位和销售。

农产品是有精神的产品，不仅因为它有温度、情感、文化、趣味，更是因为它具有可贵的精神品质、积极的情感。农产品的精神品质是在生长过程中孕育的，也可能是它背后的某个人将精神注入了产品体内。随着人们生活水平越来越高，普通的产品尤其是水果产品已经很难满足我们消费者的高层次需求——对情感寄托的需求。人们除对农产品的品质和安全有严格要求外，更会寻找与自己精神层面同步的产品，包括品位、身份的界定。75岁的褚时健承包荒山种橙子，让人们品味到了拼搏与奋斗的勇气。通过购买"褚橙"，除品尝到高品质的橙子外，还包含价值观的认同和情感表达，认可"褚橙"励志、永不放弃、不服输的价值观和人生观，如图8.10所示。

（3）营销的故事化

从2002年开始种橙，经过10年的摸索和积累，2012年褚时健种植的橙子，第一次进京便火遍京城。

图8.10 励志"褚橙"宣传画

本来只是一个好吃的橙子，因为被冠以"褚橙"的名字，又贴上"励志橙"的标签，迅速引爆流行。生鲜电子商务平台"本来生活"，因为"褚橙"的爆红也开始进入人们的视线。

"褚橙"的流行，很大程度上依赖于微博等社交媒体平台的主动传播。"励志橙"的名字，也正是由于这一批企业家的推广火起来的。

2013年，先是韩寒发了一条微博"我觉得，送礼的时候不需要那么精准的……"，附图是一个大纸箱，上面仅摆着一个橙子，箱子上印着一句话："在复杂的世界里，一个就够了。"（这句话其实是韩寒创办的"一个"APP的口号）此次事件营销引来300多万人次阅读，4 000多个转发评论。"个性化包装"进一步升级，一方面通过本来生活网的创新发散，另一方面通过官方微博等渠道与网友互动征集。"虽然你很努力，但你的成功主要靠天赋""即便你很有钱，我还是觉得你很帅""2014，再不努力就胖了""微橙给小主请安"，这些个性化包装一经推出，就受到了网友们的追捧。

为了让更多网友了解"褚橙"的个性化包装，"褚橙"借助了一些意见领袖的推力。2013年的推广精选出韩寒、蒋方舟这样在年轻人中具有特定影响力的名人，还有阿芙精油和雕爷牛腩的创始人雕爷、《后宫甄嬛传》的作者等在不同领域有着较高影响力的人，并将定制化包装的"褚橙"寄送给这些人，让这些收到礼物的意见领袖纷纷主动在网络晒单，进一步扩大传播面。

利用大数据精准锁定目标人群，定向推广，制定了3组适合社会化传播的内容方向，包括"褚橙"产品安全方向、褚时健故事励志方向、微博粉丝独享优惠方向，搭建了与目标消费者联系的桥梁。"讲故事＋文化包装＋食品安全＋社会化媒体营销＋产销电商一条龙"，造就了"褚橙"大卖。

4．经验要点

"褚橙"火遍中国，不仅靠互联网营销和褚时健的名气，更重要的是褚时健匠心做"褚橙"。关键有2点：其一，橙子要好、要甜，这构成"褚橙"用户体验的第一步；其二，"褚橙"被赋予了正面的、向上的、切合年轻人精神需求的故事和内涵，甚至被赋予了一种励志精神，这是"褚橙"的增值部分，除口感之外，吃"褚橙"增加了一层精神上的体验。

褚时健曾说："产品的质量不是检验出来的，而是生产出来的，所以我决定种植橙子的同时要满足消费者对橙子的渴求。我们控制了种植的过程，把控品质。现在我们的橙子销售很好，正是多年来坚持品质，以质量取胜的结果。"认真和用心打造"褚橙"爆款产品，其实就是互联网的用户思维。

2015年"褚橙"发布会上，褚时健说："橙子种了13年。在刚开始种橙时，我们老果园是每亩种植140多株。密植的结果是树与树之间相互遮挡，阳光无法充分照射到每一株果树的每一个枝条，因日照不充分产生掉果减产现象，而且果子糖、酸、固型物都不能达到最好的要求。现在我们果园每亩种植86棵树左右，同时全年控梢，密植的果园我们间伐。这样密植变疏植能够使阳光照射到果树内堂，光热作用足够，虽然增加了一些成本，但果子品质有了明显提高且产量稳定。只有好品质的产品才能有好的销售价格，现在我们已拥有1.5万亩，未来产量达到6万吨，价格稳定才能保持市场稳定。"

这就是互联网的极致思维。"褚橙"是一款让市场和消费者惊叫的产品，口感、甜度让消费者惊叹，包装美观、人性化超出了用户体验。

2015年10月21日重阳节,"2015匠心褚橙"上市发布会在云南哀牢山褚橙庄园举行,有100多位来自全国的企业家、新农人、媒体人现场品尝了即将上市的"褚橙",并向褚时健和"褚橙"表达了敬意。褚时健种橙子的事件被《经济观察报》微博发出去,王石第一时间就转发了这条微博,他还引用了巴顿将军的一句话:"一个人的高度不在于他走得多高,而是在于他低到谷底以后能反弹到多高。"于是,王石周围的一些商界朋友都迅速做了一个转发,"褚橙"的搜索量获得了迅速提升。之后,大街小巷都在谈论"褚橙""励志橙"。这就是互联网的社会化思维。

商业的本质本来就该是以人为核心。商业回归到人这个最原始的需求,就是一种需求返祖。品牌返祖现象是指当下的品牌现象与古代社会的品牌现象出现了惊人的一致。"没有广告就是最好的广告",当人格开始产生价值,产品自身的成本与其售价便开始脱钩。"褚橙"颠覆了一种认知,从消费者长期以来对中国农业领域的产品品质高度不信任的认知,到国产农产品品牌从未体现过价值溢价的认知。

参考文献

[1] 邓志新. 跨境电商理论、操作与实务 [M]. 北京：人民邮电出版社，2018.

[2] 陈月波. 移动电子商务实务 [M]. 北京：中国人民大学出版社，2016.

[3] 程艳红. 电子商务案例分析 [M]. 北京：人民邮电出版社，2015.

[4] 郭新利，王家红. 电子商务案例分析 [M]. 北京：冶金工业出版社，2010.

[5] 胡小玲. 微商的现状调查及其发展趋势 [J]. 经济论坛，2016（01）.

[6] 莫问剑. 上山下乡又一年——县域电子商务就该这么干 [M]. 北京：电子工业出版社，2016.

[7] 司林胜. 电子商务案例分析教程 [M]. 北京：电子工业出版社，2010.

[8] 项建标，蔡华，柳荣军. 互联网思维到底是什么——移动浪潮下的新商业逻辑 [M]. 北京：电子工业出版社，2014.

[9] 杨泳波. 电子商务基础与实务 [M]. 北京：北京理工大学出版社，2016.

[10] 赵大伟. 互联网思维独孤九剑——移动互联时代的思维革命 [M]. 北京：机械工业出版社，2014.